青蓝工程
专业能力必修系列

小学语文教师
专业能力必修

xiaoxue yuwen jiaoshi zhuanye nengli bixiu

教育部基础教育课程教材发展中心　组编

编委会主任：曹志祥　周安平
本　册　主　编：付宜红
副　主　编：王贺玲

西南师范大学出版社
全国百佳图书出版单位　国家一级出版社

图书在版编目（CIP）数据

小学语文教师专业能力必修/付宜红主编. —重庆：西南师范大学出版社，2012.3
（青蓝工程系列丛书）
ISBN 978-7-5621-5670-3

Ⅰ.①小… Ⅱ.①付… Ⅲ.①小学语文课－教学研究－师资培训－教材 Ⅳ.①G623.202

中国版本图书馆 CIP 数据核字（2012）第 024235 号

青蓝工程系列丛书
编委会主任： 曹志祥　周安平
策　　划： 森科文化

小学语文教师专业能力必修
付宜红　主编

责任编辑：	钟小族　任占弟
封面设计：	红十月设计室
出版发行：	西南师范大学出版社
	地址：重庆市北碚区天生路1号
	邮编：400715　市场营销部电话：023-68868624
	http://www.xscbs.com
经　　销：	新华书店
印　　刷：	重庆友源印务有限公司
开　　本：	787mm×1092mm　1/16
印　　张：	15.75
字　　数：	321千字
版　　次：	2012年3月　第1版
印　　次：	2020年8月　第5次印刷
书　　号：	ISBN 978-7-5621-5670-3
定　　价：	48.00元

若有印装质量问题，请联系出版社调换
版权所有　翻印必究

《青蓝工程》
编委会名单

丛书编委会

主　任	曹志祥　周安平
副主任	付宜红　米加德
编　委 （按姓氏拼音排序）	程光泉　顾建军　金亚文　李力加　李　艺 李远毅　林培英　刘春卉　刘克文　刘玉斌 鲁子问　毛振明　史德志　王　民　汪　忠 杨玉东　喻伯君　张茂聪　郑桂华　朱汉国

本书编委会

主　编	付宜红
副主编	王贺玲
参加编写 （按姓氏拼音排序）	薄翠香　曹　媛　陈建志　陈蓓蓓　陈雪姬 杜志玲　付宜红　郭　宏　黄国才　李　俐 李莉莉　李　亮　李　燕　林丽珍　林　晴 林　锐　林雪珊　刘程元　刘仁增　罗　祎 吕欣颖　乔　健　王传贤　王贺玲　许　莉 杨修宝　袁晓东　张彩霞　张广胜　张　敬 张京瑜　张　丽　张　琳　张　琪　张喜荣 郑　丹　周　彦

编者的话

在基础教育课程改革 10 周年之际，伴随着义务教育课程标准的再次修订与正式颁布，我们隆重推出这套"青蓝工程——学科教师专业能力必修系列"丛书。丛书立足于教师应该具备的最基本的教学专业知识与普适技能，为有效实施新修订的义务教育课程标准，深化基础教育课程改革，贯彻落实《国家中长期教育改革和发展规划纲要（2010－2020 年）》，助力素质教育高质量地推进提供了保证。

"教育大计，教师为本。"课程改革的有效实施和素质教育的贯彻落实需要一支高素质、专业化的教师队伍做支撑。教师的专业化发展在我国历来受到高度重视，但今天我国教师的专业化水平与社会的现实需求和时代的进步，特别是与教育改革发展的需要还存在着较大的差距。

以往，我们常常说教师要提高自身的专业水平或教学技能，但一个合格的教师究竟需要哪些最基本的专业知识与专业技能？教师的专业发展又该朝着哪个方向和目标去努力？这些问题，在教师专业化发展，尤其是在学科教师专业能力的提高上，一直以来并不是十分清晰。因此，我们聘请了当前活跃在基础教育学科领域的顶级专家，他们中的绝大多数是直接参与义务教育课程标准修订、审议或教材编写的资深学者，以担任相应学科的中小学教师应该（需要）了解（具备）的最基本的常识性知识和技能为出发点，总结了具有普适意义的学科教育教学知识和技能，力求推进教师教育教学能力的均衡发展，实现大多数教师教育教学能力的达标。从这个意义上，可以说这套丛书是教师专业化水平建设与发展的一个奠基工程，也是 10 年基础教育课程改革成果的结晶。我们希望青年教师不但能从书中充分汲取全国资深专家与优秀教师的经验、成果，更能"青出于蓝而胜于蓝",在前辈的引领下,大胆创新,勇于超越,也因此,我们将丛书命名为"青蓝工程"。

丛书从"知识储备"和"技能修炼"两个维度展开论述(个别学科根据自身特点在目录形式上略有不同)。"知识储备"部分一般包括：①对学科课程价值的理解与认识；②修订后课标（义务教育）的主要精神；③针对该学段、该学科的教学所需的基本知识和内容等。"技能修炼"部分主要针对教学设计、目标把握、教学实施与教学评价等专题展开论述。每个专题下根据学科特点和当前教学实际设有几个小话题,以案例导入或结合案例的形式阐述教师教学所必需的技能以及形成这些技能所需要的方法和途径等。

本丛书具有权威性、系统性和普适性,希望对广大教师,特别是青年教师的专业成长能有实实在在的帮助。

丛书编委会

2012年1月

目 录
Contents

上篇 知识储备 1

专题一 课程理解与认识 / 3
一、小学语文教什么 / 3
二、语文课程改革的方向与动态 / 5

专题二 拼音与识字教学 / 9
一、拼音教学的基本要求与重点 / 9
二、掌握几种主要的识字法 / 13
三、把握识字教学的要点 / 22

专题三 阅读教学 / 26
一、为什么在阅读教学中强调对话 / 26
二、童话等文学作品在教法上应注重什么 / 28
三、如何让孩子爱读书 / 31

专题四 习作与口语交际教学 / 36
一、让学生写什么 / 36
二、习作练习的途径与方式 / 38
三、给学生提供例文的利与弊 / 41
四、口语交际教学要关注方法指导 / 43

专题五 语文综合性学习 / 50
一、语文综合性学习学什么 / 50

二、语文综合性学习如何学 / 52
三、让语文综合性学习更具"语文味" / 57

下篇 技能修炼 *61*

专题一 教学设计 / 63
一、如何做学情分析 / 63
二、怎样确定教学目标 / 70
三、怎样设计教学过程 / 79
四、如何选择教学内容 / 86
五、怎样安排教学活动 / 90
六、如何开发教学资源 / 95

专题二 教学实施 / 101
一、课堂教学如何导入 / 101
二、如何提问有效 / 108
三、哪些教学方式可以选择 / 116
四、有哪些新型的学习方式 / 122
五、如何对教学做总结 / 131

专题三 教学评价 / 138
一、即时性评价 / 138
二、阶段性评价 / 141
三、终结性评价 / 146
四、综合运用评价方式的实践 / 153
五、命题程序与技术 / 162
六、质量分析与改进 / 168

专题四 课外活动指导 / 170
一、语文课外活动的内涵、特征与意义 / 170
二、语文课外活动的分类及指导 / 173
三、对语文课外活动的评价 / 191
四、语文课外活动指导教师的技能需求及历练途径 / 197

专题五　教学研究 / 199
一、备课 / 199
二、教案书写 / 206
三、观课 / 216
四、评课 / 219
五、教学反思 / 225

参考文献 / 234

上 篇

知识储备

教师要想上好一节语文课，除了要了解学生、熟悉教材、精心准备教案外，还要有丰富的知识储备。本篇从对新课程的理解与认识、拼音与识字教学、阅读教学等方面出发，阐述了小学语文教师应具有的知识储备。

专题一　课程理解与认识

一、小学语文教什么

1. 从历史发展认识语文课程

我国现代语文教育经历了由"国文"改为"国语",由"国语"改为"语文"的历程。

由"国文"改为"国语",是在"五四"运动以后"言文一致""国语统一"运动的背景下产生的,它促使我国小学语文教育从此走上以口语型书面语言为重点的语文教育之路。

新中国成立后,我国制定的第一部小学语文课程标准——《小学语文课程暂行标准》(草案)中,第一次将"语文"作为一门学科的名称确定下来。当时,主持教材编写工作的叶圣陶先生解释说:"什么叫语文?平常说的话叫口头语言,写到纸面上叫书面语言。语就是口头语言,文就是书面语言。把口头语言和书面语言连在一起说,就叫语文。"[1] 随着时代的发展,今天的人们赋予"语文"这一学科更多的内涵,如有人解释为:"语文"中,"语"为语言,"文"为文化;有人解释说:"语文"的"语"为语言文字,"文"指文学教育,等等。无论怎样解释,语文教育中,语言文字负载着文化传承、人生观和价值观引导以及审美等情操陶冶的重要使命,这已成为语文教育界的一种共识。

我国的语文教育,经历过过分重视工具性和过分强调思想性的不同时期,在历史的长河中也曾多次出现工具性与思想性之间的摇摆和论争。但从历史发展的整体来看,我国语文教育始终处在探索二者(思想性、工具性)有机结合的有效途径,并逐渐使之在语文教育中有机融合的过程中。如我国20世纪50年代时出现过关于语文教育性质的大争论。今天,新一轮基础教育课程改革中,语文教育的工具性与思想性在课程标准文本中明确地走向一体,确定了二者的不可分割性与融合性,而不仅仅是兼顾和并存。

关于语文课程结构,我国基本上一直沿用拼音、识字、听、说、读、写六大块来划分。《全日制义务教育语文课程标准》(实验稿)(以下简称《课程标准》(实验稿))中增加了"语文综合学习"一块内容,表明了这次课程改革对综合活动,特别是对语

---

[1] 叶圣陶. 语文教育论集(上册)[M]. 北京:教育科学出版社,1980:138.

文综合性实践活动的重视。

在课程理念上，20世纪50年代，我们受苏联教育的影响，重视文学教育，重视系统学习。60年代，"文化大革命"曾使我国的语文课程停滞了整整十年。进入70年代，我国开始恢复对能力、技能训练的关注。90年代初期，伴随着改革开放的成果，顺应时代潮流，我国的课程开始第一次从原来的过分追求学科本位、知识本位转向关注人的发展，开始注重儿童经验、体验和活动，并试图通过课程改革，探索培养适应未来社会需要、与国际接轨、具有创新精神的人才的具体策略。

2. 语文教什么？

有人说语文课无非就是教学生识字、写字；有人说语文课除了识字、写字，还有听、说、读、写技能。新一轮语文课程改革提出语文素养的概念，强调积累、整合、感受、鉴赏、思考、领悟、应用、拓展、发现、创新等能力的培养。教师们感觉语文课要承担的东西似乎变得无限厚重和广泛。其实，无论听、说、读、写、积累、感悟、综合等，归根到底都是为了使学生更好地运用语言这一工具学会理解和表达。"听"与"读"是理解，"说"与"写"是表达，这其中，识字、写字是基础。有了识字、写字的基础，才能够读书、理解以及更好地表达。语文课通过读（学习）一篇篇课文，培养学生的理解能力，进而达到丰富心灵、启迪智慧、让学生学会思考的目的。《课程标准》（实验稿）中要求重视对话教学，对话实际上就是表达、交流与沟通。这是因为有了思考，再去表达、交流，才能达到加深思考、增进理解的作用。一个人的思考能力是在读书与交流中不断丰富和提高的。我们在生活中都有这样的体验：没有丰富的阅历或广阔的视野，表达和与人交流便往往只能停滞在肤浅的层面，难以深入和有效；而丰富的阅历和广阔的视野则又往往来源于读书和与人交往的经历。长于表达让我们的思考有了验证与表现的机会，让我们体会到成就与自信。可见，有效的交流是丰富智慧、加深思考的重要途径。由此我们看到"理解—思考—表达"，在语文教学中就是一个循环往复、螺旋上升的过程，而情感态度和价值观的培养正孕育其中，不可分离。

因此，教师在课堂上要让学生通过大量的阅读、多样的表达与交流加深思考，促进其积极、健康的情感态度和价值观的形成，同时让思考与表达的成果为他们的生活和进一步的学习服务。这一过程应是语文教学的基本宗旨与追求。

如果每一个教师都能明确这一宗旨，语文教学就不会仅仅停留在识字、写字、概括段意和背记文学常识等简单、机械的唯工具论层面，也不会出现为了活动而活动、为了体验而体验的形式化做法。

其实对语文能力和语文教学，大可不必冠以那么烦冗、玄虚的概念，用最通俗、最简单的语句来概括，就是让学生有自己的想法，并乐于和能够把自己的心中所想清楚地表达出来。这一句话看似简单，但真正落实并不容易。也许有人说，现在学生心中有想法，也在用说话、作文等多种形式进行表达的训练。但听听孩子们在阅读理解后的回答就会发现，很多感受并不是孩子真正所想、所感，而是迎合教师和教材的需要的刻意理解，或是成人、作者的语言与诠释。灵巧的孩子只是会把它们很好地摘用而已。再翻开孩子们的作文，虚假的感受、刻意拔高的立意、成人的视角和作文鉴赏词典里的套话比比皆是，作文中表达的多不是孩子们真正想要告诉成人或伙伴的内容。语文课首先要承担的是培养能在社会上有质量有尊严地生存的人，能够运用语言这一工具有效地获得他人和社会的理解与认同、丰富自身生活的人。因此，在培养学生语文能力的过程中，首先要使每一个学生愿意且能够把自己心中所想进行有效的表达与交流。如果语文教学使孩子们随着年龄的增长越来越丧失了表达真实想法的愿望，那我们必须反思，我们的教学是本末倒置了。

有教师说，当前的应试教育使教师很难摆脱对分数和考试的关注。其实，综观当今国际流行的各种语文阅读测试，尤其到初、高中，已经越来越明显地表明，任何考试前的准备与突击都无济于事。学生的视野、知识面、思维能力、运用能力、分析表达能力，特别是思考、判断能力成了语文考试的重点，而这些能力不是靠死记硬背和押题、猜题能提高的。如果要准备的话，可能唯一该做的是：多读书、多看报、多思考、多与人交流。如果因大量的听写、默写、做卷子而使学生失去了读书、思考、与人交流的时间或机会，那还得说我们的教学又本末倒置了。身为语文教师，只有真正认识到读不只为了读、读懂，学语文不只是为了识字、写字、作文、应考，而是为了培养孩子对语言文字的热爱，对表达和与人交流沟通的热爱，特别是对读书的热爱，他的语文课才有更多的意义和价值。

二、语文课程改革的方向与动态

2001年7月，《课程标准》（实验稿）出炉；9月，全国38个国家级课程改革实验区开始了义务教育新课程的实验。这两个标志性事件表明新一轮语文课程改革拉开了序幕。

1. 新课改带来的变化与课改中的问题

"课文换了，要求变了，说法新了，形式活了，解读多了，媒体亮了，师生笑了，掌声响了"，一线老师创作的这首《八了歌》，形象地反映了课改之初很多实验区课堂教学的变化。过了几年，又有一段《四个变》："教学内容由胖变瘦了，教学环节由碎变整了，读书训练由浮变实了，教学形式由花变朴了"，描述的是课改后期语文课堂的趋势和动向。这两段歌谣形象地反映出实验区课程改革的历程——从单纯的形式模仿逐步走向理性反思。

新一轮语文课程改革给语文教学带来了观念上的冲击和教学方式的变革，自主、合作、探究等新课标提倡的教学方式在课堂中开始被尝试使用，教师重视对学生的鼓励，课堂活跃了。但随着课堂教学方式的多样化，以及一些公开课过于注重形式的变化，课堂一度出现过于浮华、追求形式的问题；教师该讲的不敢讲，该练的不敢练；

没必要使用多媒体却为了形式的花哨而过度使用；合作、探究的指导缺乏、内容无价值、课堂低效。随着课程改革的深入，人们开始反思，追求有效教学和课堂的实效成为大势所趋。

在这一变化过程中也出现了很多不同的现象。如有的学校感到新教法在课堂上一时难以取得明显效果，于是采取了全盘后退的做法，又回到课改前教师照本宣科、题海战术、机械训练的状态，认为这才是"实效"；有的学校把握不好合作、探究的度，机械地认为讨论时间过长、合作探究次数过频、教师综合拓展过多就是低效，于是课堂虽保留了新方式，但都如蜻蜓点水，新教学方式依然成为点缀；有的学校开始研究怎么把教师的讲降到最低限度，尝试让学生自主学习，并把合作学习作为日常课堂的基本形态。这里除了第三种方式有值得肯定的地方外，前两种都是应该摒弃的。课程改革中出现的问题，要用积极的态度去探索解决问题的途径，而不是以非此即彼、忽左忽右的习惯性思维方式去对待问题。课堂上讨论的时间、合作探究的频率以及综合拓展的容量究竟有多少合适，都应根据内容和目标的达成，依据课堂实际情况来决定，而不是机械、教条地对课堂的有效性作规定。此外，学生自主学习并不是放手让学生自己学习，引领与指导任何时候都是教师的基本职责。

在当前语文课程改革深入推进的过程中，我们觉得很重要的是实事求是地面对语文教学改革中出现的问题。其中，教师对语文教育的根本目标和价值追求的认识尚待进一步明晰；语文学习的内容还需要进一步细化；语文教学的手段还需继续更新、进步。同时，学生负担依然沉重，教师的专业素养离新课程的要求仍有距离，考试命题技术还有待进一步研究与改进。这些都应成为今后语文课程改革要重点关注的问题。

2.《义务教育语文课程标准》（2011年版）（以下简称《课程标准》）的修订与改进

2010年4月27日，为进一步明确下一阶段深化基础教育课程改革和推进素质教育的任务和方向，教育部颁发了《教育部关于深化基础教育课程改革进一步推进素质教育的意见》（教基二〔2010〕3号），其中在论述下一阶段深化课程改革的主要任务时，明确提出："以'三个面向'为指导，构建体现先进教育思想理念的、开放兼容的基础教育课程体系，全面提升学生的科学、人文素养。在总结课程改革经验的基础上，进一步完善课程设置方案，给学生留有更多自由支配的活动时间，切实减轻学生过重的课业负担。修订各学科课程标准和教材，把社会主义核心价值体系有机融入课程教材中，进一步精选对学生终身发展有重要价值的课程内容，更加强化课程教材与社会发展、科技进步和学生经验的紧密联系，更加突出时代性、增强适宜性，提升课程教材的现代化水平，突出对学生社会责任感、创新精神和实践能力的培养。进一步加强中小学各学段、各学科课程内容的有机衔接。建立基础教育课程教材周期修订制度，既保持课程教材的相对稳定性，又随着社会科技发展而与时俱进。"

由此，我们可以看到，今后《课程标准》的修订与改进，一定将朝着"减轻学生负担，给学校、教师和学生留有更多的自主空间""进一步渗透、体现社会主义核心价值体系""突出体现创新精神和实践能力的培养"的方向改进，同时，在使"课程目标更加切合学生的实际发展状况"以及"课程标准更具可操作性"方向做最大的努力。

社会主义核心价值是课程教材内容的魂，基础教育阶段的课程与教材必须体现国家意志，传承文化传统。除了在课程标准、教科书，学校教育、教学和各级各类活动中如何有机地渗透、融合和体现社会主义核心价值，并用学生喜闻乐见的形式，让学生自觉接纳、融会贯通是各级各类学校今后应该重视并研究的课题。

同时，创新精神与实践能力的培养要求课堂必须将更多的自主权和空间留给学生。因此，转变教与学的方式仍是今后深化课改的重要目标。

《课程标准》在各个部分都进一步强调了对语文学习的关键性要求。如对创新精神、实践能力的培养的重视；对语文学习的综合性和实践性的强调等。为使《课程标准》更具可操作性，这次修订增添、补充了相应的措施和说明，如更加强调了"读书"在语文学习和思想文化修养中的关键作用，同时把学生对"读"的兴趣、习惯、品位、方法和能力提到非常重要的位置。为此，对相关推荐阅读书目和诵读篇目作了相应的补充和调整。此外，还顺应新时代的要求，大大加强了对写字教学的指导要求，并明确规定了写字课时。

为落实减轻学生负担的需要，《课程标准》对一些难度要求作了适当的调整。如第一学段"写话"的要求以及第一和第二学段识字量的要求等（如第一学段识字量由"1600～1800"改为"1600左右"，写字量由"800～1000"改为"800左右"），并推出新的字表。同时，个别学段适当降低了写作和"口语交际"的目标要求。如考虑第四学段"口语交际"目标中，原来的"使说话有感染力和说服力"要求过高，因此改为"注意表情和语气，根据需要调整自己的表达内容和方式，不断提高应对能力，增强感染力和说服力"。

针对课程改革进程中语文课堂教学出现的各种偏差，《课程标准》也旗帜鲜明地做了纠正。如《课程标准》明确指出："教师应加强对学生阅读的指导、引领和点拨，但不应以教师的分析来代替学生的阅读实践，不应以模式化的解读来代替学生的体验和思考；要善于通过合作学习解决阅读中的问题，但也要防止用集体讨论来代替个人阅读。"

对语文新课程实施中教师普遍关注的"语文素养"究竟指什么的问题，《课程标准》增加了更具体的描述。如"初步掌握学习语文的基本方法，养成良好的学习习惯""通过优秀文化的熏陶感染，促进学生和谐发展，使他们提高思想道德修养和审美情趣，逐步形成良好的个性和健全的人格"等。同时指出："语文课程是一门学习语言文字运用的综合性、实践性课程，义务教育阶段的语文课程，应使学生初步学会运用祖国语言文字进行交流沟通，吸收古今中外优秀文化，提高思想文化修养，促进自身精神成长。工具性与人文性的统一，是语文课程的基本特点。"采用"语文素养"作为新课程的核心概念，是为了更好地体现素质教育的精神，更加丰富语文课程的价值追求，促进学生在语文知识、能力和情感态度、思想观念等多方面和谐的发展；强调"综合素质"和学习内容的"综合"，努力避免过度细分、低效高耗的学习状况。这一课程理念，是和党中央关于经济、社会、文化、政治各个方面科学发展、和谐发展的理念相符的，是和《国家中长期教育改革和发展规划纲要（2010—2020年）》的精神相符的。

专题二　拼音与识字教学

一、拼音教学的基本要求与重点

1. 把握好汉语拼音教学的"度"

汉语拼音在小学语文教学中有着举足轻重的作用，主要体现在帮助儿童认字、识字、学习普通话等方面。信息化时代，对学生借助现代信息手段，学习使用电脑、打字等都有重要的作用。汉语拼音教学是小学语文教学最先安排的、重要的、必不可少的内容。

汉语拼音由6个单韵母、23个声母、9个复韵母、9个鼻韵母、16个整体认读音节组成，学习汉语拼音要从单韵母和部分声母开始。在实际教学中，拼音教学的目标要求设定在怎样的标准合适呢？

很多教师认为越熟练越好，要求学生看见拼音就能直呼；很多家长给学生听写、默写拼音字母。这实际上都有可能加重学生负担，影响初入学儿童对语文学习的兴趣。教师准确了解、把握国家课程标准对拼音教学的要求，按标准实施教学、评价学生是教学的基本，对刚入学的学生学习更是至关重要。

《课程标准》中对拼音教学的要求是："学会汉语拼音。能读准声母、韵母、声调和整体认读音节。能准确地拼读音节，正确书写声母、韵母和音节。认识大写字母，熟记《汉语拼音字母表》""能借助汉语拼音认读汉字，学会用音序检字法和部首检字法查字典"。

教师在教学中特别要注意"准确地拼读"不同于"熟练地拼读"（旧教学大纲曾经要求"熟练地拼读"）；"正确书写"字母、音节，而不需要"听写、默写"（旧教学大纲曾经要求"默写声母、韵母"）；"熟记字母表"而不是"背诵字母表"。同时，课程标准中也没有直呼音节的要求（旧教学大纲中曾经要求），即声母和韵母只求会抄写，不求默写；抄写是为了加深印象，目的还是认读。音节的教学，只要能正确拼读即可，不在于两拼、三拼还是直呼。这对减轻学生的负担，丰富启蒙教育的内容，是十分有意义的。这样的教学要求，4周左右即可基本达到。老师们要防止教学中想当然或凭经验拔高要求的做法。事实上，忽略或不知道拼音教学的这些基本要求，擅自拔高或一味追求高标准的做法在基层学校比比皆是，还未引起重视。

因此，大家在教学中首先要确定、把握好教学的"度"——能准确拼读音节，不要拔高到熟练拼读上。至于从学会到熟练还得有一个不断学习、复习、巩固的过程。

同时，要明确汉语拼音帮助识字，并不是必须熟练拼读了才能识字，而是只要会准确拼读便可以开始识字。各套教材都很注意拼音学习与识字相结合，教学时要充分利用教材，同时大力开拓课外阅读资源，借助带有汉语拼音的课外读物，使学生在自然的阅读中加深对汉字的认识和印象，获得拼音学习的成就感。

还要注意妥善处理拼音部分每课中各部分教学素材的关系。既不要单纯为教拼音而教拼音，也不要脱离拼音教学，花费过多的时间让学生看图说话和背诵儿歌等，应把二者有机结合起来。充分发挥汉语拼音的作用，让学生借助拼音阅读、识字、正音，在应用中巩固汉语拼音。

最后要强调的就是教材中设计、提供了大量的活动和游戏，教师教学时要依托教材，准确把握低年级学生的心理生理发展特点来开展教学。从某种意义上说，一堂低段语文课就应该是一堂语文活动课、游戏课。如教材中出现的大量"读儿歌""编儿歌""念顺口溜""做游戏""猜谜语""说绕口令"等活动就是很好的素材。要充分利用教材中的素材来安排学生读读、说说、画画、唱唱、做做等活动，同时根据实际情况自行开发、设计一些符合自己班级实际的活动内容，把学生的注意力拉长，使初入学学生的课堂效益实现最大化。这个最大化不仅体现在用好45分钟、把汉语拼音教好上，还体现在对初入学儿童的语文学习的情感培养，以及对他们初步的交流、合作等多方面能力的关注和形成上。

2. 汉语拼音教学的重点

小学生一入学就要学习汉语拼音，显然是枯燥乏味的。因此，汉语拼音教学的重点首先是如何调动学生的学习兴趣，让学生不因汉语拼音的学习而减弱了学习语文的兴致和信心。要做到这一点，教师应充分利用教材中的情境图和语境歌，在情境中学习，在情境中发展学生的思维和语言，使汉语拼音教学不停留在为学拼音而学拼音的状况中。

各版本教材在汉语拼音部分都安排了大量的插图和儿歌，为学生提供学习字母的情境，能很好地起到调动学生学习兴趣、帮助学生识记字母、发展学生语言和思维的作用。

如苏教版教材中有配合字母教学的情境图（教参中还附有相应的"语境歌"，如第1课"a、o、e"——大公鸡，oo啼，阿姨带我到村西。小白鹅，ee叫，连声问我"早上好！"），这样把学习拼音字母寓于故事之中，并辅以朗朗上口的语境歌，化难为易，寓学于乐，既增加了学习情趣，又渗透了文化素质教育。再如人教版第3课的儿歌是《轻轻地》："小兔小兔轻轻跳，小狗小狗慢慢跑，要是踩疼了小草，我就不跟你们好。"其中出现了本课新学的音节"de、tù、le、nǐ"，学生读了这首儿歌，巩固了汉语拼音，认识了汉字，还发展了语言，懂得不随便踩绿地，增强环保意识，课堂气氛也会非常活跃。苏教版"b、p、m、f"一课，安排了四部分内容：一幅情境图，一组表音表形图，书写示例和拼读练习。情境图的意思是说，小朋友跟着爸爸上山看大佛，爸爸教育孩子要爱护大佛。教材配有一首语境歌："爸爸带我爬山坡，爬上山坡看大佛，大喇叭里正广播，爱护大佛不要摸。"教学时可以看看图画，讲讲故事，读读儿歌，让学生轻松学会四个字母，并在愉快的体验中受到爱护文物的教育。北师大版教材在学完声母后编选了儿歌《大家都说普通话》。学生运用拼读方法读出课文中"大、话、家、不"等生字的音节，使他们在儿歌声中既读准了生字的音，认识了生字的形，也体会到了学习普通话的重要性。

　　同时，各版本教材汉语拼音部分的内容中，在字母、音节教学的基础上，还都增加了识汉字与读儿歌的内容。如苏教版5个单元安排了80个字（主要是部首字），最后又整合成"生字表（一）：人口手足/舌牙耳目/金木水火/山石田土/虫贝鱼鸟/羊犬龟鹿……"，这实际上是一篇四言韵语，读起来朗朗上口，便于儿童复习记诵，满足了小学生渴望学习汉字的心理。人教版拼音部分出现的70个汉字，只要求认识。学生只要能认读，了解词的大概意思即可，不要求抄写或默写，也没有认识偏旁的任务。这样就加强了拼音和识字、儿歌的结合，及时发挥了汉语拼音帮助识字的作用，也是早期进行说话训练及提前阅读的一条有效途径。

　　此外，很多优秀教师在他们长期的汉语拼音教学实践中还总结、积累了许多帮助学生识记拼音规则的智慧。如苏教版教材中收录的："小熊'愚愚'跟j、q、x是好朋友，'愚愚'在路上遇到了j、q、x，就很有礼貌地先摘掉太阳镜，再跟好朋友握手。"j、q、x跟ü相拼省略ü上两点这一拼写规则，学生不容易记住，而采用这种儿童喜闻乐见的故事形式来呈现，就很有趣，也很有教学效果。人教版对这一规则则采用了ü向j、q、x脱帽行礼这种有趣的方式来体现。同样化抽象为形象，儿童学起来不会感到枯燥乏味。这些教学智慧值得借鉴和重视。

　　此外，拼音教学不应局限在为教拼音而教拼音上，而应把拼音教学与儿童认识事物、积累语言、形成良好的情感态度价值观融为一体。在教学拼音的过程中提升儿童的学习兴趣，同时，注意对学生语言、思维、想象力、学习动力等多方面能力的培养。

　　3. 拼音与汉字先学哪个更合理

　　在新课程标准实验教材中，汉语拼音出现的位置有了创新。不同版本的教材各有自己的安排。如人教版和苏教版教材沿袭传统，将汉语拼音的学习，仍然安排在教材的开头。人教版这样安排，一是考虑汉语拼音是帮助识字的有效工具，学会了汉语拼音，将大大提高学生自主识字的能力；二是考虑汉语拼音能够帮助方言地区的儿童纠正字音，克服方音，读准汉字，学习说普通话。所以，把汉语拼音安排在教材的最前面是有一定道理的。而北京师范大学版教材则把汉语拼音安排在第五单元。教材编写者经过一系列的调查研究认为：

　　（1）汉字是母语文字，生活中随处可见，应当充分利用这个优势。汉语拼音是中华民族的母语，不应当脱离母语环境来学习拼音。

　　（2）学生入学后首先学习拼音，从客观上向学生灌输了汉字必须向拼音文字靠拢的意识。

（3）汉字是方块字，像一幅幅图画，儿童认识汉字比认识拼音字母容易得多。儿童一入学就学拼音容易产生挫折感。几年来的实验证明，先学汉字有利于调动学生学习语文的积极性。

（4）语文是各科学习的工具，在入学后学习拼音的6~8周内，数学等科目将不得不替语文学科承担识字教学的任务。

虽然各版本教材中拼音出现的位置不太一样，但实际上各版本的教材都采取了拼音、识字同时学习的编排方法，人教版称之为"加强整合"，苏教版称之为"双线并进"，北师大版称之为"双轨并行"。以人教版第3课为例，本课学习b、p、m、f，图中出现了"爸爸""妈妈""我"三个汉字词语，学生刚刚学会了拼读音节的本领，就能够借助拼音认读汉字；学习了d、t、n、l 4个声母以后，就可以认识"大、米、土、地、马"五个汉字，学生感到学拼音很有用。拼音与识字交叉安排，以拼音助识字，通过拼读生字注音又巩固了拼音，收到了相辅相成、相互促进的效果。

在具体的识字安排上，人教版教材在汉语拼音部分安排的识字以贴近生活为准则，第一组正式的汉字是"爸、妈、我"，这三个字是孩子天天都要说的，选择这三个字应该是出于与学生生活实际紧密联系的考虑。苏教版将最常用的80个汉字（大多是独体字）安排在5个拼音单元中，每组16个字，4字一顿，合辙押韵，每字均配有精美图示。例如，"人口手足，舌牙耳目，金木水火，山石田土"，这样编排，意在让学生在老师的指导下掌握独立识字和借助拼音识字的两种方法，尽量做到先认字、多认字。同时，通过拼读字音又巩固了拼音，从而收到拼、识相互促进的协同效应。

人教版教材中把声母y、w提前，和单韵母i、u、ü整合为一课。这一课除了要学习单韵母i、u、ü外，还要学习声母y、w，以及整体认读音节yi、wu、yu。这样安排的好处是简化头绪，节省时间，而且能提早出现一些常用音节，便于学生学习、巩固拼音，还可以提早出现常用汉字。实践证明，这样的安排不会加重学生的负担，学生学起来也不困难。

苏教版更注重从我国丰富的传统语文教学经验中汲取精华，在汉语拼音部分不吝篇幅地展示了字母的书写笔顺。每个字母的书写都用两种图示表示：一种是用箭头、数字展现书写笔顺的图示（箭头表示书运笔走向，数字表示笔画先后顺序）；一种是在四线格中展现笔顺和书写规则的图示（这种图示是给每个字母定位的，即表示每个字母各置其位的书写规则）。这两种图示都很具体地展示了书写要求，教者就要按此要求教学生规范书写。教师在范写中教笔顺以完成目标教学中的"学会"还不够，而应重视图示的作用。

北师大版教材给教师留下灵活处理的空间，给学生留下自主学习的空间更大。例如，拼音教学之前的"语文天地"也标注了拼音，目的是适应不同教师和学生的需要，教师可根据教学需要调整拼音教学时间。

各版本教材各有所长。编排理念体现着教学思想，准确了解、把握教材编写意图是实施有效教学的第一步，了解其他版本教材的编排内容和编写意图，能大大丰富教师们的教学资源。教师们应充分利用可利用的条件，仔细品味、认真研究、比较分析，选取最适合自己和自己学生的做法，将其运用到教学实践中。

二、掌握几种主要的识字法

2000年11月26～28日，教育部基础教育课程教材发展中心召开了"小学语文识字教学交流研讨会"，会前征集了三十多种识字教学方法，其中比较成熟的流派都有较长的历史，有的有自己的代表人物、教学实验基地，有的还有相应的教材教具、参考书和工具书等。作为小学语文教师，对其中最具代表性且影响范围较广的几种识字方法应该有所了解，这不但对提升语文教师专业素养有帮助，也对提高教师课堂综合运用能力有助益。

1. 分散识字与集中识字

（1）分散识字[1]

"分散"与"集中"不仅代表着时间上的差异，也代表着理念、方法上的差异。分散识字也叫随课文分散识字或随课文识字，1902年的《便蒙丛书》中的《识字贯通法》和《文话便读》蒙学读本中，就采用了随课文识字的编辑方法。教学时，先学生字，再理解字词义及语句，最后用生字造句，这就是分散识字方法的开端。[2] 但作为一个识字教学的流派，它形成于20世纪60年代初，首倡者为我国著名教育家斯霞老师。这一识字方法在1958～1963年一次学制试点改革中获得了圆满成功。

"随课文分散识字最大的特点是：'字不离词，词不离句，句不离文'，把生字词放在特定的语言环境，即具体的一篇篇课文中来感知、理解和掌握"[3]，这里说的"语言环境"是特指课堂教学中的语言环境。斯霞老师认为，教学识字时都要创造一定的语言环境，但口头语言环境瞬间即过，儿童很难再现；而采用随课文识字的方法，生字词学过后，就在课文中重现，这种语言环境（课文）对孩子的积极作用是其他语言环境所不能替代的。儿童通过诵读课文，及时复习生字词，对以后的巩固也极为便利。

斯霞老师还归纳出随课文识字几种不同的字词出现方式：按照课文内容顺次出现生字词；课文中占主要地位的生字词先出现；结合讲读时提出生字词；在理解课文内容以后再提出生字词。[4] 这些都说明分散识字注重研究生字在具体语言环境中的地位。

但是，在语文教学实践中，有的语文教师对分散识字却存在着一种误解，认为要学生识的每一个字都必须在课文中出现，随课文教学。其实，"随课文分散识字之前，

---

[1] 本部分内容参考了斯霞. 对随课文分散识字的看法 [J]. 课程·教材·教法，2001，(2).

[2] 田本娜. 百年识字教学的历史及创新 [J]. 小学语文教学，2002，(9).

[3] 斯霞. 对随课分散识字的看法 [J]. 课程·教材·教法，2001，(2).

[4] 斯霞. 字词的出现、讲解和巩固 [J]. 江苏教育，1960，(4).

同样要教汉语拼音，要教看图拼音识字，要学若干短语、句子。几十个独体字是以后学合体字的基础，它们又有独立的意义，可以用图画表示，孩子们喜欢学，短语、句子也都是孩子们生活中熟悉的语句，现在用文字表示出来，学起来也很有兴趣。但以后的大量识字任务是分散在一篇篇课文中，通过教学课文使学生掌握汉字。就像现在三年级以上的语文教材，都是一篇一篇的课文，没有单独的识字教材。至于一篇课文中的生字词，是集中先教，还是部分先教，还是边学课文边教，那是随课文分散识字中的具体技巧处理问题。"①

斯霞老师有这样一段话概述了这种识字方法："（学生）识了十个八个的生字词，立即回到课文中去诵读，凭借课文内容的情节，语句的连贯，篇幅又不长，儿童能很快熟读背诵。一篇篇课文学下来，他们就像滚雪球似的一篇连一篇地反复诵读，不待老师布置，大多便能背诵了。这当中，阅读能力得到训练，生字词得到巩固，还受到规范语言的熏陶。"②

（2）集中识字

相对分散识字而言，集中识字的历史较为久远，我国流传下来的诸多启蒙教材，从"三苍"到《三字经》《百家姓》《千字文》等都是以集中识字的形式编排的。辛亥革命后，"三、百、千"识字教材逐渐被国文教科书所代替，识字数百后转入边识字边阅读。如1901年澄衷蒙学堂编的《字课图说》，以类相聚，选字三千。南洋公学的《新订蒙学课本》也是"天地日月山水""鸟兽牛羊鸡犬"式的集中识字教材。③

20世纪50年代初期，小学语文教学中识字和阅读的矛盾曾引发了对低年级是否以识字为重点的讨论。1955年国家制定的《小学语文教学大纲》（草案）反映了这次讨论的结果，其中明确提出："识字是阅读的基础。目前汉字还不是拼音文字，识字教学不能在短时间内完成，所以教学大纲里规定小学一、二年级的阅读教学以识字为重点，在这两年里比较集中地教会儿童认识必要数量的常用汉字。有了这个基础，小学语文科的阅读教材才不致处处受生字的限制，而有可能做到内容丰富，语言精确生动；小学语文科的阅读教学才有可能提高质量和效率。"这是对识字教学历史经验的总结。

在教学必须改革的形势下，1958年，辽宁黑山北关小学进行了集中识字教改实验，由同音字归类——形声字归类——基本字带字，学生在两年内认识了2500字；1960年，北京景山学校也开始对形声归类集中识字进行实验，同样达到两年学习2500字的效果。在总结历史经验的基础上，国家进一步重视了汉字、汉语特点。在1963年制定的大纲中重申了"小学语文教学低年级以识字教学为重点"：总识字量定为3500个左右的常用字，一、二年级要教学生认识半数左右。这样识字教学发生了较大变化，识字任务集中在低年级，三年级以后识字量逐渐减少，重点放在读写方面。可以说，这次改革的思路是十

---

① 本部分内容参考了斯霞. 对随课文分散识字的看法[J]. 课程·教材·教法，2001，（2）.
② 同①.
③ 田本娜. 识字教学的传承和创新[J]. 课程·教材·教法，2001，（3）.

分正确的。然而，识字教学改革刚刚开始不久，就遭到"十年动乱"的破坏。[1]

集中识字概括起来可以说是归类识字，基本的方法有从音归类（同音字归类、形声字归类）、从义归类（近义字归类、反义字归类）、从形归类（形声字归类、形近字归类、同偏旁归类）三种。其中形声字归类容量大，充分利用形声构字规律将形声字归类，便于学生认识形声字的构字规律，记住字形的难点部分。为了能带出更多的字，把带有同样基本字但非形声字的字，如"肥"也放在"巴"字组中，同样有助于学生记认，这也叫"基本字带字"。基本字带字就是通过给基本字加偏旁部首的办法引导学生利用基本字学字、记字。如"主"是"住""柱""往"一组字的基本字，其关键在于利用一组字的相同部分组成字串，突出其不同的偏旁部首，通过分析比较，强化以记忆字的不同部分来识记生字。概括地说，集中识字是以"基本字带字""形声字归类""形近字归类"为主要形式，并囊括少量非归类识字的识字教学法。相对分散识字而言，集中识字的识字任务、识字时间比较集中，在一段时间内主要进行识字教学，完成识字任务，为读和写奠定基础，其特点是突出字形，便于比较字的音、形、义的区别和联系，它虽然从字出发，但也要读词、组词、扩词、读句、造句、读课文。[2]

2. 字理识字与韵语识字

如果说集中、分散识字更多地关注的是识字的时间与空间方面，那么字理识字与韵语识字则更多体现的是关注汉字的音、形、义，利用它们之间的内在联系，形成了各自的特色。

（1）字理识字[3]

汉字是表意文字。汉字的构建不是人类无意和随意的行为，而是有一定目的的，有一定理据的。字理识字正是依据汉字的这种造字规律和理据进行识字教学。在我国当代的诸多识字教学流派中有很多是渗透字理识字因素的，而湖南岳阳的"字理识字法"则是最明确、最直接、最集中的强调"字理"的。字理识字教学法强调依据构字原理进行识解和记忆汉字，包括按字源理据和对部分简化字、形变字运用现代观念进行新的析解识记。我国春秋战国时期就有这种按照汉字的构字原理识字的方法，被称为"形训"。如《左传·宣公十二年》："夫文，止戈为武。"汉代以后，经师的解经，《说文》等书的释义，也常用这种形训的方法。

汉字是表意文字，它最原始的象形字是用笔画简单的图形、记号来代替语言中的一个词，字的形体结构和造字时词的本义或常用义是一致的。后来造字的方法有了很大的发展，不局限于象形、指事，还出现了会意、形声、转注、假借。商周以后，以记录语音为主的形声字逐步占了统治地位，但汉字至今仍未发展成为表音文字，字的

---

[1] 田本娜.百年识字教学的历史及创新［J］.小学语文教学，2002，(9).
[2] 朱卫红.小学集中识字教学法之我见［J］.小学语文教学，2007，(2).
[3] 字理识字部分主要参考了贾国均.字理识字的教育功能管见［J］.小学语文教学，2002，(4)；危玉然.谈谈字理识字［J］.小学语文教学，2001，(8).

形体结构与字义仍有不同程度的联系，许慎所谓："象形者，画成其物，随体诘诎；指事者，视而可识，察而见意；会意者，比类合宜，以见指伪。"此三者不是象形，就是象意，都有象可寻。而形声字的声符往往是字音的承担者，它的形符则指出字义的归属。凡此种种都说明字形与字义有密切的联系，这样我们就有可能通过对字形的分析来寻求字义，这就是形训的理论依据。语文学上的形训主要用于寻求字的本义，同时，通过字形的分析能够更好地理解引申义和掌握词义系统，进而识别假借字。

简单地说，字理识字法就是抓住大部分汉字能够解析字理的特点，将字理解析运用于识字教学之中，主张通过字理分析帮助学生识字，以汉字形与义、音的关系为识字的切入点以提高识字教学的效率。教象形字、指事字，运用"溯源—对照"的模式，通过"溯源图—古体汉字—楷体汉字"，引导学生认识其像什么形，指什么事；教会意字、形声字就运用"分解—组合"的模式，引导学生理解会意字由几个象形、指事字怎样组合起来表示一个什么新的意义；理解形声字形旁所表示的意义类属，声旁读音的提示作用。

（2）韵语识字[①]

韵语，是祖国的传统文化形式，从儿歌、诗词、对联到歌词、戏剧台词等都在运用韵语的形式。它不仅形象有趣，押韵上口，使人喜欢诵读，而且还特别有利于记忆。

韵语识字，就是把小学语文教学大纲要求掌握的2500个常用汉字先组成最常用的词，再用这些常用词围绕一个中心意思和故事情节，编成符合儿童特点的大密度生字的一篇篇韵文，使这些韵文句式整齐，合辙押韵，通俗有趣，易于理解，短小精练，文道结合，所以儿童喜欢诵读，并能倒背如流。孩子们把课文当作有趣的歌谣，随时都可以背上几段，这样在有意无意中反复浮现，自然而然地就记住了一批批常用汉字。

韵语识字较一般的识字方法有如下几个突出特点：

实行快速记忆。一般研究识字方法大都是从汉字的构字规律入手，而韵语识字最突出的特点就是从快速记忆入手，研究如何快速记忆大量的汉字。所谓识字，就是识记汉字，要提高识字效率，就必须研究快速记忆。

先识高频字。所谓高频字，就是使用频率最高的汉字。先识高频字，不但有利于尽早阅读，而且还能有效地提高学习效率。经实践验证，掌握这些高频字，就可以读懂一般书报90%以上的内容。也就是说，学生先学会这些高频字就可以进行阅读了。这是识字教学的一条捷径。

实行整体输入。韵语识字根据儿童"先整体后部分"的认识规律，充分运用整体认知的原理，不是一个字一个字地学，而是将十几个、几十个字形成一个精练、有趣、有一定意义和韵律的整体组块进行整体输入、整体储存，从而提高识字效率。

先认读，后掌握。所谓掌握，就是识字要达到"四会"。韵语识字为了实现尽早阅

[①] 这部分内容主要参考姜兆臣. 一种高效的小学语文教学——"韵语识字、尽早阅读、循序作文"小学语文教学体系介绍（一）[J]. 辽宁教育，1999，（22）.

读，将所学的生字先以认读为主，不要求一次性达到"四会"。这不仅分散了识字难度，减轻了学习负担，而且能使儿童在短期内轻松愉快地认识大量的汉字，进而使儿童尽早地进入阅读。

既大密度集中，又不脱离语言环境。韵语识字是高密度生字的集中识字，但它是先把生字组成常用词，再用常用词组句成篇。因此，它虽然是大密度的集中，但又没脱离具体的语言环境，充分发挥了"语义场"的优势效应。因此，这一方式可以较大幅度地提高记忆效能。

语言精练，促进思维。韵语识字虽然大密度集中，但它又是随课文识字的。它是在整篇中识字，先整体后部分，即先整篇认读，后单个字记忆。而每一篇韵文都不是白话文，有歌谣、有古诗、有声律对韵等多种形式；有三言句、五言句，还有七言句式。虽然课文篇幅短小，但却都是围绕一定的中心意思，表达一个完整有趣的故事情节，并且内容都贴近儿童生活，又是用常用词组句成篇，因此易于理解。由于它不是白话文，有一定的语意跨度，故有利于促进儿童思维的发展。

3. 注音识字[①]

"注音识字"的提法源自一项名为"注音识字，提前读写"的教育教学实验。这项实验是从1982年秋季起，在黑龙江省佳木斯市第三小学、拜泉县育英小学和讷河县实验小学这三所小学的共六个教学班进行的。这项实验得到有关专家的重视和热情支持，得到国家教委、国家语委以及中央和地方教育科研部门的支持和帮助。1992年，国家教委下发文件向全国推广这项教改经验。这里通过对这项实验的一些简单介绍来概述一下"注音识字"的含义。

简单地说，"注音识字"并非仅是一种识字方法的改革，它的立意在于"提前读写"。一般的小学语文教学让学生先学拼音，目的是识汉字。这项实验则不同，他们认为用拼音帮助学生学几个汉字，与学生的求知欲相去甚远。要利用拼音读文章、写文章，即在学生不识字或识字不多的情况下，开始阅读和写作，同时进行听说训练，并在阅读中识字。这样，小学语文教学所涉及的识字、阅读、写作、说话等内容便同步进行，学生听、说、读、写能力协调发展，语言思维相互促进，全面提高小学语文教学质量，其整体性十分鲜明。

"注音识字，提前读写"实验教学由拼音教学、阅读教学、作文教学、识字和写字教学、说话教学组成。

（1）拼音教学

学生入学后先集中一段时间学汉语拼音。要求学生获得完备的拼音知识和技能，特别是直呼技能。所谓直呼，即学生看到一个音节就像看到一个汉字一样能直接读出来，听到或想到一个音节能写出来。直呼技能训练一般采用过渡法和支架法。过渡法，

[①] 本部分内容参见 http://218.24.233.167：8000/Resource/Book/Edu/JYLL/TS015075/0004_ts015075.htm.

就是从"三呼"入手，向直呼过渡，开始让学生掌握拼音的"零件"和声韵成音的规律，如运用 m—a→ma 的成音方法认读，经过暗拼最后达到直呼。支架法，就是按声母的发音摆好口形，再发韵母音，这样读出来的音自然就是直呼音节了。

（2）阅读教学

每周安排 6 节。由于要充分发挥汉语拼音的作用，阅读教学结构和教学方法就应与一般阅读教学不同。教学顺序是先读拼音课文，再读注音课文，最后读汉字课文。其特点是：①起步早。在学生掌握拼音之后，就开始阅读拼音课文；②阅读量大。实验期间学生课内阅读达 100 万字；③整体性阅读训练。把课文作为一个整体，按照"从整体到部分再到整体"的顺序教学。

（3）作文教学

每周安排 2 节。训练顺序是先用拼音代汉字，再用拼音夹汉字或汉字夹拼音，最后全用汉字。具体做法是：①借助拼音提前起步。从一年级起，学生掌握拼音的同时，就开始用拼音写话。如"早晨起来，天下着大雨。小红不怕风不怕雨，打着伞，背着书包上学去。"这是一个刚入学不久的学生写的第一篇看图写话《上学去》的作文，全文 27 字，都用拼音。②从整体入手，开篇成文。从整体入手，即沿着篇章—段落—句子的路子训练。开篇成文要给予指导，如提供话题，让学生有话可说；指导学生言之有序，教给学生最常用的记叙顺序；要求先说后写等。

（4）识字、写字教学

从二年级开始，每周 2 节。识字教学主要有三个途径：一是通过课内外大量阅读，增识汉字；二是通过写字课进行识字写字基本功训练；三是通过各种书面作业和练习，指导学生把汉字识好、写好、用好。写字课担负识字、写字任务，以写的训练为主，识、写、用相结合，培养学生独立识字、写字能力。指导学生写字时，从笔画、笔顺、间架结构等基本知识出发，掌握汉字偏旁部首，打好识字、写字基础。

（5）说话教学

从一年级下学期开始开设，每周 1 节。其目的是加强口语训练，培养学生的听话和说话能力。具体做法是：①利用拼音读物，自学普通话。说话教学就是普通话教学，利用汉语拼音编写的课本，让学生看着读，学习普通话。②说话教学跟思维训练结合，选择适合儿童特点的话题，如"打电话""借铅笔""买书"等。学生通过对人、事、物、景的分析和认识，提出自己的看法和解释，先想清楚，再说明白。

以上五种类型教学构成"注音识字，提前读写"实验完整的教学结构，充分利用汉语拼音，提前读写，促使学生听、说、读、写能力协调发展，全面提高小语教学质量。

4. 字族文识字[①]

字族文识字同样也源于教学实验，这是由四川省乐山市科学技术委员会与教育委

---

① 本部分内容参见 http：//218.24.233.167：8000/Resource/Book/Edu/JYLL/TS015075/0006_ts015075.htm.

员会管理，以四川省井研县教育局长鄢文俊为课题主持的一项实验，自1991年9月至1993年6月在全县23个乡镇的161个教学班共4227名学生中进行。

20世纪60年代，实验主持人曾在本县研城小学进行了两轮低段集中识字教学实验。情况表明，学生识字认得快，忘得快；识字率高，巩固率低。20世纪80年代初，又在研城小学进行了三轮七年低段识字教学实验，由于采用了"快速识字读本""集中识字读本"和通用语文课本大拼盘，因而没有找到识字教学"序"与"量"的答案。为解决识字教学科学化问题，课题组动员了上百名教师参与编出《小学常用汉字类编》。同时，课题组成员开始研究汉字构字规律和儿童识字规律，将《新华字典》所收11100多个汉字和《现代汉语词典》所收形体不同的词头字不断归类综合，发现400多个字族，其中常用字族380个，不能归入字族的孤独字不到2%。同时发现，这些字族均由其母体字加偏旁部首派生出来。课题组选出常用母体字330个，将这些母体字与常用偏旁组成第一代子体字1228个，从中再造构字能力强的647个合体字与偏旁组成2132个第二、第三代子体字。这些子体字连同母体字共4390个，从中精选出常用汉字2500个，作为小学一、二年级的识字量。为了将这2500字教给学生，他们创编了以字族文为核心的实验教材——《趣味规律读本》（1~4册），确定实验课题为"规律识字，加快读写"，后改为"母体字组字课文识字教学实验"，最后定为"字族文识字教学法实验"。

这里有三个概念需要解释一下，了解了它们就能明白字族文识字的基本原理了。

（1）"母体字"。所谓"母体字"，就是具有派生能力的主体字。例如，"青"，加入不同偏旁可派生出：清、晴、睛、蜻、情、请、精、靖……"青"就是母体字。母体字具有派生性和主体性。一个字加入偏旁能派生出新字，它才能称为母体字；不能派生新字的孤独字（例如，丫、孑、事）不能称为母体字。派生性是母体字的本质属性。汉字在附加偏旁派生新字的过程中，始终以母体字为核心展开。例如，古、咕、估、姑、苦……就是以母体字"古"为核心孳乳、繁衍的；主体性是母体字的第二重属性。

（2）"字族"。所谓"字族"，是由一个独体母体字为发端，不断派生繁衍而形成的汉字群体。例如：

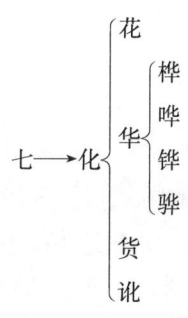

$$七 \longrightarrow 化 \begin{cases} 花 \\ 华 \begin{cases} 桦 \\ 哗 \\ 铧 \\ 骅 \end{cases} \\ 货 \\ 讹 \end{cases}$$

这就是以独体母体字"七"为发端，不断派生而形成的一个汉字群体，类似人类家族，故称"字族"。字族显示了如下特点：①形象地展示出汉字结构由简而繁的发展规律。其成员关系恰似人类代代相传，母体字派生出子体字；而母体字与子体字又是相对而言的。例如，"华"既是"化"的子体字，又是"哗"的母体字。②字族是逻辑化、结构化的汉字群体。独体母体字（第一代）是字族的逻辑起点，经派生后，支系间（横向）并列，如兄弟；系列间（纵向）承继，如母子。其严密的内部结构清晰可见。③字族具有字音类聚、字形类似、字义类联的特点。如"华"的子体字"哗、桦、骅、铧"都与"华"字音相同或相近，相聚一起。又如"花""华"字义相通，同为"化"的子体字。

　　（3）"字族文"。所谓"字族文"，是用精选出的字族或字族支系，按"文从字"原则编成儿童识字的课文。例如，用"青、清、晴、睛、情、请"这一字族，创编成课文《小青蛙》：河水清清天气晴，小小青蛙大眼睛。保护禾苗吃害虫，做了不少好事情。请你保护小青蛙，它是庄稼好卫兵。

　　首先，字族文的重要特点是"文从字"，即把教给儿童的一串生字，编成课文，让儿童通过读课文识字。这就突破了长期以来"随文识字"或孤立地教认几个生字的办法，为儿童识字开辟了一条新途径。

　　其次，字族文识字教学，把生字放到一定的语言环境中，在阅读课文过程中识字，在识字基础上阅读课文。体现了儿童先识字后读书的规律，即字—文—字；同时体现了儿童先明事后认字的规律，即文—字—文。字族文教学将这两种规律有机统一起来，使识字与阅读有机结合起来。

　　再次，字族文体裁有韵文、散文，并有三字文、长短句、对子歌等形式为辅助，组成形式多样、朗朗上口的识字载体，充分体现了汉字文化的民族特点。

　　识字教材的编排，需要以各种方式融合各家所长，这样才能保证从音、形、义等不同方面刺激学生的感知觉，提高他们对于识字的兴趣，提高识字的效果。例如，人教版一年级下册就采用了多种识字方法。如第一单元的识字课，由八个词语组成："春回大地、万物复苏、柳绿花红、莺歌燕舞、冰雪融化、泉水叮咚、百花齐放、百鸟争鸣。"这几个反映春天优美景色的成语或词组，组成了一幅意境优美的画卷，而且文字合辙押韵，读起来朗朗上口。第五组的字谜识字课是："左边绿，右边红，左右相遇起凉风。绿的喜欢及时雨，红的最怕水来攻。"谜面的文字很美，学生可以在动脑筋猜谜语的过程中，感受到祖国语言文字的魅力。第六组的量词识字是："一只海鸥，一片沙滩，一艘军舰，一条帆船。一畦秧苗，一块稻田，一方鱼塘，一座果园。一道小溪，一孔石桥，一竿翠竹，一群飞鸟。一面队旗，一把铜号，一群'红领巾'，一片欢笑。"不同的量词和名词的组合，构成了一幅幅多彩的图画，读后在头脑中形成优美的意境。学生在识字、学词的同时，感受到此情此景的和谐优美，感受到"红领巾"生活的快乐与幸福。从这些例子里可以看出，这样安排识字，避免了集中识字可能产生的单调枯燥、功能单一的弊端。学生通过学习这些意境优美、内涵丰富的识字课，不仅识了字，而且积累了优美的语言，丰富了知识储备，并受到思想和文化的熏陶。①

5. 如何看待与使用各种识字法

除上述六种识字方法外，还有很多的识字法，如"双脑识字法""理性识字法""部件识字法""成语识字法""训练组集中识字法""捷龙识字法""炳人识字法""字频识字法""TPR全身活动识字法"②，等等，但它们大多还局限于经验层面，仅仅作为一种识字方法而尚未发展出系统的理论雏形。

首先，各种识字的流派都关注了小学生识字过程中的某些记忆心理特征，即它们都从各自的出发点找到了一条行之有效的识字途径。比如，分散识字考虑了语言环境的作用，考虑到了字、词、句、段之间的意义上的联系，使识字不再是单纯的机械识记，更有意义识记的色彩，因为意义识记总是优于机械识记，因此从这一点来说，分散识字更有助于识字教学。集中识字则更关注字形之间的联系，从字与字之间的比较入手，在比较中让学生分清差异，集中容纳大量汉字；字理识字则由形及理、及义，将形与义的关系揭示出来，这也体现出了意义识记的特点；韵语识字则利用了合辙押韵朗朗上口的特点，让识字融会于熟读成诵之中；注音识字则充分考虑到学生求知欲的因素，让阅读与识字同步进行；字族文识字则不仅考虑到了汉字形态上的联系，还将生字放到一定的语言环境中。凡此种种的设计编排，都是为了利用记忆的某一方面的特性来提高识字的效果，并且在识字的同时，展开语文教学。

其次，有所偏，必有所废。各种识字流派都有自己的优点，同时，其缺点也是不可避免的。比如，分散识字只能因文定字，较难照顾汉字的繁简及构字规律，在这一点上韵语识字也同样欠缺；而集中识字只顾及字与字之间的联系，但这种联系却是孤立于语言环境之外的，不利于学生巩固与应用；字理识字则需要一定的识字量的积累，并且也不适用于所有的汉字；注音识字则需要较好的拼音基础，并且容易淡化汉字的形义；而对于汉字声符的要求以及汉字声符系统的复杂性，决定了字族文较难编写，难以成为独立的识字法。

最后，各种识字流派长短并存，决定了我们在使用过程中需要博采众长，融合"偏""废"。比如，分散识字需要一定的集中识字基础，并且达到一定数量，这就需要运用集中识字的方式来整理汉字的内部规律，而集中识字仅仅是识字的初级阶段，在

---

① 课程教材研究所小学语文课程教材研究开发中心．《义务教育课程标准实验教科书语文一年级下册》简介．

② 各种识字法都有一些相应的文章发表，以下几种识字法具体参见：孟万金．基于双脑全能教育思想的5—1科学识字法［J］．教育理论与实践，2002，(6)；潘树新．字理识字法在小学语文教学中的运用［J］．小学教学参考，2000，(7、8)；安雄．谈对外"理性识字法"的构造［J］．世界汉语教学，2003，(2)；河北省沧州市郊区小王庄镇育英学校．部件识字法——关于部件构字归类法快速集中识字的实验案［J］．江西教育，1999，(1)；徐励．"中国成语识字法"及其教材初评［J］．现代中小学教育，2001，(7)；刘春双，薛连宝．"训练组集中识字法"研究［J］．小学语文教学，2002，(11)；刘立峰，席显生．"捷龙识字法"的基本概念［J］．湖南第一师范学报，2002，(6)；胡重光．"炳人识字法"与汉语语文教育体系［J］．湖南第一师范学报，2001，(10)；卢素侠．字频识字法的理论探索与实践［J］．小学语文教学，2005，(2)；王淑香，邬月梅．"TPR"识字法的触类旁通［J］．山西教育，1999，(11)．

三年级后已不再有专门的识字篇目，此时的识字都是以"随课文识字"的方式进行。同样，韵语、字理、字族、注音等都需要相互间的补充才能更好地识字。因此，在义务教育课程标准实验教科书中，不同的版本都采取了各自的方法来融合这种短长，而由于融合的理念与方法的差异，各自在共性的基础上，又具有鲜明的个性。

三、把握识字教学的要点

1. 要与儿童生活结合

《课程标准》的"课程的基本理念"中指出："语文课程是实践性课程，应着重培养学生的语文实践能力，而培养这种能力的主要途径也应是语文实践。"这就确立了体现大语文观的生活语文，具体到识字教学方面，就表现为"识字教学要注意儿童心理特点，将学生熟识的语言因素作为主要材料，结合学生的生活经验，引导他们利用各种机会主动识字，力求识用结合"。因此，识字素材要尽量贴近学生的日常生活，应是一些生活中可见、可闻的事物。比如，人教版一年级上册"识字3"与"识字4"的课题分别为"在家里"和"操场上"，所选取的是学生最为熟悉的两个场所，通过学习家里的物品来认识"沙、发、台、灯、电、视"等，通过对一些课间体育活动的介绍来帮助儿童认识"打球、拔河、拍皮球、跳高、跑步、踢足球"等常用词语。这样，学生在课内所学的词语，可以在学校、在家里经常使用，无形中帮助了记忆，这样的记忆源自实践、源自生活，而不再是"以本为本"的机械背诵。因此，孩子可以在很短的时间内掌握这些生字。

2. 重视教给学生识字方法

北师大版教材的《丁丁冬冬学识字》中，丁丁和冬冬常常以问题的形式引起同学的思考，而这些问题其实都是点出了识字的方法，如一年级下册中第十四课的识字，就有这样的提示性问题："这些字为什么都有木?""这些字为什么都带草字头?""这些字和竹子有关系吗?"等，这些问题启发学生观察、思考汉字的构成，探寻识字规律，把握识字技巧。在教学中，教师要通过设计有趣的活动，创设生动的情境，激发学生的学习兴趣，调动学生学习的主动性与积极性，以正确的学习方式引导学生，让学生在生动活泼的情境中、活动中学会学习。如在引导学生学习木字旁时，可以通过"家里还有什么东西写出来带木字旁"等问题帮助学生联想、思考，把握识字规律。在帮助孩子认识草字头时，设计"看一看，菜市场里还有哪些东西的名称写出来带草字头"的作业等，让学生觉得原来生活就是学习本身，生活中处处都可以有所学、有所得。

3. 把握好"识写分流，多识少写"的要求

《课程标准》在识字、写字的"教学建议"中指出："识字与写字的要求应有所不同，1~2年级要多认少写"，"认识常用汉字1600个左右，其中800个左右会写"。因此，教材都采取了识字、写字并行的方式，在生字的编排上，都体现出"会认"多于"会写"的思想。小学生刚入学时识字晚、速度慢、要求高、数量少，从而阻碍阅读。

这似乎一直是低年级语文教学的"瓶颈",不仅不能满足学生自身智能发展的需要,也无法跟上信息社会发展的需求。

所谓"识写分流",一是指"识字"与"写字"在教学体系上各成序列,有联系但不并行,改变识什么字就写什么字的方式;二是指"识字"与"写字"教学在时间上不同步,识字在先,写字滞后半步。"多认少写"即是与之相辅相成的目标。

如人教版一年级安排认识950个常用字,写其中的350个。二年级安排认识850个常用字,写其中的650个。一、二年级总共要求认识1800个常用字,会写其中的1000个,要求认识的字,大体按照出现频率由高到低来编排。一年级上册要求认识的400个字,都是高频字,可以覆盖日常阅读书报用字的50%。学生认识前四册安排的1800个字,可以覆盖书报杂志用字的90%以上。此时,学生已初步学会了查字典。也就是说,到二年级时,学生阅读书报已基本上没有文字障碍了。与以往的教材相比,实验教材将认字速度差不多提早了一年。这对于提高儿童的阅读兴趣和阅读能力,丰富知识、启迪智力,对于他们日后的学习和一生的发展,都有非同小可的意义。教材中部分生字,只要求学生认识,即在课文中认识,换个地方、换个语言环境还认识,大体知道意思;不要求学生具体分析字形,不要求书写,这些任务留待安排书写时完成。这就使认字的任务变得单纯,降低了要求,减轻了学生的学习负担。教材中要求写的字,按照由少到多、由易到难、由简单到复杂、由独体到合体顺序来编排,体现了写字的规律。一年级上册只要求学生写100个字,每课一般3个,最多4个。全册很少写合体字。第一课学写"一、二、三"3个字,主要练习横画。第二课学写"十、木、乔"3个字,主要练习竖、撇、捺。这样的编排,生字量少易写,受到师生的欢迎,既能激发学生写字的兴趣,又能提高学生写字的质量,还有利于学生养成良好的写字姿势和写字习惯。

4. 重视写字教学[①]

前人十分重视写字,可是所写的不是按"三、百、千"的顺序,而是另有一套,即"上大人孔乙己化三千七十二尔小生八九子佳作仁可知礼",分几个步骤:第一步写大字,首先描红(有的还先把腕)、仿影,进一步是写米字格,再进一步临帖;大字写得有点基础才写小字。识写是不同步的。

这几十年,小学生字写得不大好,主要原因是丢掉了传统的好经验,既不描红也不仿影,过早地离开了倚傍自由发展,写出的字,笔画像火柴棒。再加上应试教育的影响,只管写得对不对,不管写得好不好。苏教版借鉴前人行之有效的训练方法,提出了"识写结合,描仿入体"的写字教学训练思路。由于过去是先搞集中识字,用的又是毛笔,所以识写是不同步的。我们今天起步写字用的是硬笔,而且坚持识写分流,多识少写,所以识写可以同步。识写结合,相辅相成,相互巩固。写认得的字,因为

[①] 朱家珑,高万同主编. 小学语文新视角[M]. 南京:江苏教育出版社,2004:98—100.

学过它，大体知道它的形体，写起来容易些；通过写，又可以巩固对它的认识。实践证明，这个做法是行之有效的。

苏教版对写字教学十分重视。他们提出的"两根柱子，一条龙"的整体框架，这"一条龙"指的就是写字训练。写字训练不是光抓一、二年级，而是一抓到底。教材在就是描红仿影，也是一描到底、一仿到底。教材在低年级主要安排了铅笔字的训练，要求学生初步感受汉字的形体美，养成正确的写字姿势和良好的写字习惯，书写规范、端正、整洁。在中年级主要安排了钢笔字，要求熟练地书写正楷字，做到书写规范、端正、整洁，还要用毛笔临摹正楷字帖。高年级则进一步要求写钢笔字时要行款整齐，有一定的速度。还要用毛笔书写正楷，并体会汉字的美。此外，还安排了使用和保管钢笔、毛笔、墨水、墨汁等书写工具的内容，以帮助学生养成良好的学习习惯。

为什么要搞"一条龙"？这固然是因为学生练字非短期内可以奏效，需要持之以恒，更重要的是考虑到写字的育人功能。新一轮课程改革的一个重要目标就是转变课程功能，要从单纯传授知识转变为让学生在学习知识、技能的同时学会学习，学会生存，学会做人。这正是苏教版重视写字的重要原因。

5. 重视对语文传统的继承和发展[①]

工具性与人文性的统一是语文课程的基本特点，因而应十分重视语文教材对学生的陶冶作用，注意教材对学生潜移默化的影响。[②]苏教版小学语文教材较为注重对传统文化的传承与发展，这不仅表现在其精选的一篇篇有丰富内涵的阅读材料上，也表现在识字教材对语文传统经验的借鉴上。

一方面是韵语识字的经验。在识字教学阶段，如果让儿童去学一个个不能表音的单字，是十分困难的，而且枯燥乏味，激发不起学生的学习兴趣，勉强学了，也不容易记住，这是学习汉字不利的一面。但正是由于汉字是单音节的，就非常容易构成整齐的词组和短句，也非常容易合辙押韵。相比之下，要比多音节的拉丁文字容易得多。整齐押韵，念起来顺口，听起来悦耳，既合乎儿童的兴趣，又容易记忆，这显然比学一个一个的单字好，比一上来就念参差不齐的句子好。启蒙识字课本差不多都是韵语的，如《三字经》《百家姓》《千字文》等，因为非常有效，所以一直流传下来。凡是不采用这个办法的，不管作者有多大的权威（如朱熹的《小学》），都不能收到好的效果，甚至被淘汰。苏教版小学语文教材充分吸收了这个经验。如"词串识字"（骏马秋风塞北/杏花春雨江南/椰树骄阳海岛/牦牛冰雪高原）、"认一认"（人口手足/舌牙耳目/金木水火/山石田土/虫贝鱼鸟/羊犬龟鹿）、"成语歌"（金风送爽/雁过留声/秋色宜人/天朗气清）。

另一方面是读书识字的经验。传统蒙学最主要的识字方法是读书识字（即所谓随

[①] 朱家珑，高万同主编. 小学语文新视角［M］. 南京：江苏教育出版社，2004：97－98.
[②] 陆志平. 语文课程新探——新课程理念与语文课程改革［M］. 长春：东北师范大学出版社，2002：112.

文识字），即便是开始阶段的集中识字，也是在诵读韵文的过程中实现的。这条经验对今天的识字教学仍有现实意义。识字是为了阅读，儿童认识了生字，是不是就能阅读课文了？还不能这么说。小学生在读书的时候，如果把每个字的细枝末节看清了才能识别，那就无暇把这个字放到上下文中去领悟语义，也就不能顺利进行阅读。因此，阅读对汉字识别的要求就是不仅要能识别，而且要达到"自动化"的整体认知。也就是说，不必看清字的每一个细节，只要看到字的轮廓或特征，就要能准确无误地加以识别。只有达到这样的程度，儿童才有可能联系上下文体会语义，从而顺利地进行阅读。况且儿童的心理发展也是先整体后局部、细节。由此看来，孤立地教儿童识字的方法是不可取的，只有坚持识读同步、寓识于读才能有效地提高识字教学的质量。

明白了这个道理，我们才能恰当地处理好识字与阅读的关系。识字是低年级的教学重点，这是大前提。识字又要兼顾到与阅读的结合，这是应予以注意的。如一年级上册"识字1"中的《一去二三里》，其用意是借这首诗的语境来学10个数字，这是教学重点。学会了这10个生字，又要将它们放到这首古诗里去诵读，从而训练学生"自动化"地整体认读汉字的能力。此外，"词串识字"是韵文识字，自然应以识字为主，但也要让学生诵读。将识字与阅读结合起来，就好比使应征入伍的新兵尽快投入战斗，让他们在战斗中历练，尽快成为合格的战士。

专题三　阅读教学

一、为什么在阅读教学中强调对话

本次语文课程改革中，特别强调了阅读教学中的对话，如"阅读是运用语言文字获取信息、认识世界、发展思维、获得审美体验的重要途径。阅读教学是学生、教师、文本之间对话的过程"。（《课程标准》）

1. 什么是"对话"，为什么在阅读教学中要特别提出"对话"的要求

"对话"一说本是文艺理论学中的一个观点。20世纪80年代，一种被称为"读者论"的现代阅读理论在德国问世。这种阅读理论把现代文艺学理论的一些思想、方法与语文教学中文学教材的阅读相结合，并试图在语文的文学课堂中加以运用。它强调课堂中学生在阅读文学作品时，不是单纯地学习作者的思想、体会作者的感情，而是作为一个独立的读者在进行阅读。每一个学生基于不同的生活经历、环境与处境，会有不同的认识与感受。因此，答案不可强求一致。阅读的过程即作为读者的学生与文本对话的过程。

20世纪80年代末期，读者论式阅读理论被引入日本，并开始在语文教育界和实际教学中进行研究与实践。经过近十年的研究与实践，日本国语教育界在原理论的基础上，初步形成了"读者论式阅读方法"。这种阅读教学理念以"读者论式"的方式提出，以示对作为读者的每一个学生的关注，同时在方法论上给予了极大的丰富。基于这一理论，日本的阅读教学提出以培养"自立的读者"为教学目标，并明确了课堂教学中阅读的真正意义在于通过交流与对话，使每一个学生的认识在原有的基础上有进一步的提高与深化，同时唤起对人生、社会的进一步思考。阅读行为是师生共建的行为；阅读过程是对作品的丰富、加工与再创造的过程；是一种创造性的体验过程。对究竟怎样把这一理论、目标落实到具体的课堂中，在日本也形成了广泛的实践研究热潮。许多日本学者、教师探索了把学生初读作品后的感想、疑问分类、编辑、整理，再印发给学生，让学生在此基础上再进行阅读交流、思考、讨论等做法；有的学者、教师在研究对于不同年龄段的学生，"对话"阅读的不同特征和指导方式、方法；还有如阅读所需的能力究竟有哪些，与学生不同年龄发展阶段的关系如何；阅读教学与读书教育怎样有机结合，等等。这些研究不是想当然冒出灵感写成论文，而是通过切实的、反复的教育实践，靠专家与教师密切合作，根据学生的不同阅读反应，摸索出的规律性结果。

21世纪初，在我国的第八次基础教育课程改革中，借鉴运用了已在海外有相当研究和实践基础的阅读"对话"说，对话教学被正式引入我国的语文阅读教学。然而，在我国，虽然这种"对话"阅读的理论开始被关注，并写进了语文课程标准中，但我们在实际中看到，无论是在理论层面，还是在实践层面，它还都仅仅处于一种介绍、推荐状态，缺乏与我国教学实际状况相结合的深入的研究，在大多数教师的观念中仍处于一种模糊的理解状态，课堂中的实践探索和具体方式、方法等更只能说处于起步阶段。

2. 如何才能抓住对话教学的实质

①不把学生作为单纯的学习者来对待，而是作为一个独立的"读者"

文艺理论中的对话原理之所以会被教育学家们关注并接受，同时还尝试引入课堂，是基于学生观、教育观的转变——即怎么来看待学习、怎么来看待学生。在把学生当做容器、认为学习就是单纯灌输的教育观下，对话理论是不可能被接受并运用的。因此，教师在新课程改革中要实施对话教学，首先须转变观念。

阅读教学中，教师带领学生阅读课文。在传统观念下，我们上课的唯一目标是学习作者的表达方式和思想方法。这是把学生当做单纯的学习者的教育观。而在对话教学中，学生既是学习者，也是学习的参与者、新知识的建构者和学习过程的享受者。而在这众多的身份当中，他们首先是一个个独立的"读者"。"读者"的身份与"单纯的学习者"的不同在于，他们可以随时质疑、批判、想象，乃至再创造。这极大地调动了学习者的积极性、主动性和参与性，使学习过程变得更加丰富、多维、生动活泼与多姿多彩。

②在独立思考的基础上，更重要的是交流

对话教学中既然强调了让学生"作为一个独立的读者"来阅读，那么，学习过程中最重要的是要让每一个"读者"享有充分的独立思考空间。有的教师认为对话就是上来就对话，阅读课始终处于对话状态才能体现"对话"，这是形式化的表现。作为一个独立的读者，面对一篇作品，一定要有充分的时间品味、有自己的联想或感悟，在此基础上实施"对话"才有价值和意义。

因此，对话教学理论要求学生在独立思考的基础上，要有交流和互动。在一些课堂上，我们往往看到教师让一个个学生站起来表述自己读后感想后便不了了之。学校教育之所以优于家庭教育的一个主要方面就是，在课堂中，学生可以和来自不同家庭、有着不同经历和体验的同伴相互学习、相互影响。阅读也是一样。自己独立阅读后，我们常常有与人交流的冲动。交流、诉说感受也是一种享受，人类有这样的情感诉求。在阅读课堂上，教师就应尽量满足学生的这种欲望与诉求。同时，在交流、互动与教师引导中，学习者的思维和想象得到极大的丰富，认识得到提升，情感得到宣泄，好奇心得到满足。这样的阅读过程才是我们所希望的对话、享受的过程。

③把培养独立的读者作为阅读教学的终极目标

基于以上教育观和学生观，将对话理论引入阅读教学，带来的不仅是教学方式和内容的变化，教学的目标也将相应改变。阅读教学将不再单纯地停留在学习作者的思想方法和表达方式上。学习作者的思想方法和表达方式是必要的，但更重要的是从中形成自己的独立思考、分析、判断以及与人交流、沟通的能力。其终极目标是通过"读"达到"自己想读""会读"的目的。

教师在教学中要时刻明确这一目标。为了让学生今后能"想读"与"会读"，教师要改进教学方式，让阅读过程变成人人参与的快乐的享受过程。

把握了以上三点，阅读教学中的"对话"目标才会达成，这样课程标准中对阅读教学的基本要求也就大体落实了。

二、童话等文学作品在教法上应注重什么

语文教材中有大量文学作品。在教学中，应注意文学作品的教学与其他文体教学的区别。要把握好文学作品教学的要素，首先要理解为什么要把文学作品放到语文教材中来学习，即语文与文学的关系。只有正确把握文学教学的目的和任务，才谈得上使用什么样的教法。

1. 明确"语文"与"文学"的关系

"语文"是一门学科，与数学、物理、化学等学科一样，担负着传授学科知识和学科技能的基本使命。从学科的角度来看，"语文"即指语言文字，包括听、说、读、写等知识与技能的学习和训练。而"文学"是艺术，不同于一般的学科，它要求通过形象体验，获得人文素养的提高。作为一门独特的艺术，它与语言文字的教学有着密切的联系，它靠语言文字来传递作者的思想和感情。好的文学作品能够对人的灵魂和情操起到净化和陶冶的作用，能够丰富学生的情感世界，帮助他们认识人生、树立正确的价值观和人生观。在语文教育中，学生通过阅读文学作品，不但可以感受作者的思想、灵魂，学习作者的表达方法，更可以借助作品，起到学习、复习和巩固语言文字的作用。鉴于文学与语文的这种密切关系，特别是文学有利于教育的特殊作用，在不必独立开设文学课程的情况下，把它放在语文学科中，共同构成语文教育的内容是十分妥当的。长期以来，我们比较注重语文的工具性，但往往忽视语文的人文性，甚至以极富时代感的思想性来替代人文性，致使语文教育与文学教育的关系含混不清。事实上，文学教育在语文教育中应有自己的教育目的、内容和方法，只有这样，才能保证文学教育得以真正实施。小学阶段是儿童情感、态度、人生观与价值观形成的基础，在这一阶段注重文学素养的培养，为儿童丰富情感、高尚人格的形成打好基础，显得尤为重要。

2. 关注文学教材教法的独特性

长期以来，小学语文教育中的文学教育存在着以下几种偏差：

①文学教育被长期忽视。小学语文教材中尽管有数量可观的文学作品，但这些文学作品大多作为语言训练的素材来使用。一些文学作品，被人们根据语言训练目的的

需要，加工成一篇篇"规范"的"记叙文"，当做读写训练的"例子"来使用。在这里，文学作品已然成了语言教育的工具，文学自身的独特价值无法得到体现。

②文学教育的目的不明确。作为"课文"的文学作品，在选材时，其思想教育性往往被放在第一位。课堂教学中对"课文"中心思想及作者思想内涵的过分追求，使得语文教育的过程变为精读细讲一篇篇"课文"的过程；学习"课文"的最终目的在全面理解教材内容，概括中心思想，归纳作者的思想内涵。文学教育目的不明确，使得文学作品的教学目的最终也陷入机械、形式化的技能训练中。

③缺乏文学阅读方法的研究。在课堂教学中，教师对"课文"的阅读指导侧重分析、推理、归纳等基本技能，缺乏对文学阅读方法的研究。阅读往往仅停留在用是非对错和善恶美丑等纯是非、纯道德的标准来对作品中的人、事进行思考判断，造成儿童的阅读思维方式机械、单一。特别是有些课文的结尾会带一句结论性的话，这在某种程度上扼杀了儿童对文学作品的感受，束缚了儿童思维想象的空间，导致儿童在阅读时缺乏童心、童趣。语文课变成枯燥无味的作品分析课，甚至与思想品德课混淆。

造成以上偏差的根本症结在于教师对语文和文学教育的区别和联系分辨不清。正是由于这种认识上的暧昧、含糊，才出现教学指导上的偏差，从而导致了语文教育和文学教育的"少慢差费"，甚至两败俱伤。在语文教育中，语言教育的目的应是培养学生对祖国语言文字的热爱，引导他们了解语言学习的乐趣和方法，发展以听、说、读、写为主的语言运用能力，并形成良好的语感及学习语言的兴趣。其宗旨在于让学生了解语言知识，懂得并学会运用语言。而文学教育的目的则不同，它让学生通过与文学的接触，在养成热爱文学、热爱读书的习惯与态度的同时，形成高尚的情操和审美能力，进而达到正确认识生活、感受人生、了解社会、学会思考与分析等目的。

语言的学习注重分析、综合和概括等抽象方法的学习，通过学习，达到"求同"的目的。而文学则强调感受，注重感悟，强调通过形象体验，通过与作者心灵的碰撞实现认识上的升华。它在很大程度上来源于"直感"和经验。与作者经历相同者，达到共鸣；与作者感受近似者，能从中得到某种启示，引发思考；而与作者体验不同者，则可以从作者的感受中积累人生经验，提高对事物的认识。

综上所述，担负着语言教育和文学教育双重任务的语文教育，其教育目的应包含上述两大方面。其中，文学教育间接地实现着语文教育中语言教育的目的；语言教育目的的实现，又有利于文学教育的更好实施。语言教育与文学教育在教育目的、内容和方法上的不同，决定着二者虽然都可以在语文教育中实施，但不能混为一谈。

3. 更新文学教育的内容和方法

回顾历史，围绕文学教育与语言文字训练的关系问题，出现过多次探讨与尝试。20世纪50年代，我们就曾因文学教育与语文教育的混淆，造成两败俱伤的情况，尝试了文学与语文的分科。但那次分科实验受苏联教育理念影响过深，文学教材过于强调专业化、体系化，给学生学习带来很大负担，再加上当时教师的文学知识与素养普遍不够，教学经验匮乏，实验仅维持了三年就夭折了。但当时对文学独立性的认识，为我国语文教育中文学教育独立体系的建立积累了经验。也应该承认，50年代的语文教育，造就了一批具有较高的语言文字能力和文学素养的学生。大跃进和文化大革命没能使这项实验得到认真研究，历史的经验和教训仍值得深思。

文学是极富情感色彩的艺术，体现着作家的思想、性格和语言。的确，这种特点的文章，直接用于基础阶段的语言教育是不合适的。所以，在文学教学中，不能简单地把一篇内涵丰富的文学作品当成读写训练或语言学习的工具。一篇很好的文学作品应尽量原汁原味地呈现给学生，唤起学生对文学的兴趣，进而培养学生的文学素养。

在教学中，我们还需进一步明确文学教育所应培养的能力。文学的阅读绝不能仅仅停留在划分段落大意、归纳中心思想等形式技能的学习上。文学的阅读要与记叙文的阅读区别开来。笔者认为，阅读文学作品的立脚点首先应该放在培养学生对文学阅读的兴趣和热爱上，其次才是方法上。文学阅读也绝对不是简单的划分段落层次，归纳中心，而应该是对文学的感悟。它强调阅读后的直觉感受，与作者心灵碰撞后所产生的感动；要求对全文的整体把握，强调运用想象，而不是把课文分解得支离破碎去解读或进行纯理性的分析；需要学生在被感动后，情感得以充分宣泄，学会在交流中不断修正、深化自己的认识，并在这个过程中得到文学陶冶，净化心灵，提高文学素养。

在小学阶段可根据儿童认知水平、生活经验和感受文学作品的能力，设置文学训练的序列。比如，设定一些有层次的"同化""异化"训练。低年级教师可通过让学生与作品"同化"体验的方式，把自己化为主人公，置身于作品描画的世界中，一边想象一边读；中年级教师可让学生多加进一些揣摩作品中人物心情、体会作品情境的方法训练；高年级则应让学生更多地通过"异化"体验，通过与作品的"对话"，形成比较客观的分析判断，引发更深层的思考。在阅读指导上，教师可淡化琐碎的分段、概括段意与中心思想等环节，对作品中出现的个别艰涩词语的意思及用法也不必过于追究。教学中，教师应创造充分的机会与时间，让学生抒发、畅谈各自的感受。同时，通过学生间的相互交流，学生与教师、学生与学生及学生与作品的对话，使每个学生对作品的思考都能在各自不同的基础上获得主体的深化。

文学作品教学中，努力促使文学教育与读书教育相结合是重要的渠道。

高度信息化时代的到来、多媒体的出现以及考试的重压，使学生开始越来越远离书籍。无法领略读书的乐趣，必然造成精神世界的空虚。文学教育的终极目的应该是通过语文课中文学作品的教学，引导孩子们自觉地走向书的海洋，感受读书的快乐，学会思考，领悟人生。文学教育的目的决定了文学教育应走与读书教育相结合的道路。对读书教育的重视与强调不单靠"大纲"或"课程标准"中为学生规定阅读的一般书目或数量，更应体现在日常的语文教学中，从教材的选择、单元的设计、编排到具体指导，都应体现二者的结合。比如，可在教材中单设文学单元，文学单元的拓展单元可编排相应的读书教育的内容；从一个作家的一篇作品，引导学生去了解、寻找、阅读这个作家的其他作品；教材中提供一定的线索或资料，鼓励学生去关注与这个作家同时代的风格近似或截然不同的其他作家或作品。在教学指导上，让学生根据自己的兴趣爱好和生活经历，自主进行研究性阅读，调动学生自主学习的意识和创造性学习的积极性，进而形成热爱读书的习惯。在新课程的实验教材中，我们已欣喜地看到一些这样的尝试。我们期待读书教育能借此形成一个从小学到初中、高中的序列体系，得到更多的关注与重视，使我国的读书教育走向一个新的台阶。

三、如何让孩子爱读书

读书是语文教学的重中之重，相信每位语文教师都知道读书对学生学好语文、丰富人生的作用。江苏少儿出版社总编、著名作家祁智有个比喻：阅读的价值就是种树的价值。打个比方，我今天没有凳子，那么我种棵树，我种这棵树，我当然可以打一个凳子。但是，如果说一棵树就是为了打一个凳子，那就把树的作用机械化、庸俗化、简单化了。一棵树可以做一个凳子，但是一棵树也可以使水土不流失，它可以是一道绿色的风景，它可以让果实累累、让繁花锦簇，它可以让老人在下面乘凉、讲故事，它可以让孩子拴一根长长的线放风筝，它还可以屹立千年，成为风雨沧桑的见证。一棵树的价值有这么大，所以我说一棵树的价值就是我们阅读的价值。如果我们每一个人都把阅读的价值发挥到最大，那么它就不是一棵树了，而是一片森林了。

可见，读书不仅仅是一个语文教学的问题，它可以影响到人的一生和社会，语文教师应该承担起更多的责任。

但是，提到读书，绝大多数语文教师也深感困惑。有人说：在应试教育的猛烈炮火下，在全社会追求快餐文化、浮躁和功利导致阅读营养不良的现状下，在全民阅读风气减退、阅读质量普遍下降的社会背景下，在作文选、练习册和"超文本"充斥市场的恶劣环境下，读书——想说爱你不容易。怎么让学生爱上读书？这是推进语文课程改革、实施素质教育的重要体现和突破口。

1. 学生不爱读书的原因归类

要研究怎么让学生爱上读书，首先要弄清当前学生不爱读书的主要原因。经过调研，大体有以下几方面原因：

①读书环境与条件的不具备。很多学生说他们每天面对繁重的课业负担，有做不完的试卷、练习题，哪有时间和精力去读书？很多教师为了达到让学生读书的目的，强行规定读书的数量和内容，而忽略了学生的感受，最终成为走形式，难以达到读书的实效，更谈不上培养学生对读书的热爱了。

有效的读书活动的开展的确需要时间、精力和愉悦的心情作为前提。如果不为学生营造读书的环境和氛围，不给学生读书留出一定的时间和空间，读书将是一句空话。因此，读书环境与条件这个问题首先需要解决。

②急功近利思想的影响。一些教师虽然认识到读书的重要性，但在读书指导中，以表面的高效为目标，追求一种"短平快"式的阅读，或只关注量而忽略了质的追求，急功近利，急于求成。还有一些教师受应试驱使，让学生读书的目的也是应试，于是让学生读的大多是短篇，或者一些经典片段，以此对他们进行阅读考试题的训练，甚至用作分段、写段意、理解句子或修辞手法等的练习。有的教师把阅读作文选也当作读书，更有教师概括名著内容让学生死记硬背。这些显然不是我们期望的读书活动，学生更难以体会到阅读的快乐，更谈不上从阅读中真正受益。

③师资水平和指导方法研究的欠缺。落实语文课程标准和素质教育，各级领导和社会各界都在强调读书的重要性，但在实际教学中，教师对怎样指导学生读书并不明确，因此往往导致学生的读书处于放任自流的状态。让学生选择什么书来读？什么书适合什么年龄段的学生读？读书应该有怎样的要求？怎样对学生读书进行指导与评价？这些都是需要研究的课题。长期以来，由于我们的不重视，对读书指导的研究十分落后，影响了读书教育的开展和质量。在读书活动中，教师要担负起推荐读物、组织指导阅读活动与评价等责任，所以我们要着力提高教师对读书指导的能力，鼓励教师多读书，提高各方面的文化修养。

2. 解决的措施与建议

①从兴趣入手

大家都知道学习要从兴趣入手，读书也是一样。因为我们让学生读书的目的不仅是让他们通过读书启迪心智，也不仅是让他们掌握读书的方法，重要的是培养他们对读书的热爱和兴趣。有了兴趣，学生才有可能自主地选择图书，让读书伴随一生。

小学阶段是一个人读书的黄金时段，如果在这一阶段，能够培养起学生的阅读兴趣，让他们读更多的书，为他们打开一扇感受经典的大门，将来他们所感受的生活的境界会很不一样。而且，由此形成的对生活的情感态度与价值观也会不一样。所以，今天让学生多读书，也可以说是为他们铺垫明天的幸福生活之路。把学生引入读书之门，小学语文教师担负着重要的责任。

调动学生读书兴趣的方法很多，首先是要减少阅读的功利性。

不一定让学生每读完一本书就必须马上写读书笔记；也不要指望学生读了两天书考试成绩就一定上升；不一定非要求学生把成人认为最具教育意义的书拿来读。在培养学生读书兴趣的初期，选择"有意思"的书可能比我们主观认为"有价值"的书更重要。

常听一些老师抱怨学生不喜欢读书，我们不妨反思一下，我们提供给他们感兴趣的图书了吗？孩子关心的是书读来是否有趣，内容是否贴近他的生活。板起面孔，把一本书硬塞到孩子手里是不能引发他们的读书兴趣的。所以，选择孩子喜欢的书，和他一起阅读，一起经历阅读中的喜怒哀乐，一起交流阅读的感受……不知不觉间，孩子慢慢就学会如何在书海畅游了。

其次，在读书要求上要尽量减少强制性，营造宽松氛围，并分层要求、分类指导。

对小学生读书进行适当引导是必要的，正如国家制定基本的课程计划时，在义务教育阶段更多地强调共性、基础，而到了高中阶段则开始相对地更偏重个性与自主选择一样。但教师的选择和推荐，我们建议要有一定的范围，而不是一刀切、齐步走。

同时，我们所说的读书，也绝对不是仅指儿童文学类的书，也包括科技、说明、传记和随笔等各种文体的读本。一本很好的科幻小说说不定就能引发一名儿童对科学探究的理想，造就一名未来的科学家；而一本体育明星的传记，说不定也能帮助学生更好地认识体育事业。读书活动相比习作等其他语文基本功训练具有极大的个性化特征。因此，在要求中一定要比其他领域的目标更注意弹性和坡度，更要关注学生的个体差异。提倡课外阅读最终是为了让学生养成良好的阅读习惯，从而受用终生。这一目标的达成需要教师的监督和引导，但是如果教师的作用仅仅在于鞭策和督促，所采取的措施仅仅是任务式的硬性规定，不但收不到良好的效果，还会加重学生的心理负担。学生在阅读中感受到的将不再是身心的愉悦，而是为完成任务而产生的沉重与无奈。学生用心读书了，被书中内容打动了，自然会产生与人交流的渴望，可以是口头的，也可以是书面的，书面的感受就可以叫做读书笔记了。

总之，在处理学生读书达标与兴趣的关系上，毫无疑问，兴趣是第一位的。有了兴趣，即使暂时达不到标准，今后也有希望达到，而没有兴趣则一切都谈不上。有一定的标准是为了学生更好更快地发展，标准的建立则要灵活、注重实效。

第三，读书激励要到位。

为调动学生读书的兴趣，激励的作用要发挥到极致。教师要充分发挥评价促进学生发展的作用，评价原则要灵活掌握。对喜欢读书的孩子和开始关注读书、努力去读的孩子，教师要及时发现，并及时给予鼓励，在班级中形成爱读书的好风气。坚持几年，学生的读书习惯就养成了。教师在评价过程中要注意以下几点：

其一是评价的个性化。课外阅读本身就是孩子的个性化行为。每个人阅读的背景、阅读的范围、阅读的多少以及自己的感受都会不一样，这不是老师或别人能够妄加评判的。所以在评价当中，首先应该尊重孩子的主体性评价，应以孩子的自我评价为主要手段，让孩子在评价的过程中，反思自己的阅读过程，获得阅读的乐趣、阅读的价值和阅读的成就感。

其二要注意评价的灵活性。对课外阅读的评价跟对课内阅读的评价不一样。在课外阅读中，我们主要是对孩子的兴趣和阅读质量作一个评价，而这可能就是一种模糊的、个性化的不同表现，需要教师灵活把握。

其三要特别注意读书的评价不是把孩子分成三六九等，而应把重点放在学生是否想进一步提升阅读兴趣及其实际的阅读质量。

第四，要通过各种丰富多彩的活动，激发学生读书的热情。

学校可以根据自己的具体情况，开展丰富多彩的课外阅读活动，不断提高小学生课外阅读的兴趣。如开展主题读书活动，分层次、分类别举办与作者的交流活动、网上阅读活动、读书故事会、佳作欣赏会、人物评论会、读书心得交流会、速读赛、优秀诗文朗诵赛、读书知识赛、辩论赛、读书笔记展评活动等，还可设置相对固定时间，开展"读书节"活动，等等。江苏南京力学小学几年来一直坚持开展"师生同读一本书""师生同写一篇文""师生同上一节课"以及"亲近作家"等活动，极大地调动了学生读书的兴趣。通过家庭、校内的各种活动，学生们被浓郁的书香所包围。调查显示，这个学校的学生到了高年级，成绩好的大都比较喜欢读课外书。事实说明，多读课外书的孩子，在语文成绩上也显现出优势。

②与日常语文教学相结合

在当前繁重的教学任务中，开展读书活动最好的办法是与日常语文教学活动相结合。有人提出教"厚"语文书，即一篇文学课文带出一本书，如教学《林冲棒打洪教头》时，教师可引导学生认识《水浒传》、关注《水浒传》、开展《水浒传》综合阅读及调研活动。也可以以一篇文章带出一个主题的阅读，如学习《向命运挑战》这篇文章，可以由此引导学生去阅读《钢铁是怎样炼成的》和高士其、史铁生、海伦·凯勒等残疾人的著作。还可以以一篇文章带出一个系列活动，让学生就一篇文章去表达、表演或开展综合语文实践活动，这样就使得语文书变得更丰厚了，也有助于调动学生阅读的兴趣，提高读书实效。

③营造读书的氛围和环境

有人描述现在的一种社会现象：家长有钱给孩子买书，但没时间陪孩子读书，这是很致命的。如前所述，读书活动是需要环境和氛围的，家长的配合和社区阅读氛围的营造很重要。学校可以通过寻求家长的配合，倡导亲子读书；让家长每天拿出20分钟陪孩子读书，再与孩子进行一定的读后感受交流就更好了。

学校图书馆的建设也很重要。学校图书馆是小学生阅读的重要阵地，要充分发挥学校图书馆在学生课外阅读中的作用。各学校要添置、配齐开展课外阅读所需的推荐书目，建立健全的图书借阅制度，定期开放学生阅览室，保证学校每生每学期平均能借阅5本书。同时，学校图书馆还要定期做好新书推荐工作，每学期进行图书流通统计，及时了解学生课外阅读的兴趣和方向，掌握各班图书借阅的情况，为更好地推进课外阅读活动提供信息和资料。

一些学校从实际出发，广开书源，建立了班级书架、家庭藏书交流目录、校园图书廊（图书角）等，还有一些学校建有电子阅览室，这些设施将为学生提供丰富的书源。

此外，还要注意严格控制语文书面作业的量，最好能保证学生每天有半小时的自由阅读时间。

④读书，从教师做起

在开展读书活动中，教师的以身作则很重要。教师应用自身的魅力去感染学生。

阅读时教师所流露出的热情、欢乐之情，有着强烈的感染力，对孩子是一种无声的教育。

要做到这一点，教师要自己先热爱阅读。南京市芳草园小学刘颖老师提出："教师自己要成为热爱阅读的人。"这口号提得很好。刘颖老师曾说："进行课外阅读，我认为更多的不是方法，而是热情。我个人喜爱阅读，我觉得应该把好的文学作品带给孩子，应该让他们有一个非常诗意的、快乐的和富有天真烂漫情调的童年。作为一个老师，如果想让班级里的孩子爱上阅读的话，他自己应该是一个热爱阅读的人。当学生看到老师手里捧着书，他就会很新奇地凑过来看一看老师在看什么。如果他看到自己的老师经常会在课间、在休息的时候，总是静静地捧着一本书，那么他也会非常地向往成为这样的人。所以我觉得重要的是老师自己要有一种热情，有一种对阅读的热爱。"

对孩子的阅读指导是要有章法的，仅仅凭"热情"两个字是不能成功的。刘颖老师在实践中找到一种最简单、最廉价的方式，那就是——大声给孩子读。在南京芳草园小学，每天中午有 20 分钟的阅读时间，在这 20 分钟里，可以让学生自由阅读，也可以由老师读推荐的书。教师读给学生，尽管只是照本宣科地读，但每天读，学生对于这样的阅读就充满了期待，每天午间的 20 分钟，就成为他们一天当中最憧憬的、最快乐的时光。在这样的阅读中，学生会记住这个故事，记住这位老师，也会深深地爱上阅读。

专题四 习作与口语交际教学

一、让学生写什么

1. "为自己写作"和"为不同读者写作"

作文是以语言文字表达自己的思想，与他人沟通，发现问题然后解决问题，从而创造新含义的语言使用行为。习作指导中要注意通过写作培养学生的自主意识，把写作作为提高学生交际能力的重要手段和途径。从作文的范围和类型来看，根据西方和日本等国的作文分类方法，我国小学语文教科书中的作文大体分有两类：第一为表现自己的文章，即表达学生自己的所见所闻、所思所感，包括日记、书信和读后感等。这类文章以学生自己的生活为基础，要求写出真情实感，以培植学生的个性和创造性思维。第二类是传达社会信息的文章，即发挥社会传达机能的文章，包括记录、通信、报告和评论等，以沟通思想为目的，要求写得明晰、简洁，起到达意的作用。

如义务教育课程标准实验教科书苏教版小学语文教材，在写话和习作教学上，更侧重指引学生深度开发"我"，用"我"的存在引领学生轻松快乐地习作。中高年级段的习作训练共安排了58次，其中45次为记事文，习作内容丰富，围绕着"我"展开的习作训练达30次，包括"写我自己、写我身边的人、写自己的亲身经历、写游记"等，都是为了激发学生兴趣，突出习作的个性化特征。

例如，（三上）第一组习作，提到："习作并不难，只要你把做过的、看见的、听到的、想到的写下来，让人看明白就行了。今天我们就来试一试。写什么呢？起床啦，洗脸啦，刷牙啦，打电脑啦，招待客人啦，和小朋友一起玩……什么都可以写。"第二组习作提到：大家也给自己画一张像，画好以后，征求一下同学们的意见，然后写一篇习作。建议把你们的自画像和习作一起张贴在班级的壁报上。（三下）第七组习作，提到：回忆一天的所见所闻、所做所想，选择一件最有意思的事，仿照例文写一篇日记。（四上）习作2，提到：选择自己最得意的一个方面写下来。写完后不妨读给别人听，让更多的人了解你。题目可以是"请为我竖起大拇指""埋在心底的自豪""请将赞许的目光投给我"，也可以自拟。（四下）习作7，提到：组织一次体验活动，可以当一回盲人、聋哑人、残疾人，也可以做一天老师，当一回家，参加一次文体排练或社区活动……把自己的经历和感受写出来，与大家交流。（五上）习作4，提到：你有哪些心里话想对别人（亲人、老师或朋友）说？可以传达问候，可以表示歉意，可以倾诉委屈，可以提些建议……注意写的时候，要表达出自己的真情实感。（六上）习作3，提到：选择你喜欢的一种美味，向大家介绍一下，再写下来。写的时候要注意突出它的色、香、味、形。（六上）习作5，提到：写一件亲身经历的事情，注意把事情写具体，表达自己的真情实感。题目自己定。（六下）习作1，提到：在我们日常生活中，一定也会发生许多有情有趣的小事，试着选择一件写一写。（六下）习作2，提到：老师不在场的时候，你和小伙伴之间一定发生过许多老师不知道的故事，发生过你从来没对别人提起过的事。无论是好事、趣事还是错事，都可以写下来。自己给习作定个题目。

这类作文题材，旨在通过写作培养学生的自主意识，从心理上鼓励学生对写作充满信心，建立自己鲜明且具有独创性的写作风格，培养学生的写作乐趣，进而乐于写作。

人教版小学语文教科书十分关注学生个性的张扬。如（三上）习作一共安排8次，分别是：写写自己的课余生活，写自己身边熟悉的一个人，写自己去过的地方，并安排了一次"自由习作"。（三下）习作练习主要是让学生写在实际生活中所看到的、听到的、想到的。到了四年级，在习作的类型上，兼顾了写实和想象等多种作文类型，关注了对学生的观察能力和想象能力的培养。教材中安排了让学生写自己喜欢的动物，写成长故事，写校园的景、物、事，写自己的心里话，写在大自然中的观察和发现，写热爱生命的人和事等写实作文；同时重视让学生写童话、看图作文、奇思妙想等想象作文。有些内容是说与写合一安排；有些内容则是说与写分开安排。五、六年级的习作安排仍沿袭前面的编排思路，习作仍涉及写身边的事物、自己的所感所思、想象性作文等多个方面。在呈现方式上，有的是说写合一安排，有的则分开安排。口语交际和习作合在了一起，教材提供了两个维度，可以先写后说，也可以先说后写。"口语交际·习作"这一部分在编排上，注意从学生的生活出发，为学生回归常态进行口语交际、进行自主习作留下了更大的创造空间。

如果说"为自己写作"是注重发挥个人的风格，那么"为不同读者写作"则表现出写作教学面向社会的一面。北师大版习作教材在编排时就注重凸显这一亮点，给学生提供各种实践活动的设计，培养学生的习作能力。

注重应用文的写作是该教材的一大特点：从二年级上册开始就让学生写日记、留言条，初步围绕一个"主题"说话。如第八单元的口语交际：设计营救计划；第十单元的口语交际：各小组出一个保护环境的考题，看看大家是怎么做的，一星期后各小组向全班报告考试结果。二年级下学期就让学生学写贺卡、（锻炼）计划、启事、请假条和统计表。

（三上）让学生学写采访提纲、班级公约，并和父母商量购物计划，填写购物清单。

（三下）让学生学着列出作息时间表，并和家人一起制作家庭小档案；学写广告、建议书、道歉信。

（四上）让学生自制贺卡计划，写邮票说明，写学期总结、个人总结。

（四下）让学生给自己喜欢的游戏写"玩法说明"，并制订"游戏规则"；学写新闻稿。

（五上）让学生学写新闻，写道歉信，写倡议书，并学写电影的观后感，写物品的使用说明书。

（五下）要求学生根据"初显身手"里设计的实践活动，从下面要求中任选一题写作：

替西门豹写一份治邺的工作报告；用来头的语气描述值夜哨的经历；写试胆量的经历，写出实验的报告。

除此，三年级教材还在"语文天地"部分中，教学生如何看说明书、看书籍的序言或后记；教学生如何观察书的扉页和封底；如何看报纸杂志和新闻。让学生动手"设计采访提纲"，并实施自己制订的"行动计划"；四年级教材共安排了四次调查活动，分别是（四上）"调查地名""调查古代钱币或学生压岁钱的支配情况"，（四下）"撰写一份收集阳光的报告""调查路的变迁，并写下来"。

教材中涉及了实用文体的公文类（通知、报告、会议记录、学习计划、学习总结、请假条）、议论文类（书评、随感）、新闻类（新闻报道、消息、采访、调查报告）、广告类（启事、科学实验知识、说明书）、书信类（建议书、感谢信、申请书、请柬）、礼仪类（贺卡贺词）、文教类（读书笔记、日记、观察日记卡片）。这不仅丰富了应用文的呈现形式，拓宽了学生的视野，而且提高了写作的现实意义，激发了学生的写作热情。同时，这类文体的写作，有助于增强学生作文的"读者意识"，扩大写作教学的社会价值。在这里，"为不同读者写作"已经扩展到社会生活的诸多方面，成为丰富小学生个人阅历及使其融入社会的重要手段。更重要的是，它关注了学生如何在写作中"科学地表达"，在注重学生创新能力的发展、关注学生学会"童话描写"和"想象作文"等准确的"文学地表达"的同时，帮助学生学会如何务实地描述、准确地表达自己的观点。

通过以上分析与归类，教师在考虑让学生写什么的时候，应该不难找到思路。在实际教学中，虽然使用的教材版本不一，学生的实际需求和状况也不一样，但教师必须同时兼顾这两大类型的题材作文。语文教学不仅是教会学生使用语言这一工具生存，还担负着帮助学生成长、树立正确的人生观和价值观等使命。而处于成长期的学生，关注自我，客观地认识和看待自我，观察和把握自我与社会、与他人的关系等很重要。因此，仅仅关注实用文体的写作是不够的。至于具体的习作内容，各版本教科书提供的仅仅是参考，教师可以根据学校、社区及学生情况，结合周围发生的各种事情自行安排。

二、习作练习的途径与方式

对于习作教学，大多数教师认为多写是唯一的提高学生写作水平的途径。因此，在实际教学中常出现随意的、简单的"布置写作任务＋教师简要提示"的模式，依靠重复来提高学生的作文水平。经验固然重要，但科学的习作指导方法需要教师心中有整体的教学指导体系，并懂得采用多种方式与手段，把习作练习与日常语文教学紧密结合起来。一般锻炼学生写作能力的途径有以下几种：

1. 依"写话—写句—写段—写篇"的顺序训练

在起步阶段教师对学生的写作要求切忌太高，可以安排低、中、高年段的学生从写一句简单的话到写完整的句子，再到写一段话，最后到写完整的文章的过程。如江苏教育出版社出版的小学语文教材中，就是在低年级安排写话练习，在中、高年级安排相对独立的"习作"，教材内容的每部分由"导语、例文、习作提示、图片"组成。中年级的习作部分大都安排了例文。例文多来自小学生之手，篇幅短小，格调清新。所有例文均排印在作文格纸上，用"手写楷体字"呈现出来，便于学生进行形式上的规范，同时也增强学生对习作的亲切感。到了高年级，学生的习作逐渐由"仿"到"创"，有的作文题目不再安排例文。

以上这只是一个例子。实验中也有在口语基础上怎么说就怎么写，由多到精的习作训练。教师在实际教学中要结合实际情况做到心中有数。比如，还可以从学生的写作技能上来安排：低年级学生要能把一件事说清楚，中年级学生要有条理地表达，高年级学生要清楚、有效地表达自己的观点，等等。

2. 结合课文随时练笔

结合课文随时练笔是很有效的习作方式。如学了《古诗两首》，教师要求学生："古人说'诗中有画'，你能将《江雪》想象成一幅画吗？先说一说，再写下来。"这也就是我们常说的"读写结合"。教师要注意在每一课的课后练习中搞一些模仿性的迁移训练，随课文安排一些"小练笔"（小作文）。

如有的教材中的单元主题是"作家笔下的动物"，选入的都是著名作家的文章。前两篇分别是丰子恺的《白鹅》和苏联作家叶诺索夫的《白公鹅》，是不同作家写同一种动物的文章，后两篇是老舍先生的《猫》和《母鸡》，是同一作家写不同动物的文章。教材在"语文园地"的"口语交际·习作"中便要求学生"先说说自己最想说什么动物。想说同一种动物的同学组成一组，分别说说这种动物的特点，然后各组推出代表在班上交流。在口语交际的基础上，写一写自己喜欢的动物。"

再如有教材结合"观察与发现"单元的学习，提出让学生写自己近来观察中的发现，或者整理观察日记的习作要求。单元课文《蟋蟀的住宅》一文，就引导学生体会作者对感兴趣的事物是怎么观察、怎么进行连续观察的。有了这些前期铺垫与准备，学生的写作就有了基础。习作也就成了学生展示自己观察与发现的成果的需要。

3. 选择学生感兴趣的话题，独立习作

除了结合课文的学习开展练笔与习作实践活动外，还可以在一个单元开展一次较独立的习作练习。但这样的练习一定要注意选择学生感兴趣的话题。如苏教版教材

（三上）的习作中，设计了一项让学生为动物设计名片的写作活动，学生很感兴趣。同时教材给出了学生手抄体的习作范文，减少了学生习作的畏惧心理，使学生乐于作文。

4. 在语文综合学习中进行综合性练笔

语文综合实践活动是学生习作练习的重要渠道。如有教材安排了语文综合性学习——"说名道姓"，课文在"有关姓名的习作"中提供了两个题目，一为记事作文，写写名字后面的故事；一为想象作文，以"小灵通漫游'无名国'"为题。而在五下的"节约用水（语文综合性学习）"中，教材则安排了应用文"学写公益广告"等活动。

北师大版小学语文教科书作文教材采用了以学生语文实践活动为核心的主题单元呈现方式。作文训练采用"点面结合—线穿"的方法，以"语文天地"中安排的各个小栏目为"点"展开训练，各"点"围绕着单元"主题"的核心词语，向该中心聚焦，连成了这个"话题"的"面"，同时"结合"散落在主体课文后的"小练笔"，以实践活动贯穿始末，形成整套作文教材的体系。如六年级教材中的每个主题单元都强调整体的综合，是一次以学生语文实践活动为核心的综合性学习，学生除了听、说、读、写等语文基本活动之外，还要进行观察、调查、参观、访问和资料收集查阅等，在活动中发现问题、提出问题、解决问题；在活动中学习语文、运用语文，并用各种方式呈现学习和探究的结果。

如六下中"冲突"单元编排的"综合活动"围绕着"怎样对待矛盾？怎样化解冲突？"这个话题来展开。关于这个话题，每个人都有自己独特的体验。编者以看电视为例展开讨论交流，设计了"谈一谈、提一提、理一理、比一比"四个环节。首先让学生"谈一谈，看电视引起的苦恼"，联系生活中常见的问题进行讨论。比如，从"看电视往往才看到兴头上，爸爸妈妈就来催促去学习"，"奶奶爱看戏，爸爸爱看足球，妈妈要看电视剧，而我……"等生活中常常遇到的小烦恼开始，学生的话匣子一下子就打开了，这样他们就会将生活中看电视时遇到的烦恼一股脑儿地说出来；并给学生拓展的空间，可以让他们去访问周边的人遇到的烦恼是什么。在此基础上，进入第二个环节"提一提，解决矛盾的方法"，在学生提出烦恼、提出问题之后，讨论解决问题的方法，并对各人提出的各种解决方法进行汇总、梳理。第三个环节"理一理，化解矛盾的办法"，就是让学生整理出最佳的化解方法，培养学生在收集信息的基础上，对信息进行整理和筛选的能力。在这三个环节的活动中，学生思考并讨论问题，探究解决的方法，思维活跃，言语的表达自然而然地产生。教师可以抓住这一契机，进入第四个活动"比一比，谁的习作写得好"，这时的习作要求写"一件事"已经不是让学生感到遥不可及、无从下手的事了，而是给了他们一个倾诉心中烦恼的机会，让他们呈现如何对待矛盾、化解冲突的智慧。可以说，这样的习作编排，实现了学生的生活与习作的无缝对接。

总之，小学生初学作文，要求不能太高，所选的习作题材应贴近学生实际，着眼于让学生易动笔、乐表达；重视培养学生的写作兴趣和自信心，引导学生放胆作文，写自己的事，写自己喜欢的事，写自己想说的话。在此基础上，还要特别强调让学生把话说明白、把句子写通顺、把字写工整。

三、给学生提供例文的利与弊

让学生写作文前是否该给学生提供例文？这是一直以来都有争议的一个问题。

旧人教版教材中有过"习作例文"的形式。新课程实验教科书中，人教版教材取消了"习作例文"。所以其习作内容主要围绕单元主题，所以单元中精选出来的主体课文多数也充当了例文，希望学生能从这些经典的成人或名家作品中学习、借鉴习作知识。

北师大版教科书中的习作教材放在"语文天地"中，"语文天地"面向低、中年段的学生，其中设有"开卷有益"栏目，实际是为学生提供了习作范例。而在高年段，教材设有"拓展阅读"栏目，其中一般有两篇文章，虽不是习作例文，却有别于单元的主体课文，在一定程度上起的是例文的作用。

苏教版习作教材在各单元中均为学生配备了学生手写体的习作例文。随着年级的升高，部分单元的习作例文逐渐取消。

教材中是否应该出现习作例文或类似例文作用的文章？在教材编写过程中存有争议。有人认为，有习作例文便于教师指导和学生模仿。虽然课程标准中对各年段学生的习作有明确的要求，但老师们还是认为如果教材提供一篇学生的习作范文，则对各年段学生习作应达到的字数、程度都能一目了然，学生也能更好地参照。同时，学生初学写作，需要模仿，习作例文无疑是一根很好的拐杖。

但也有人认为，习作例文容易束缚教师和学生的思维，影响教学创造性的发挥。特别是写作这一领域，是更应该具有个性化特征的，例文的出现必然会带来一定的弊端。尤其是如果教科书中例文提供的不太适当，那么对全国习作教学的影响是巨大的。另外，如果把单元中的课文充当例文，成人或名家的文章如何更好地让学生借鉴与模仿，更是需要再探讨的一件事。实际上，在旧人教版教材常年的实践中，基层学校的确出现过一些问题。如学生习作的千篇一律，缺乏个性特征，缺少创新思维和意识，模仿痕迹过重；模仿成人文章，学生习作成人化或人为拔高习作要求等。虽然造成这种种现象的原因是多方面的，但教材引导责任不容忽视。或许也正因如此，人教版新教材取消了习作例文。

因此，笔者认为，教材中是否提供习作例文或提供什么样的习作例文是教材编者要高度重视并慎重研究的。

如果没有例文，教师往往单凭经验判断，随意性大，最容易造成的就是总是唯恐学生习作水平低，于是任意拔高。或者把报刊中发表的学生习作作为例文来参照，这是很危险的。发表在报刊上的学生习作，往往经过家长、老师和编辑的加工，也有一些是在习作上极有天分的学生的作品，与日常的习作要求基本没有直接可比性和参照性。所以教科书中的习作例文能有效地避免教师操作的盲目性，对习作教学可以起到一定的引导作用，有例文的教材对学生习作技能的更快提高也更有效。当然，这里很关键的是对例文的质量和程度的把握。作为在全国范围内使用的教材，在各地差异很大的情况下，选取合适的例文对教材编者来说是极大的挑战。

其实，有例文也好，没有也好，关键的是教师对课程标准中习作教学目标的把握。优秀的教师应该思考在什么时候给学生提供哪些内容对提高其习作技能最有效、哪种方式更适合哪个学生，而不是一刀切，用统一的标准和方法来进行教学。这里还特别需要注意的是要防止习作目标过高的倾向。

《课程标准》设定的九年义务教育阶段写作教学的"总目标"是："能具体明确、文从字顺地表达自己的见闻、体验和想法。能根据需要，运用常见的表达方式写作，发展书面语言运用能力。"

这是迄今为止国家对中小学写作教学目标定位最低、要求最简单和最明确的表述。课标的目标定位，最值得注意的就是重基础，小而实。抓住最基本的写作要素，制定最起码的目标，旨在培养学生起码的写作技能。

一是对习作内容只要求"具体明确"。

二是对语言运用只要求"文从字顺"，指的是写文章时，用词造句通顺妥帖（恰当）、语句通顺。

三是对于文体，课标只提了"常见的表达方式"，要求也不具体；在阶段目标中，只笼统地提了纪实作文和想象作文两种。"根据日常生活需要"这一写作要求，指导我们在九年义务语文教育中，应以写纪实作文为主，写想象作文为辅。《课程标准》对文体的淡化、对写作要求的降低是显而易见的。

四是对于表达技巧只要求学生根据"日常"需要，运用"常见"的表达方式。

由上述分析可知，写作教学的总目标，只需要学生具备最基本的认识基本功、语文基本功、应对基本功，不设任何多余的障碍，不提任何盲目拔高的要求。同时，值得我们关注的还有以下几方面：

一是重情感态度，把学生懂得为什么而作、培养写作兴趣和自信心放在首位。

二是重过程，强调学生自我的观察、感受和对习作素材的积累，重视取材、构思、起草和加工修改等环节。

三是要求学生说真话、实话、心里话，不说假话、空话、套话。激发学生展开想象和幻想，鼓励学生写想象中的事物，但不可与"虚构"混为一谈（想象是一种心理过程，而虚构是一种创作手法，不要把"虚构"这样的概念引入小学写作教学中来）。

四是提倡自主写作、自由表达，鼓励学生有创意的表达，自主拟题，为此教师要提供条件、拓展空间、减少束缚，少让学生写命题作文。

基于对九年一贯制习作目标的分析，教师在实际教学中要本着学生乐于写作、自主表达、文从字顺的低标准来实施和要求。

有的教材采用"开卷有益"或"拓展阅读"的形式，有效地将理性的写作知识转化为感性的文字形象，便于学生感悟和接受，是改革创新的一种形式。有的教材针对当前习作教学的弊病，有针对性地选取例文，更主要的目的是给教师指导提供鲜明的指示，这是充分发挥教材作用的体现，在一定时期和阶段是必要的和正确的。习作教学的改革更多的还是有赖于教师的教学观和评价观，当整个社会更加开放包容、鼓励个性发展时，学生的创新思维必然得到保护和发展。

四、口语交际教学要关注方法指导

语文课程标准的课程目标中对口语交际教学的要求是："具有日常口语交际的基本能力，学会倾听、表达与交流，初步学会运用口头语言文明地进行人际沟通和社会交往。"口语交际能力是学生有效地运用语言工具与人沟通、交流，获得社会认可与一定生活质量的基本能力，是现代社会越来越被重视、也越来越发挥作用的一种重要能力。学生口语交际能力的形成可以依托自身成长经历和家庭环境等自然养成，但在学校教育中，通过较系统的、有重点地对口语交际能力进行培养和训练，有助于学生借鉴前人经验，科学地掌握口语交际的方式方法。在走向社会之前，让每个孩子都具备一定程度的表达、交流能力和必要的表达修养和习惯，是十分必要的。而在学校教育中，承担这一重任的主要学科是语文。

因此，语文课程标准不但在课程总目标中对口语交际教学提出具体要求，在各年段也分别针对这一点提出了具体的目标和内容要求。准确把握各学段课程标准中的具体内容和要求，是教师指导口语交际教学的前提。

1. 把握课程标准对口语交际教学的要求

语文课程标准中对各学段的口语交际教学提出以下要求：

第一学段（1～2年级）：

学讲普通话，逐步养成说普通话的习惯；

能认真听别人讲话，努力了解讲话的主要内容；

听故事、看音像作品，能复述大意和自己感兴趣的情节；

能较完整地讲述小故事，能简要讲述自己感兴趣的见闻；

与别人交谈，态度自然大方，有礼貌；

有表达的自信心，积极参加讨论，敢于发表自己的意见。

第二学段（3～4年级）：

能用普通话交谈，学会认真倾听，能就不理解的地方向人请教，就不同的意见与人商讨；

听人说话能把握主要内容，并能简要转述；

能清楚明白地讲述见闻，说出自己的感受和想法，讲述故事力求具体生动。

第三学段（5～6年级），则进一步要求：

与人交流能尊重理解对方；

乐于参与讨论，敢于发表自己的意见；

听人说话认真、耐心，能抓住要点，并能简要转述；

表达有条理，语气、语调适当；

能根据对象和场合，稍作准备，作简单的发言；

注意语言美，抵制不文明的语言。

从以上目标中我们可以看出几个重点要求和序列：如从低年级的"努力了解对方讲话的主要内容""复述"，到中年级的"能就不理解的地方向人请教，就不同的意见与人商讨""能把握对方说话的主要内容""敢于发表自己的意见""转述"，再到高年级的"抓要点""有条理""乐于参与讨论，敢于发表自己的意见"等，语言表达层次和要求不断提高。

再如从"较完整地讲述小故事，能简要讲述自己感兴趣的见闻"，到"能清楚明白地讲述见闻，说出自己的感受和想法，讲述故事力求具体生动"，再到"根据对象和场合，稍作准备，作简单的发言"。

除了表达技能外，还应特别注意另一个序列的要求，就是表达习惯和修养。如低年级的"与别人交谈，态度自然大方，有礼貌""有表达的信心"，到高年级的"与人交流能尊重理解对方""乐于参加讨论""听话说话有耐心""注意语言美，抵制不文明的语言"等态度、情意方面的目标要求。

教师应根据这些不同层次的要求，根据自己班级学生的实际情况安排和组织教学内容，既关注技能要求的目标，又关注态度情感等目标要求。

2. 口语交际教学的特点

语文课程标准指出："口语交际能力是现代公民的必备能力。应培养学生倾听、表达和应对的能力，使学生具有文明和谐地进行人际交流的素养。"口语交际教学具有更强的综合性和实践性的特点。

好的表达往往是孩子思维、反应、理解、分析和判断等综合能力的表现，而不仅仅是表达技巧的表现。因此，口语交际能力是学生语文综合能力的集中体现和锻炼。同时，口语交际的内容往往需要与读书、写作和课文的学习相结合；与学生收集处理信息能力的培养相结合；与学生家庭、社区、学校等教育资源相结合。因此，口语交际是一项综合性的语文学习活动。

口语交际还具有强烈的实践性。学生口语交际能力的培养，不是仅靠教师教授，也不是靠写作业、做试题，而是更多地依赖实践体验活动。因此，教师要摒弃机械、粗糙和烦琐的训练形式，多为学生提供实践机会和条件。口语交际本身具有强烈的互动性，要求教学活动应主要在具体的交际情境中进行，而不宜采用大量讲授口语交际原则、要领的方式；应努力选择贴近生活的话题，采用灵活的形式组织教学。

在口语交际教学中，还要特别注重发挥评价的作用。从语文课程标准的要求中我们可以把握评价的基本依据，如可以从"讲述""应对""复述""转述""即席讲话""主题演讲"和"问题讨论"等维度来考察学生的表达水平，同时参考学生的日常表现，如学习态度、对口语交际活动中的参与程度以及活动中的文明礼貌表现等。

3. 口语交际学习指导要点

当前我国小学语文教学中口语交际教学存在的主要问题有三：

第一，停留在单纯的经验重复层面。

口语交际是本次课程改革提出的对听说教学的综合提法，但绝大多数教师对口语交际的认识还只停留在"说话"阶段，认为口语交际就是简单的说话训练。因此，有的教师对此完全不重视，以为说话不用教，学生自己就能自然习得；有的教师则不会教，对说话该怎么去教，教什么完全不知；更多的教师认为既然课程标准要求了，那么口语交际教学就是找时间让学生去说，保证一定的课时数，自然就完成教学任务了。这些都是对口语交际教学认识不足，对口语交际教学的指导方法不明造成的问题。现阶段的课堂，口语交际教学无论是内容还是方式方法，大多还是停留在经验的简单重复层面。如一般教师选定一个话题"春节"，让学生一个个站起来说，一直说到下课。第二次口语交际课，教师再选一个话题"寒假中最难忘的一件事"，再让学生一个个地说，说到下课。学生从一年级到六年级的口语交际便是在一次次说话体验中积累经验。虽然这种主题先行的听说训练丰富了学生的听说经验，但单纯地停留在经验层面的教学指导影响了口语交际教学的实效。

第二，就说练说，忽略了影响学生表达的其他要素。

很多教师认为口语交际教学就是说话技巧指导。这一观点虽注意到了对听说方法的指导，但忽略了其他影响学生表达的要素。一个人说话有条理，首先是由于他思路清晰，对要表达的事物或问题有清楚的认识，目的明确。同时他平日积累得多，用句俗语叫"肚子里有货"。其次才是表达的技巧，比如按什么顺序说；说的时候考虑听者的感受；怎么说让别人更容易接受，等等。因此，虽然口语交际属于表达领域，但与理解和思考能力密切相关。我们常说的"书到用时方恨少"，不单指写作，也指听说实践。所以，在口语交际教学中一定不要就说而说，也不能只关注听说技巧，还需要关注日常的积累和读书、思维能力和理解、分析、判断、反应能力的训练，这些将成为学生口语交际能力提高的助推器。

第三，缺乏对科学的指导方法的研究与实践。

应该说口语交际在我国起步较晚，研究也相对滞后。口语交际教学在各年段究竟应该有怎样的指导序列，目前尚不清晰，各学段有哪些重要的方法要素也不是很明确，具体的指导案例更是缺乏。这主要是由于长期以来，小学语文教学中存在着严重的重读写轻听说的现象，再加上应试教育的影响，因为口语交际的教学成果并不直接体现在学生的考试分数上，所以这一领域极不被重视。怎么让口语交际教学更有效？如何突破"为说而说"？笔者认为，目标明确、方法清晰是关键。

首先教师不要把更多的精力放在话题的选择上（即"说什么"上），话题固然十分重要，但口语交际能力的提高仅靠听说的"量"和话题的精心选择与布置是不够的。否则，学生日常口语交际的机会随处存在，语文课堂上的口语交际的独特性如何体现呢？

如"传话"练习。很多教师认为，教师只要想好了悄悄话的内容，按照提示的要求带领学生去做就可以了。由于教师仅提示情景和内容，忽略了对学生技术层面的指导，结果导致口语交际课为了活动而活动或目标不明。学生按照要求说了一遍话，最后，哪些技能能够留存下来、课堂实效在哪儿，有时就变得很模糊。

其实，这其中很重要的是目标的设定。如果目标设定只是"打一次电话""看图说话"或"讲述一件事"，那必然容易导致实际操作中的教学目标停留在"打电话"和"说事"上，为说而说，课堂流于形式。

有的教师将目标设定在让学生"说出自己的观点"，但这种说出自己的观点和平日在家、在伙伴中说出观点有什么不同则不明确。教材中口语交际的重要活动不应停留在让学生说出自己的观点，而是要让学生通过课堂活动，了解或明确怎样说才能更有效，怎样说才能更清楚有条理地表达，更易让人接受。

还有的教师虽注意到要求学生"态度自然大方、有礼貌""有表达自信心"等，但对于怎样才是态度大方？有礼貌？怎么表现才能显示出有自信？没有更具体的提示。

究其原因，笔者认为重要的是首先要突破仅仅停留在让学生把话说清楚的目标层次上；其次要改变听说仅仅是为写做准备、打基础的观念。即教师在每一个口语交际活动中都要清楚，通过设定的这个话题要达到怎样的训练目的。有人担心这样是否会陷入技能训练的旧坑，而笔者认为回避口语交际的技能训练是没必要的。训练本身没有错，关键是训练什么、怎么训练的问题。这一点不仅执教教师需要明确，教材编者更应有清晰的思路和意图，并在教材中清楚地体现出来，否则就容易导致实际课堂走过场的现象。

以下举两个日本的小学语文口语交际课的案例，希望能给老师们带来启示。

日本语文教科书中的听说教材一般都是用活动的形式来呈现。例如，交谈、讨论、对话、打电话、采访、游戏、看图说话、报告、演讲、说明、听记、制作录像等，有时还设置一些与读写教材或与语言知识学习相关联的听说内容。

如日本小学四年级的一篇听说材料（《教育图书》），材料名为"街上来了一只大河马"，学生学习的主要技能是"一边听一边记"。材料共3页，前两页为一整面的大图，图上画着一个热闹、繁华的市街中心，十字路口的人行横道中央，赫然站着一只巨大无比的河马。街上一片混乱，有仓皇逃窜的，有正在摄像的，有拥挤在楼房窗口、阳台观看的，有吓得跑到房顶的……警车、警察塞满了路口，慌忙逃跑的人们留下的高跟鞋等物品比比皆是……画面左下角写着几行小字："街上突然跑来一只大河马，人们一片慌乱。一名记者，正面向摄影机在进行着报道……"第3页内容全文如下：

一边听一边记

1. 请扮作电视台记者，面向摄影机，把街上发生的这件事进行一下报道。

注意：

河马什么时候、从哪儿来的？

为什么会跑到街面上来？

街上是一幅怎样的情景？

对这只河马，目前考虑的应对办法。

2. 一边听记者的播报，一边把了解到的事记下来。同时，请加上自己的感想。

笔记样式

> 了解到的情况：
> ①
> ②
> ③
> ……
> 感想：

在听报道和说明时，注意把主要的地方记下来。

整篇教材就是这样，我们看到听话和说话训练实际上是同时进行的，但这一单元的学习重点很明显更侧重于培养学生一边听一边记的技能。教材不但提供了生动的素材，明确指示了活动的内容、方法，更重要的是展示了具体的说、听、记的方法。如提示的"河马什么时候、从哪儿来的？为什么会跑到街面上来？街上是一幅怎样的情景？对这只河马，目前考虑的应对办法。"等几个报道要点和顺序，让没有做过小记者的学生也不至于无所适从。再如笔记样式的提供，更令师生一目了然，便于操作，有利于学生养成良好的随时记笔记的习惯。

另一家教材出版单位光村图书出版株式会社的听说教材则多是与其他教材相配合而编制的。如三年级下学期一篇与学写说明书的写作教材相配合，有一篇题为《指路》的听说材料，共4页。第一页的最上方是课题名《指路》，边上注有学习要点："顺序清晰地听和说"，提示学生明确学习的重点。第一页中央是一段文字：

森同学正在告诉刚刚转学来的谷川同学去花园儿童馆的路线。让我们与谷川同学一道，一边听森同学的指示，一边用手指在右边路线图上画出去花园儿童馆的道路吧！

按照森同学的指示，你找到目的地了吗？

（听录音）录音内容如下：

从学校出发，往车站的方向走，到红绿灯的地方向右转，再顺着那条路一直往前走，有一个大公园。在那个公园，我们还一起和中山同学玩过呢！到了公园，就不要一直往前走了，向左拐，第二个路口的左边就是了。

这一页的教材下方有两句提示：

如果在那儿迷了路，为什么迷的路？请思考一下。

如果你是森同学，还有哪种更好的说明方式、方法吗？

第二页是一幅社区地图，但并未明确标明花园儿童馆的位置。

第三页设计了这样的练习提示：

1. 使用前页的地图，进行道路指示练习。

（听录音）

在学校，给二年级的学生指示图书馆的路线。

在车站，被一位成年人询问公民馆的位置及路线。

此页中，还穿插了几位同学的对话，用以提示，如：

对方不一样，说明的方法要注意不一样哦。

是啊，到底对方听明白了没有，听明白了多少，要一边试探，一边去说才好。

此页下方，又出现了编者的一段提示：

道路指示时的要点：

［指示的一方］

首先确定好是从哪儿出发，要到哪儿去。

步行去的行走顺序要清楚、明晰。

注意说出有特征的标志和拐弯时的方向。

［听者］

没懂的地方，遗漏的地方一定要进行询问。

---

2. 在自己居住的街道，选择一个目标，试着进行一次道路指示演习。

第四页，是一篇题为《一边确认一边听、说》的小短文，全文是这样的：

听错的事，是经常发生的。如：

"墙上挂着漂亮的云的照片。"

当我们听到这句话时就要注意了，"云"一词的读音是"kumo"。天上的云和生物蜘蛛的发音都为"kumo"，所以这时如果我们不确认一下，往往就不知道究竟指的是什么。生活中类似的同音字还有很多，如"服与福""全面与前面""委员与医院""汽车与记者""人口与人工""消火与消化"等（注：以上各组词语在日语中均为同音词）。

发音虽不完全相同，但发音近似的词语也有很多。如：

病院—美容院，一番—七番，大野先生—小野先生等。

（注：以上各组词均为在日语中发音极其相似，容易听错的词）

说话的一方很重要的一点是要一边观察对方的反应，一边试探着说。重要的语句要慢、发音要清楚。同时，对易造成误会的词要另加说明或用别的词来替换也是很好的办法。如"委员"一词，用"委员会的委员"来说明；"美容院"用"修整头发的地方"来解释；"七番"用"第七条"来替代，这样效果会更好。

　　听的一方，对听到的内容要进行思考、确认，听到不懂的词语马上记在笔记上，过后询问或在对方重复时加以注意。

　　教材中有叙述、有活动、有提示、有事例、有明确的学习要点和方法说明，也有让学生通过实践自己体验、感悟的内容。更需要说明的是，教材表面上的结构和形式并不严谨，十分灵活，甚至有些散漫，但无论活动也好，说明也好，处处围绕并体现了明确的学习目的。学生通过对这一材料的学习，获得的是真切的体验，掌握的是切实的方法、明确的技能，这些技能将会给他们与人的实际交往带来积极的、切实的帮助。

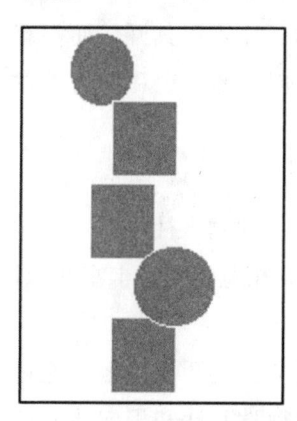

　　此外，还有这样的教学：教师让一位学生在讲台前，面对大家描述左图，其他学生通过听该生的描述画出左图。结果，第一次全班只有不到10%的人画得接近原图。口语交际课上教师带领学生一点一点地分析为什么多数学生画得不对，讲台前的学生怎样描述大家才能画得接近。最后，大家得出几点表述的共识。如先从整体入手，告诉大家纸张要竖着放；然后告诉大家图形是由5个大小相近的几何图形组成，呈纵向排列，这样就不会导致大多数同学一开始就画偏；然后再细细地逐一描述图形的形状和位置。

这样的教学针对性强，学生印象深刻，能够形成扎实的表达能力。

专题五　语文综合性学习

一、语文综合性学习学什么

"综合性学习"作为和识字写字、阅读、习作、口语交际并重的一个内容，体现了语文新课程的价值追求，即全面提高学生的语文素养。正如课程标准所指出的：开展语文综合性学习，在于"拓宽语文学习和运用的领域，注重跨学科的学习和现代科技手段的运用，使学生在不同内容和方法的相互交叉、渗透和整合中开阔视野，提高学习效率，初步获得现代社会所需要的语文实践能力"。语文综合性学习以其开放而富有创新活力的特点，更能在发展学生主动探索、团结合作、勇于创新的意识和能力上发挥重要作用。

1. 将综合性学习作为整体建构学生语文素养的契机

综合性学习强调把学生的学习空间从教室扩展到校园这个大课堂、社区这个大学校、网络这个新课堂，使学生在广阔的空间里学语文、用语文，拓宽视野，丰富知识，提高能力。

综合性学习是帮助学生形成"自主、合作、探究"的学习方式的重要途径。通过综合学习，我们不难发现，活动设计在努力实现两个转移：实现学问性知识向体验性知识的重心转移，实现内容性知识向方法性知识的重心转移。学生由对生活及传统文化的了解、调查和积累，逐步走向了对生活文化经典的了解、调查和积累，甚至开始了一些模仿与创造。如人教版三年级的"了解传统文化"到六年级的"轻叩诗歌的大门"，三年级的"我们的课余生活"到六年级的"难忘小学生活"，学生的生活学习水平在综合性学习的经历中慢慢提高了。

综合性学习有利于丰富学生的情感内涵，引领学生的正确价值观。情感不仅指学习兴趣、学习热情和学习动机，更是指内心体验和心灵世界的丰富；态度不仅指学习态度和学习责任，更是指乐观的生活态度、求实的科学态度和宽容的人生态度；价值观不仅强调个人价值、科学价值和人类价值，更强调其与社会价值、人文价值和自然价值的统一，确立对真、善、美的追求。语文综合学习是当前推进素质教育、落实语文课程标准的重要渠道。

2. 把握综合性学习的特点，体现综合性

语文综合性学习具有综合性强、延伸性宽的特点。

综合性。它沟通了听、说、读、写，沟通了课内课外，沟通了校内校外，沟通了语文课程与其他课程，沟通了书本学习与实践活动。它引导学生综合运用语文知识去分析问题、解决问题，有利于学生知识能力、过程方法、情感态度和价值观的协调发展，有利于促进学生语文素养的整体提高。

经验性。综合性学习多采用"学和做"结合的形式，学习大多以"问题—解决"和"活动—探究"为载体。这样的学习活动，更注重学生的参与和体验，有利于学生丰富自己的阅历，整合知识，并运用知识，生成新的知识。

开放性。综合性学习有助于语文课程从封闭的课堂走出来，走向家庭和生活，走向自然和社会，从而拓展学生语文学习的空间。它与传统的教学不同，每次学习的目标、过程和结果都是开放的。学生在社会生活中学语文，会学到比课本上更多、更珍贵的东西。

创造性。综合性学习不再是一种标准化、模式化的学习。学习内容虽然相同，但是学习方式也许大相径庭，因为它是一种充满个性化与创造性的学习活动，每个学生都有可能根据自己的兴趣爱好去探究与活动、创造与表现，这无疑有利于激发学生的好奇心、求知欲和进取精神，这种情感态度方面的发展，组织、协调、合作等能力的发展，将会比在学术性课程中的发展更为显著。如学习苏教版教材五年级上册的综合学习——"说名道姓"时，学生要了解本地姓氏的情况，就得走向社会，进行实地调查，收集各种有用的数据和资料。学生将调查结果写成调查报告，又能在运用语文的过程中发展写作能力，增长人文知识，提高人文素养。

教师在指导学生进行语文综合性学习活动中，应把握好综合学习活动的特点，体现综合实践活动的特性，从而达到综合学习的"综合"目的，使学生获得综合、整体的发展。

如人教版教材中年级"记录自己的课余生活"的综合学习设计，结合单元的学习，引出拓展的综合学习的任务，就体现了集"听、说、读、写、做"于一体的语文学习实践活动。具体做法是：以单元阅读教学内容为主体，把小综合活动穿插其中，体现以课文学习为主、综合活动为辅的原则。还有的教材中的综合性学习是以某个专题、任务或活动贯穿始终，体现以综合活动为主体，整合单元学习材料而成的大综合性学习活动（一般用两周的时间完成）。如人教版高年级的"遨游汉字王国"，活动中教师通过制订活动计划，收集相关资料，引导学生感受汉字的有趣、神奇，同时开展阅读、收集资料、进行社会调查等活动，加深学生对汉字的了解与热爱。

北师大版教材中提供了更多的语文综合实践活动形式，如表演、做手工、收集资料或图片、办板报、办联欢会、开玩具交易会、办展板、办手抄报、做天气统计图、采访或访问、调查等。

例如，种一粒种子，观察种子的生长情况，写一个观察记录。

听天气预报，写在小黑板上。

收集有关海洋的图片或实物，写一段说明文字。

小组同学一起把收集到的资料编成手抄报，为手抄报起一个响亮的名字。

在地图上找一找我国的森林和荒漠。

查资料，了解本地森林覆盖率和近年来植树造林的情况。

找一找家乡最古老的树，观察它的样子，了解关于它的故事。

从上述所列举的课例看出，教师通过对综合学习活动的设计与安排，使学生的语文学习不简单地局限在读读背背写写，还要看看查查听听编编等，这样的语文学习用处会更大。

综合性学习活动成果可用办展览、办手抄报、开成果汇报会等形式来展示，其目的除了增强学生对母语的热爱和了解外，更是为了培养学生的合作精神，培养学生策划、组织、协调和实施的能力，特别是他们的语文综合运用能力。

二、语文综合性学习如何学

1. 语文综合性学习要凸显语文特点

好的"语文综合性学习"话题体现了鲜明的语文特点。如"了解生活中的传统文化""走进信息世界""遨游汉字王国""轻叩诗歌的大门"等，活动本身与语文学习密切结合，不仅有利于学生关注语文、了解语文、热爱语文、综合运用语文知识与技能，更由于它是学生经验世界的一种积累活动，是建立在适合学生身心发展水平、认知发展水平基础上的一种可操作性的学习活动，所以能使学生在玩中学、学中玩，能较好地激发学生的学习兴趣，积淀语文内涵，达到语文"综合性学习"所提出的基本要求。

在语文综合学习活动中，教师担负着指导的责任，应注意以下几点：

（1）话题选定贴近学生生活，注重挖掘其中的学习价值

如苏教版教材五年级下册的"学和做（2）"，活动主题是节约用水。教师带领学生以"节约用水"为话题展开学习、调查、研究。

主题活动由五个板块构成：

小小调查。教师为学生提供了几个调查项目，引导学生任选其一进行调查，并提示用文字或图表等形式反映调查结果。

谈节水，学成语。该活动设计从节水谈起，引导学生牢记节水古训，积累关于"水"的成语。

介绍节水小窍门。该活动设计提供了贴近学生生活的节水案例，引导学生交流自己的节水小窍门。

编写公益广告。该设计列举了几则节水公益广告范例，引导学生试编。

大家来抢答。该设计以知识竞赛形式，引导学生了解、掌握节水知识，自觉遵守节水公约，学习节水方法，培养节水好习惯。

研读活动设计方案，潜心揣摩设计意图，我们不难领悟"学和做（2）"的鲜明特色及其蕴涵的编写理念：引导学生综合运用语文知识去分析、解决"节水"问题，精

选调查提纲、节水窍门、节水公益广告、节水知识竞赛题等典型案例，巧拟富有感召力的活动导语，启迪学生自主探究，自主学习积累，激励学生在自主实践中发挥潜能，健康成长。该教材中综合性学习活动的话题都是致力于学生知识能力、过程方法、情感态度价值观的协调发展，致力于学生语文素养的整体提高。

（2）引领实践，让学生体验过程、分享快乐

新课程理念强调教师是学生学习的合作者、组织者、引导者、促进者。教的价值在于促进，教的本质在于引导。教师在教学中能够做、应该做的便是和学生共同参与实践的过程，有效地引导、促进学生"学"好、"做"好。

如苏教版教材中的"学和做（2）"设计了五个活动项目，是教材，更是学材。教师要实现用教材教的目标，前提是要引领学生"读"好设计。首先，应激发学生读书、探究的欲望。"学和做（2）"的设计引言可以直接用，教师也可以根据学情自主设计活动导语。要在最短的时间内，最大限度地激发学生"读"和"做"的愿望，才能体现导语的创造价值。

其次，教师应引导学生读懂设计，读每一项目时力求达到三个明白：明白"做"什么；明白怎么"做"；明白为何"做"。教材设计的五个板块，标题简洁明了，"做什么"学生自能读明白；教材上的活动安排若无方法提示，对"怎么做"教师应予以点拨（如介绍节水小窍门，可以引导学生借鉴小调查结果展示的方法，用图文、口述、实物展览、动作演示等方式进行）；至于"为何做"，不仅要引导学生在"读"时想，更要引导学生在"做"中悟。如"小小调查"设计不仅是帮助学生了解"节水"状况，更重要的是引导学生经历调查过程，学习调查方法，增强调查研究的意识，在调查实践中整体提高语文素养。学生在自读过程中有所获，在老师的导读中有所悟，必然享受"学"的快乐。

在学生进行语文综合性学习的过程中，教师还应该学做有心人，关注全体学生"做"的全过程。这意味着老师必须随时掌握各实践组的探究进展情况，细心体察每个学生在实践中的个性体验、个体差异，还意味着老师须在实践中根据学情迅速适度地作好调控。

教师不但要做有心人，还要做有为者，"该出手时就出手"，给学生的"做"以引领和帮助。当少数学生在调查等探究实践中遇到困难时，老师除了给学生以信心和鼓舞，还应给学生以方法支持和环境保障，为学生在生活中学习语文、运用语文提供有效帮助；当少数学生在"学成语""说窍门"等活动中出现自满或欲停止探究等偏差苗头时，老师应能够充分利用探究过程中的生成资源，勉励他们"学"无止境、"做"无止境，引领他们多一个思路、多一种方法、多一次实践、多一份体验、多一种享受……争取"做"得更好。

同时，"学"和"做"的过程是学生感悟、体验的过程，是师者启发、引领学生及时交流、记录自己的感悟、体验的过程，会促进他们的感悟更正确，体验更深刻。如

"小小调查"结果的展示，可启发学生进一步感悟：生活中的很多"细节"（不良习惯）造成的浪费是触目惊心的；没有调查，我们对浪费造成的"水荒"严重性也就缺乏深刻的认识。再如学生编写"节水"公益广告时，可引导学生充分展示自己从各类媒体上获得的节水宣传信息（如中央电视台持续播放的"节约创造价值"系列公益广告），鼓励学生从水的作用、节水好处、浪费危害等角度，用简洁的语言表达自己独有的见解，促使学生从中体悟：语言是人思维的工具、交际的工具，语言表达人的心声，语言可以改变人的思想、行为。学好语文终身受益，用好语文众人受益。要让学生在学编节水广告的过程中感受用语文的妙趣，体验用语文服务生活、服务社会的快乐。

(3) 关注学习方法

以人教版教材五年级下册的综合性学习单元——"走进信息世界"为例。在这次综合性学习活动中，首先提出学习任务——围绕专题开展综合性学习，"感受信息传递方式的快速发展，体会它给我们的学习、工作和生活带来的影响，并学习利用信息，写简单的研究报告"。而后，分成两大板块——"信息传递改变着我们的生活"、"利用信息，写简单的研究报告"，引导学生进行综合性学习。在每个板块的活动中，教师先提出活动建议，再提供若干阅读材料，供师生制订计划以及在学习活动中参考、选用。板块一安排了有关信息传递方式及其对人类生活产生影响的五篇阅读材料。这些材料与精读课文和略读课文不同，就作用而言，在于提供信息、介绍相关资料。板块二安排了两篇不同类型的简单的研究报告——《奇怪的东南风》和《关于李姓的历史和现状的研究报告》，其作用在于通过给学生提供研究报告的范文，使学生了解研究报告的基本特点，知道怎样写简单的研究报告。最后，还对学生今后如何提高利用信息解决问题的能力，提出可行的建议。

从这样的"大综合"单元中，我们可以看到除了学习的专题和必读的阅读材料要予以落实外，对于学习的具体内容、方法步骤、学习成果的呈现，等等，除了教材中的提示，师生还有相当大的自主权，只要有利于培养学生的合作、探究精神，策划、组织能力，特别是语文综合运用的能力就行。

从上面所列举的课例看出，教师通过对综合学习的设计与安排，使学生的语文学习不是简单地局限在读读背背写写中，而是要看看查查听听编编等，要着重教会学生收集处理及分析信息的能力，以及和别人合作、交流、沟通、分享等的综合能力与方法。

2. 注重设计，提高综合性学习的质效

尽管教材中对如何开展综合性学习已有所建议、要求，但在实际教学中，教师应该根据学生的现有水平，结合地方资源对综合性学习进行再度设计，设计时注意把握好以下几点：

(1) 基于现实资源，加强体验性学习

首先，在设计中，应提供"资源导航"，使学生索取相关资料，防止学生迷失在海量的信息资源中，引导学生有所希望地有目的地寻找到调查、参观、采访的对象及实践基地。

其次，设计应努力结合周边资源。如"奇妙的植物世界"这一活动，有两种设计方案摆在我们面前：一种是让学生自己去寻找资料，了解5种以上植物的特点；一种是鼓励学生给校园内的各类植物分别设计一块生动有趣的自我介绍牌。显然后一种设计本身已经提供了丰富的实践资源，利于学生的多感官参与，使学生的活动更感性和立体，有效地防止了知识的抽象化。

(2) 关注"科际合作"，防止无谓的教学重复

"科际合作"指学科间的合作。有时，我们常常会遇到两个或几个具有较强通融性的综合学习的主题，美术课、音乐课、环境教育课、品德与生活课、科学课甚至数学课都有可能涉及。为了防止学科教学的无谓重复，减少教学浪费，同时也为了促使各学科教学形成合力，我们应加强各学科之间的沟通与合作。如可以在学期起始阶段各学科教师共同备课，确定是否有类似主题的教学内容，然后适当调节教学内容的编排顺序，确立各自的教学侧重点，同时切入，联合突破。

(3) 指向群体合作，培养学生合作意识

《课程标准》特别强调合作，它指出"综合性学习应强调合作精神，注意培养学生策划、组织、协调和实施的能力"。在具体实践中，就是把学生的综合性学习变成学生齐心协力、目标一致的团体经历。这种团体经历无疑会创造更多的机会让学生领略来自团体的温馨——接受对方的帮助与帮助对方；创造更多的机会让学生意识到各种文化观念的存在，领略到他人的学习风格和学习策略，促进自身的认知重构与完善。当"学习小组""团队"成立以后，老师要对学生的合作有所要求。

如要求学会接受科学、合理的分工，履行自己的职责。在合作组内，任何个人都不要企图包办所有工作和学习任务，也不要企图回避，什么事都不想做。例如，为了圆满完成"观察家乡河流的污染情况"这项综合学习活动，合作组中的组员，有的取样、有的借实验器材、有的实验、有的观察、有的记录、有的监督、有的汇报，人人各司其职，不断调整自己在群体中的角色定位。个人在合作组中，有时要做"组织者""策划者"，有时要做"协作者""表扬者""解释者""提问者""监督者""检查者"，等等，个人在不同的合作学习中要善于扮演好不同的角色。

老师应该对综合性学习进行统筹规划，并对具体活动进行建议性设计，但必须尊重随着活动的展开学生在教育情境的相互作用过程中产生的新目标、新问题、新价值观以及新设计，师生共同将活动引向新的领域。

3. 抓好过程，突出学生的经历

学生往往容易关注最后呈现的静态的文字成果，而常常忽略成果形成以前的活动过程。为防止这样的问题出现，教师要让学生领悟到：活动的成果不是最重要的，重要的是在得出成果前的一切设想、困难和解决困难的方法，等等，让学生在过程中感

受到学习的乐趣和获取知识的艰难历程。

(1) 重视对学生综合性学习过程的监控与管理

单纯地观察结果，无法了解学生在活动过程中分工与进度的安排是否合理，每个成员是否都积极参与，合作是否愉快，材料来源是否规范等。在实际教学中，教师除要安排学生中期交流学习经验、成果外，也可以鼓励学生交流活动过程中的各种困难、各种偶然性事件，把整个活动的过程展现出来，然后引导学生对"过程"进行评价。另外，教师也可以尝试通过一些新的方式，如档案袋管理等来"监控"学生的综合学习过程。

(2) 重视学生综合性学习过程中的多种体验与收获

在综合性学习中，教师应该注意提倡学生说一说、写一写、演一演"学习体会"或"学习心得"，记录自己在活动中表现出的专心致志、兴趣盎然，思维的活跃，想象的驰骋，解决问题时表现出的不怕困难、坚持不懈的品质以及发现新知、产生创意时的惊喜，等等。如在"爱护周围环境"这一单元的综合性学习中，可以建议学生把调查到的情况写一篇短文；还可以建议学生展开想象，写一写几年后家乡的环境；也可以建议学生写发生在这次综合性学习中有趣的事等。第一条建议关注的是学生的活动成果，第二条建议侧重于拓展学生思维，而第三条建议虽然只有短短一句话，却也提醒我们要重视综合性学习过程中学生的多种体验与收获。

(3) 重视促进综合性学习过程的多元化

学生不是同质化的原材料，而是有着不同文化背景、不同认知方式、不同兴趣爱好和个性心理特征的"人"。因此，综合性学习要承认这种差异的存在，创造条件让学生的个性均得到合适的发展。教师要促进综合性学习凸显选择性，重视促进综合性学习过程的多元化。

①根据主题分解学习单元。例如，"爱护周围环境"这一单元中的综合性学习，调查、了解家乡的环境污染现状和保护情况是总的活动取向，但是教师绝不能简单地把涵盖量如此大的、综合程度如此高的活动主题直接推到每一个学习小组前，这对年仅10岁的学生来说会有不小的难度。我们应该有意识地把这一大主题进行分解：家乡的水污染情况、家乡的空气污染情况、社区的绿化、学校的环保宣传小队等，然后在宏观调控之中，让学生自主选择。

②提供多种学习策略、风格、方法、学习技术供学生选择。例如，有的学习小组选择调查家乡的树木，我们就可以建议学生"到网络探树"以增加研究的宽度，拓宽学生的研究视野；还可建议学生"请专家谈树"以增加研究的深度，让专业的成果启发学生的研究视角；也可让学生"去实地探树"，让学生在理性探求的基础上丰富感性体验，使研究更立体。再以"去实地探树"为例，我们可以让学生三五人同行，也允许父母陪同协助。

③允许并鼓励学生用多样的形式展示自己的活动成果。综合性学习，在活动的开

始阶段，教师就应该通过认同、激励等方式，告诉学生可以通过作义、图表、模型、广告产品、诗歌、表演、绘画、歌唱等方式来汇报自己的活动成果。但是我们所谈的毕竟是语文综合学习，因此，应该民主、平等地建议学生多采用一些富有"语文味道"的汇报方式，引导学生关注与提升自身与语文学习更直接有关的知识、内容，使语文综合学习成为促进、提高学生语文素养的有效途径。

三、让语文综合性学习更具"语文味"

笔者在一次全国的小学语文课堂教学观摩课上，听了这样一节语文综合实践活动课。课的内容是依据教科书中的语文综合实践活动的内容安排的，课题名为《桥》。教师的活动目标是这样的：

1. 引导学生围绕主题动口动脑

教师通过引导学生实地参观访问、查阅图书资料和互联网获取信息、筛选信息，使学生了解桥的发展，认识古今中外的名桥，拓宽学生的视野，使学生受到美的熏陶感染。

2. 让学生获得研究探索的积极体验

教师通过让小组成员分工合作，培养学生在学习和生活中善于质疑、主动探究、团结合作的精神和热爱科学的意识。

3. 联系生活实际

由有形的桥到无形的桥，拓宽学生思维，培养学生的想象力。

4. 指导学生形成书面材料

培养学生口语交际和书面表达的能力。

在具体的活动过程中，显然，教师为培养学生的动手操作能力和合作能力做了精心的准备与具体的指导。比如，他先将班级分为几个小组，让学生自由自愿报名，并让每组推选出了一名组长。各小组成员有不同的分工，如有负责采访的，有负责资料整理的，有负责上网的，等等。教师事先还为学生推荐了部分有关桥的网站，像桥梁网、news163.com、Baidu.com等。

教师一开始以著名桥梁专家茅以升的"桥不过是一条放大的板凳"这样通俗而风趣的诠释导入课题，然后让学生介绍了一些查找资料的方法，最后教师作了总结、归纳。比如，A. 利于图书查找资料和积累资料的方法。B. 根据目录找有关的文章和内容并做好摘录。C. 摘录资料的方法：复印、抄录、摘抄、概括总结。D. 上网查询和下载资料的方法：直接键入网址查找；不知道网址，通过键入关键词进行搜索；对资料进行下载存盘，打印输出或笔录所需资料，等等。这些提示为学生收集、整理资料提供了最基本的方法，保证了本次语文综合实践活动的顺利进行。

在课的最后，教师还引导学生展开想象的翅膀，由"有形的桥"联想到许多"无形的桥"，培养学生的想象力，并提示"假如你是桥梁设计师，你会建造什么样的桥？

请画出你设计的桥并解说其功能"。

教师在课后的总结反思中抒发了这样的感受："这节课我最大的感受是培养了学生的想象力和语言表达能力。这次综合实践活动课的教学，让我感受到综合实践活动课是让学生自主合作探究学习的最佳阵地。让学生自由结成学习小组，明确分工，调动了学生主动参与的积极性，增强了他们的集体合作意识和集体荣誉感，因此收到了很好的效果。"

整个活动过程中师生是愉快的，收获也颇多，听课者也处于兴奋之中。应该说，从整个课堂有序的组织到精密的方法提示和师生热情参与，都是成功的。但活动结束后，一个问题始终萦绕在我心头：这节课与独立设置的综合实践活动课有什么区别？语文综合学习的特性体现在哪里呢？特别是这节课的教学目标，把活动目标定位在："教师通过引导学生实地参观访问、查阅图书资料和互联网获取信息、筛选信息，使学生了解桥的发展，认识古今中外的名桥，拓宽学生的视野，使学生受到美的熏陶感染。"是否合适？语文课的教学目的就在于"了解桥的发展，认识古今中外的名桥"吗？笔者认为这显然是不够的。尤其是课堂最后教师布置的拓展性作业："假如你是桥梁设计师，你会建造什么样的桥？请画出你设计的桥并解说其功能。"固然能激发学生的想象，但对语文课来说，这样的作业似乎可有可无。

经过一个星期与授课教师的共同切磋，我们重新设计了这节题名为《桥》的语文综合实践活动课。

在其他内容基本保持不变的情况下，教师把学生查找资料的重点确定在"收集与桥有关的民间传说、历史故事、诗文、对联、照片、绘画、音乐等"上。并把活动目标定为："展示桥的神韵，使学生受到美的感染，激发学生兴趣。对一些与桥有关的经典诗文，重点品读赏析，以此提高学生朗读、背诵、欣赏古代诗歌的能力和水平，并做到广泛积累。"

在这位老师用另一个班再一次上这一课时，学生的汇报、演示内容有了根本的改变。第一次课上，学生展示的是各种桥梁的图片、数据、名称、桥梁史等。赵州桥、苏州宝带桥、山西晋祠鱼沼飞梁、扬州五亭桥、北京四元桥、北京玉蜓桥、厦门跨海大桥、博斯普鲁斯海峡大桥、世界上最长的双层桥之一——日本明石海峡大桥等，这使学生获得了许多有关桥梁的知识，感受到了科学的伟大和人民的智慧。

第二次课上，所有在场听课的人都沉浸在浓浓的文学色彩和语言魅力中。我们来看一个片段：

生：赵州桥像初月出云，长虹饮涧，写出了赵州桥的形状之美，给人以身临其境之感。茅以升在《中国石拱桥》中写到：石拱桥的桥洞呈弧形，就像虹。古代神话里说：雨后彩虹是人间天上的桥，通过彩虹就能上天。我国诗人爱把拱桥比作虹，说拱桥是卧虹、飞虹，把水上拱桥形容为"长桥卧波"。石拱桥在世界桥梁历史上出现的比较早，这种桥不但形式优美，而且结构坚固，能几十年、几百年，甚至上千年地雄跨在江河之上，在交通方面发挥作用。

上面这段文字运用比喻与神话，写出了桥的优美之感，并介绍了石拱桥的特点。

师：很好，你能不能用笔来画一下什么叫"初月出云"？

生：这是一座石拱桥，就正如诗里所写的"初月出云"。水波就像云一样，桥的桥洞就像一个半圆的月亮，形容它的优美。

师：理解得很深刻。请回。

这位老师的第二次尝试，让大家清楚地感悟到了语文综合实践活动应该怎样更有"语文味"，作为语文教师应该怎样在语文综合实践活动中发挥自己学科的优势和专长，引导学生着眼于语言文字，感受祖先文化与文字带给我们的美好情感。

下篇 技能修炼

教学技能是影响教师能否上好一节课的重要因素。本篇从提高小学语文教师的教学技能出发,从教学设计、教学实施、教学评价、课外活动指导等多个方面进行了阐述。

专题一 教学设计

一、如何做学情分析

学情分析是教师对学生学习某一内容前的真实状态或对学生已有经验进行分析的过程。它是语文教学设计的起点，也是提高语文教学有效性的前提与保障。学情分析与教学设计的其他部分之间有着密切的联系，它不仅是确定教学目标的基础、选择教学内容的依据，还是选择教学策略和安排教学活动的落脚点。如果说有效的教学需从有效的教学设计开始的话，那么有效的教学设计就应该从有效的学情分析开始。

1. 当前语文学情分析的主要问题

学情分析是教师开展一切教学活动的起点，但在实际教学中学情分析的现状却不容乐观。下面我们来看一个小学一年级学生学习"a、o、e"的课堂教学片段：

教师在课堂上刚一出示教材上的图画，许多学生口中就发出"a—a—"的声音，教师立即把图片藏在身后，并严肃地组织教学，等学生都安静后又拿出图片，下面仍有"a—a—"的声音。

师：图上画的是什么？

生："a。"

师：老师问的是图上画的是什么。

生：医生在给小孩看病。

师：医生在给我们看嗓子时，让我们发什么音？

生：（无序地回答）a—a—

师：图下的这个字母就读……（还没等老师说完，学生又读开了）

师：看看谁的嘴巴最严，听老师读。（范读 a 后，学生齐读）

以下学习"o、e"的情况类似。

在这个教学片段中，虽然教师精心创设了导入情境，但教学效果并不理想。这样的课堂乍看上去是学生不听话，教师没有灵活调控好课堂，仔细分析，根本原因还是教师在教学设计时出了问题——忽视了对教学对象已有知识基础的了解和分析，所设定的教学起点只是教材的逻辑起点而非学生的现实起点。因为对学情一无所知，课堂上教师只能把学生当成一张"白纸"，让学生"懂装不懂"，遏制了学生学习的积极性。后经调查发现，此班学生在幼儿园时，大部分已学过汉语拼音，有了一定的知识基础。假如教师备课时能了解这一学情，因势利导，以学定教，在教学方法的设计上加以改进,如变教师教读为让会的学生领读,既承认了学生已有的知识基础,又利用了一年级小学生愿意表现的心理特点,教学效果一定会好很多。看来,课前了解和分析学生的学习基础和学习起点不仅重要,而且必要。

如今,随着基础教育课程改革的不断深入,以学生发展为本的教育理念正逐渐内化为广大教师的教学行为。在教学设计时研究学生、开展学情分析的语文教师逐步增多。不少教师不但有了学情分析的意识,还尝试着在教学设计中进行学情分析。我们经常会在一些教师的教学设计中看到这样的学情分析:

"经过前两年的语文学习,学生已经掌握了一定的识字方法,具备了一定的独立识字能力,也养成了一定的学习习惯。本节课可引导学生运用学过的识字方法自主识记生字。"

"五年级学生已经有了一定的阅读能力,可以和文本进行对话,展开个性化阅读;再加上他们已经有了一定的生活经验,也形成了一定的价值观念,所以读懂本课内容,应该不成问题。"

以上两个例子虽然表明教师已有了明显的关注学生已有经验或知识的意识,但也暴露了当下学情分析中存在的诸多问题,如学情分析的内容抽象、笼统、空泛,既不能准确反映本班学生的学习特点,也不能体现出关于具体教学内容的学生情况,学情分析形同虚设。学情分析的手段单一、过程粗疏,基本上采用的是单纯的经验判断的方式,只见评判,不见分析,只见结论,不见过程。学情分析的深度不够,不仅缺乏对学生情况的真正分析,也缺乏对学情与教材内容间的关联性分析。正如上海师范大学王荣生教授所说:"学情分析,如果不是具体到每篇课文学生所具有的学习经验、他们已经懂得了什么、已经能读出什么,他们还有哪些不懂,还有哪些读不好、感受不到,实际上等于没有做过。"而且多数教师在教学设计时常把"学情分析"处理成一个单独的备课环节,使得学情分析与整体教学设计处于游离状态,难以转化成教学实施中的促学手段,这也是语文课堂教学出现脱离学情现象的一个重要原因。那么,语文教学设计时应从哪些方面进行学情分析,如何科学有效地进行学情分析呢?

2. 语文学情分析的结构要素

在教学设计中,学情分析涉及的内容极其丰富,诸如学生原有的知识基础、学生现有的学习能力、学生惯有的思维表达方式、学生的学习动机和学习兴趣、学生的个性特征、学生的认知倾向、学生的学习风格、学生的生理心理状况、学生的生活环境、学生的最近发展区、学生对特定学科学习的期望等,这些内容都可能是进行学情分析的切入点。

语文是工具性与人文性相统一的学科,工具性是其本质属性。语文学科的特点决定了其学情分析结构要素应有别于其他学科,除兼顾其他学科所共有的分析要素外,还应关注语文学科所特有的分析要素,促进学生语文素养的形成与发展。结合学生语文学习的认知心理,语文学科的学情分析要素可包括以下五方面:

（1）言语积累。丰富学生的言语积累是提高学生语文素养的必要条件。语文是母语教育课程，学习资源和实践机会无处不在、无时不有。小学生在入学前已经积累了一些浅显的言语基础知识，特别是在口语方面已经具有了一定程度的表达运用能力。这些言语积累为他们日后的语文学习提供了有利的条件。因此，关注学生已有的言语积累，调动学生已有的言语学习经验，既是语文学科的特点所决定的，也是语文学习所必需的。

（2）语文智慧技能。语文智慧技能相当于语文素养中的字词句篇的积累、语感、识字写字水平、口语交际能力，是学生运用语文符号处理信息或问题的能力。如学生对言语的正确搭配、对词句的正确理解、对篇章的整体把握等。语文智慧技能是语文学情要素中最重要的一环。

（3）语文认知策略。语文认知策略相当于学生语文素养中的思维品质、语文学习方法和习惯、阅读写作能力等，它支配着学生的学习过程并提高其学习的效率。学生是天生的学习者，他们会在学习的过程中逐渐摸索出一些适合自己的解决听说读写问题的方法，并运用这些方法帮助自己学习语文，如用联想的办法识记一些汉字的字形，用读一读画一画或读一读想一想的方法阅读文章等。了解学生的语文认知策略，便于教师更合理地确定教学策略，使教学策略更好地服务于学生的认知策略。

（4）语文动作技能。语文课程中的动作技能主要包括发音技能和书写技能。语文素养中的写字及口语交际能力都有动作技能的因素。如有的同学读书能做到声情并茂，让人有身临其境的感受；而有的同学读书则吐字不清，让人听不明白。有的同学说起话来滔滔不绝、条理清楚；而有的同学说起话来吞吞吐吐、表述不清。这就是因为学生在语文动作技能方面的差异。这一要素的学情处于什么状态，将直接影响到学生朗读的效果、情感的表达以及思想的交流。

（5）语文情感与态度。心理学研究表明，学习者的情感态度会直接影响到他们的学习行为和学习效果。积极的情感态度能有效促进学生的语文学习与实践运用。语文教材中入选的课文均文质兼美，蕴涵了丰富的情感，阅读不同的课文学生会有不同的情感体验，如读《圆明园的毁灭》时，学生会产生自豪感和愤怒感；读《再见了，亲人》时，学生会产生亲情感和离别感……有时阅读相同的内容，不同的学生也可能产生不同的情感体验，这是因为学生的生活阅历、知识水平等存在着差异。学生在学习语文时，也会因为兴趣、爱好、习惯等的不同，有不同的学习态度，从而产生不同的学习效果。因此，语文情感与态度是语文学习中的价值取向，是语文学情的动力系统。语文教师在进行学情分析时，不但要重视对学生言语积累和语文技能的分析，更要关注对学生情感态度的分析。

以上五要素中，言语积累反映了语文学情的基础水平，语文认知策略、智慧技能、动作技能体现了语文学情的状态水平，语文情感态度决定了语文学情的动力水平。在进行学情分析时，语文教师应根据语文学情的结构要素，全面分析学生的语文基础水平、状态水平和动力水平，准确把握学生语文学习的最近发展区，并据此设计和调控教学。

3. 了解和分析学情的方法

以往的学情分析多源于教师的假设揣度和经验判断，并不是建立在资料的判别或数据的调查之上的。事实上，了解分析学情的方法有很多：观察法、谈话法、问卷法、访问法、调查法、实验法、测验法、个案法、材料分析法、作业分析法、对比分析法……教师应根据学生的特点和不同的教学目标做出合适的选择，尽可能全面深入地了解学生、分析学情。

（1）在调查中了解

课前调查是了解学情行之有效的一种方法。教师可通过书面调查或访谈的形式了解学生的学习需求，将所获取的学生学习的实际情况或有效数据作为教学设计的实际依据，并根据学情的特点，有目标、有步骤、有方法地实施教学。我们来看看下面这些语文教师是如何通过学情调查来了解学生的现状，进而确定教学内容的。

在一次语文教研活动时，几位语文教师都觉得《凡卡》（人教版六年级下册）一课可教的内容太多了，不知道该教什么好，于是他们选择了一个教学班做了一次学情调查。在学生没有学过的情况下，利用自习时间，让学生自读《凡卡》一文，并回答以下问题：你读懂了什么？你有哪些疑问？然后将收到的32份课前调查从"内容的把握""细节的把握""阅读的感受"三个方面加以分析。

首先，对文章内容的把握。全班有3名学生对内容有比较完整的表述。大部分学生读懂了部分内容，但是缺少对文章的整体把握。如有学生写"我读懂了凡卡给爷爷写的那封信，凡卡经常受老板的欺负"。全班大部分学生都能读出凡卡在鞋匠家的悲惨生活。普遍对第11~14自然段的内容缺少表述。也有的学生直接指出第13自然段读不懂。

其次，在细节的把握上仅有少数学生对某些细节有感受，更多的是对细节的质疑。如为什么凡卡愿挨爷爷的打而不愿挨老板的打？为什么凡卡老向窗户外面看？

最后，在阅读感受上，大多数学生能对凡卡的悲惨生活说出自己的感受。如凡卡的生活非常辛苦，他对爷爷的思念令人感动；凡卡很可怜，我们应该珍惜现在的幸福生活……

经过如上的分析整理之后，老师们对学生学习《凡卡》一课的阅读状况有了比较清晰的了解：不需要教师指导即可读得懂的是第8自然段（凡卡信中的内容）；阅读难点是第11~14自然段的内容及其与全篇的关系；学生对文章的某些重要细节不理解或者看不到，这些内容是阅读的盲点。教师们由此推断出在本课教学中学生需要提升的阅读能力是对隐含信息的发掘及在此基础上对全文内容的整体把握。

此次学情调查设置的题目比较开放，保持了学生学习的自然状态及个性化学习特点，最大限度地反映了学生初学的原生状态。且调查以书面文字作依据，与口头调查相比，分析更加深入。教师通过课前调查，了解了学生已有的认知水平和能力基础，分析了学生学习本课时可能遇到的困难和问题，为教学设计提供了真实可靠的依据。

(2) 在预习中明确

语文教师较常用的学情分析方法是研究学生的预习作业，通过学生的预习情况来了解学生的知识能力状况和学习状态。预习是学生独立自主学习的尝试，学生在预习中存在的问题往往就是学生学习的起点。我们来看看下面这位教师是如何通过预习来摸清学生的学习起点的。

在《燕子》（人教版三年级下册）这一课的教学前，教师放手让学生自己去预习。学生以自己喜欢的方式，在全面预习课文的基础上，大胆地提出了不少有价值的问题。如有的学生问道："为什么作者用'凑成'了活泼机灵的小燕子而不用'组成'？""为什么说燕子从南方'赶来'，不用'赶'用'飞'行吗？"还有的问："'几痕细线'的'痕'改为'根'行吗？"这些问题正是教学的起点。有了问题，教学就有了针对性。课堂教学紧紧围绕同学们的问题展开，教师引导学生对这些问题提出了自己的分析、见解。有的学生说："如果不用'凑成'，更难显示出燕子各部分的可爱。"有的说："用'凑'就可以说明燕子的特点，因为燕子剪刀似的尾巴是独一无二的。"通过分析交流，许多同学都同意用"凑成"这个词，因为它体现了小燕子身体各部分组合很和谐、很巧妙，更体现了燕子的美。特别是学生对"赶"的理解，更是异彩纷呈：一个学生说，"我觉得燕子从南方赶来，'赶'字用得特别好，读到这里的时候，仿佛小燕子很轻快地飞来，想来参加春天的聚会。似乎一边飞一边叫'春来啦，春来啦！'它飞过的地方小草都发芽，花儿都开放，所以小燕子为春天增添了生机。"一个学生说"赶"表示及时到达的意思。还有的学生认为"赶"字表示生怕迟到，有迫切的感觉。同学们对春天的赞美和热爱通过个性化的理解淋漓尽致地表现了出来。

精彩来自预约。这位教师让学生开展课前预习，就是为了发现学生自主学习中的收获和困惑，并将这些学情作为下一步学习活动的"教参"和最有活力的课程资源，这正是学情分析与教学设计有效结合的内在逻辑。基于学情的教学设计，要求教师的备课方式要由主要依据教学参考书、备课用书转变为主要依据来自学生的学习信息、学生的学习需求，找准学生的学习起点，实现从"以教定学"向"以学定教"的转变。

(3) 在诊断中明朗

学情分析重在分析，不能仅停留在简单地罗列或陈述学生的基本情况上。教师要结合了解到的学生情况，透过现象看本质，透过表面看内在，深入剖析出现这些情况的原因，要像高明的医生那样，善于从学生身上诊断、分析其发展状况，像开处方一样提出解决问题的方案和假设，有效地处理各种问题，让学习成为学生快乐的旅程。

一位教师在教学《秋天的雨》（人教版三年级上册）之前，在学生中做了一个调查，了解到以下学情：

学生认识的字有柿、菠、裳等。

学生觉得难读的字词有衣裳、钥匙、扇等。

学生觉得难写的字是爽、紧。

读了课文,学生已经理解的词语有:钥匙、柿子、清凉、炎热、丰收、邮票等。

学生整体感知、把握文意都停留在表面,抓不住最主要的信息进行归纳。他们写的仅是"秋天的雨是一把钥匙""秋天的雨是一盒五彩缤纷的颜料"等句子。

"我最喜欢的内容"里,学生摘录的都是一些用了拟人、比喻等修辞手法的句子。

学生不懂的地方教师整理了一下,发现大致如下:五彩缤纷、频频是什么意思?为什么说秋天的雨是一把钥匙?秋天的雨是怎么把秋天的大门打开的?为什么说秋天的雨带给大地的是一首丰收的歌,带给小朋友的是一首欢乐的歌?……

根据了解到的学情,这位教师对出现这些情况的原因进行了深入的分析和诊断,得出以下结论:

①大部分学生都已经认识柿、菠、裳等字,因为这些字学生在生活中接触得比较多,在超市、服装店等地方常常可以看到这些字。

②学生认为衣裳、钥匙、扇等字难读,是因为衣裳、钥匙是轻声词,扇是多音字,一时不容易记住。

③学生认为爽字难写,是因为对这个字的构字方法还不清楚。学生觉得紧字难写是因为这个字容易多写一撇而写成错字。

④学生已经掌握词意的词语大多是一些名词,来自于生活,平时的使用频率较高。

⑤学生整体把握文意时停留在表面,原因之一是和课后的第二题"课文是从哪几个方面写秋天的雨的?"有关;原因之二还是因为读不懂句子的意思。

⑥学生喜欢的优美的句子,恰好是他们读不懂的句子。本文想象奇特,句式多样,非常富有情趣。这样诗情画意的语言,跟孩子们的日常用语大不相同,他们对此表现出陌生感,不能读懂文字背后的意义,理解起来有一定的困难。但是学生对这样艺术化的描写有一定的感受能力,对语言形象很有兴趣。这个点既是学生的困惑点,又是兴趣点。所以根据三年级孩子的认知能力,教师可以试着初步教学生去赏析句子,体会语言之美,积累语言。

在研究诊断学情的基础上,这位教师结合教材的特点,很快便确定了符合学情的教学目标和教学重、难点,教学有的放矢,取得了良好的课堂效果。从这个案例我们可以看到,通过诊断学情,教师可以了解到学生的真实起点,一切教学内容就可以围绕学生的兴趣点、困惑点等展开,这就大大提高了学生的阅读期待和兴趣。而且学情分析得越透彻,诊断得越准确,课堂生成就越在预设当中,这样就可以大大提高课堂教学的效益。

(4)在课堂中捕捉

学情分析还是一个开放、多元且需要动态调整的过程。教学设计中的学情分析,侧重于对学生知识结构、个体经验、技能方法等的关注,是一种较为静态的分析方式,一旦进入教学过程，就变成了对教学过程中学生表现出来的各种状态的分析，是一种动态的把握。因此，教师需要把原来对学生起点的分析和学生在课堂教学中生成的动态信息有机地结合起来，既要关注起始学情，更要关注动态发展的学情。我们来看看在下面的两个案例中，教师是如何把握学情生成的动态资源，灵活使用文本，顺学而导的。

案例1

学生在讨论《将相和》（人教版五年级下册）一文中蔺相如的勇敢机智时，一位学生说："蔺相如知道秦王没有以城换璧的诚意，就假意说这块璧上有点小的毛病要指给秦王看，就把璧骗回来了。"一个"骗"字，尽管容易被人忽视，但却是不可小看的错误。于是教师便抓住这一点，让大家讨论："和氏璧是蔺相如'骗'回来的吗？请从原文中找找根据。"学生细读课文后纷纷发表了看法：

学生一：不能说是"骗"回来的，因为这块璧原来就是赵国的。

学生二：蔺相如是用妙计把璧要回来的，我觉得这里正体现了蔺相如的机智过人。

学生三：蔺相如拿到璧后，还对秦王说"你要是强逼我，我的脑袋和璧就一块儿撞碎在这柱子上！"从这里可以看出蔺相如不仅机智过人，而且十分勇敢。

在这个案例中，教师不仅仅是纠正了一个"骗"字的错用，而是以此为契机，深入挖掘了蔺相如智勇双全的丰富精神内涵。所以，教学中，教师不能对学生在学习过程中生成的新的学情熟视无睹，要将其视为宝贵的教学资源，根据学生的学习动态及其发展变化，灵活地调整教学的宏观思路或具体策略，使教学活动更具有针对性和实效性。

案例2

特级教师于永正有一次要给学生上作文课，一进教室发现满黑板的数学题还没擦。他略作思索，便调整了原来的教学思路，于是他边擦黑板边说："也许是上节课教师拖课了，值日生还没来得及擦；也许是个别同学没做完题，不能擦……"正说着，几个学生急忙上前夺过于老师的黑板擦儿。于老师忙说："咱们合作，长短互补，我擦高的，你们擦低的。"他对其中的值日长说："正好有两个黑板擦儿，其他同学请回。"这时，同学们的表情很复杂，有内疚，有自责，也有歉意。于老师又表扬说："同学们多懂事儿！纷纷争着擦黑板……咱们这节作文课就写刚才发生的事儿，题目就叫《擦黑板》。"多好的写作材料！就发生在眼前，大家的印象又那么深刻。

这个案例使我们感受到课堂是焕发师生生命活力的一个开放场，它不完全受教师事先的主观设计所框定。一些预想不到的偶发事件，常常会出其不意地闯入课堂中来，这正是课堂教学的一种本质属性。特别是有些偶发事件，很可能还蕴涵着可贵的教学价值正待开发与利用。于永正老师善于捕捉学生在课堂上表现出来的鲜活"学情"，使之成为宝贵的动态教学资源加以挖掘，将一件意外的偶发事件开发为难得的作文教学材料，而且也使学生从中懂得了只要留心，生活中处处有习作的素材。

苏霍姆林斯基曾经说过："教育的技巧并不在于能预见到课的所有细节。在于教师根据当时的具体情况，巧妙地在学生不知不觉之中做出相应的变动。"由于教学过程具有不确定性和多元性，它不完全以教师的意志为转移，因此教学设计就不能成为教学中一成不变的模式，而应根据学生真实的学情及时调整、补充、修正和创新，使教学设计随着教学进程而不断生成、不断完善。

合情合理的学情分析，是科学预设与精彩生成的保证，是对以学生为中心的教育理念的具体落实。语文教师要认真研究学生，深入分析学情，使学情分析逐渐从粗放走向精细、从单一走向综合、从普遍走向适宜、从形式走向内涵。

二、怎样确定教学目标

教学目标的确定是语文教学设计中极其重要的一个环节。所谓教学目标，是对学生通过教学所要达到的状态的事先确认，是教师进行教学活动的定向指标，具有指导与选择教学策略的功能，也是评价教学是否具有实际效果的一项重要指标。教学目标是整个教学活动的出发点和归宿，其重要性不言而喻。

1. 当前语文教学目标设置的主要问题

在日常的教学设计中，教学目标的确定是一项必不可少的内容。那么，语文教师设计教学目标的情况如何呢？下面我们从近两年发表在各类教学刊物上的教学设计中按低、中、高三个学段各选取一个教学目标，并以此为样本，来审视一下当前小学语文教学目标制订中存在的一些问题。

案例1

知识目标：会认荷、珠等12个生字，会写是、美等6个生字。

能力目标：正确、流利、有感情地朗读课文，并背诵课文。

情感目标：引导学生感受荷叶的可爱、夏日的乐趣，激发学生热爱大自然、保护大自然的思想感情。

——《荷叶圆圆》（人教版一年级下册）

案例2

认识11个生字，会写13个生字，正确读写有关词语。

正确、流利、有感情地朗读课文。

感受翠鸟美丽的外形和敏捷的动作特点，体会关键词句在表情达意上的作用。

体会作者对翠鸟的喜爱之情，培养学生保护动物、与动物和谐相处的意识。

——《翠鸟》（人教版三年级下册）

案例3

会写12个生字，理解端庄、刚毅、坚毅、溶解、沉淀、侵蚀、荣誉、头衔、卓有成效、烟熏火燎等词语的意思。

正确、流利、有感情地朗读课文。

感悟居里夫人"美丽"的内涵，理解议论性词句的深刻含义。思考人生意义，实现自我价值。

感性认识本文"形、事、情、理"相互交融的写作方法。

——《跨越百年的美丽》（人教版六年级下册）

仔细审读以上代表三个学段的教学目标，从横向看，大家会发现它们如出一辙：第一条都是"生字新词"方面的，第二条都是"课文朗读背诵"方面的，第三条都是"体会感悟"方面的，第四条都是"语言表达方式"方面的。从纵向看，三个学段在同一内容目标的表述上几乎没有差别。事实上，很多一线语文教师确定的教学目标也是如此的"八股"。这些近似"八股"的目标也暴露出了当下语文教师在确定教学目标时的一些通病。

第一，普适空泛，学段不明。

以上三个学段的教学目标中第二条均是"正确、流利、有感情地朗读课文"，这种无年段区别、表述空泛不具体的目标无异于"无目标"。其实《标准》中对于学生朗读的要求，年段特点还是很明显的。如第一学段：学习用普通话正确、流利、有感情地朗读课文；第二学段：用普通话正确、流利、有感情地朗读课文；第三学段：能用普通话正确、流利、有感情地朗读课文。

第一学段在"用"的前面加了限制词语"学习"。"学习"的过程其实就是一个不断出错改正的过程，对于一、二年级的孩子，要求他们"能用普通话正确、流利、有感情地朗读课文"显然是不现实的。而到了第二学段，孩子们对汉语拼音已熟练掌握，识字量也达到了基本的阅读要求，所以目标制订就可提升一级，要求"用"普通话正确、流利、有感情地朗读课文。"用"的过程就是一个不断熟练的过程。到了第三学段，要求就更高了，要具备"用普通话正确、流利、有感情地朗读课文"的能力了，所以加了一个"能"字。而教师在确定教学目标时，往往忽略了学生的年龄特征和实际的认知水平，所制订的教学目标要么是所谓"泛泛而谈"的口号，要么是"放之四海而皆准"的标准。这种普适空泛的教学目标在实际教学中既不具有落实的可能性，也不具有可检测性。

第二，忽视学情，定位不准。

如果将上面《荷叶圆圆》的教学目标，抽去第三条内容，剩下的几乎可以适用于任何一篇课文。在设计教学目标时，有的教师总是沿用一些程式化的语句，缺少个性，因而教学目标显得千篇一律，缺乏生气和活力。千篇一律的教学目标反映着千篇一律的课堂教学模式。究其原因，主要还是缺乏对学生学习需要、学习内容的认真分析。同一学段，学生的基础不同，教学目标理当不同。同一篇文章，学生的学力不同，教学目标也应当有所变化。如果不考虑学生的实际，不针对学生的特点，教学目标的定位就会出现偏差，过高或是过低的教学目标都会直接影响教学效果。

第三，三维割裂，厘定不清。

知识与技能、过程与方法、情感态度与价值观是新课程目标的三个维度，而非三种目标。但在设计教学目标时，许多教师人为地将三维目标肢解开来，采用三组目标分列的方式来叙述教学目标。也有一些教师像《荷叶圆圆》的目标制订者一样，重视知识能力目标，轻视情感态度与价值观目标，忽视过程方法目标。不整合考虑三维目标，就会导致制订的每一条目标都"残缺不全"，使目标制订流于形式。

第四，表述混淆、主客不分。

教学目标是学生学习结果的预期，其对象应该是学生，而非教师。很多教师由于对教学目标的功能认识不清，加之传统思维习惯的影响，仍常常不自觉地将教学目标的主体定为教师。如《翠鸟》的第四条教学目标，"体会作者对翠鸟的喜爱之情"是从学生的角度陈述的，而后面的"培养学生保护动物、与动物和谐相处的意识"则是从教师的角度陈述的，教学目标陈述出现了主宾混淆，主体前后不一致的问题。在教学实践中类似"培养学生……""引导学生……""激发学生……"这样主客体不分的表述俯拾即是。

第五，难以落实，检测不便。

仔细分析上面三个学段的教学目标，不难发现，诸如"思考人生意义，实现自我价值""激发学生热爱大自然、保护大自然的思想感情"这样的教学目标根本无法在具体的教学过程中加以落实和达成。另外，"认识""了解""培养"等抽象动词的使用，也使得教学目标空泛不实，难以检测。模糊、无价值的教学目标只会使教学陷入随意与盲目的状态。

2. 确定语文教学目标的主要依据

教学目标是教学活动的"方向盘"和"指南针"，为"教"与"学"指明了方向。语文教学目标的设计不是随意、盲目的，教师设置目标时要有根有据、合情合理，做到既不盲目拔高要求，也不随意降低标准。

（1）基于语文课程标准的规定

《课程标准》反映了国家对学生语文学习结果的统一的基本要求，其基本理念、设计思路、课程目标和评价要求对课堂教学目标的设计起限定和指导作用。语文教师要认真领会课程标准对学生的总体期望，准确把握课程总目标、阶段目标之间的内在联系，并能以课标为依托，结合教材和学生实际，将课程目标具体化为每一课的教学目标。需要指出的是，课程标准只是一个最低限度的要求，是让绝大多数学生经过努力都能达到的要求，"下要保底，上不封顶"是在确定教学目标时应把握的一个基本原则。

例如，一位教师在确定《再见了，亲人》（人教版五年级下册）一课的教学目标时，依据语文课程标准第三学段对阅读的要求"初步领悟文章的基本表达方法"，结合本课的表达方法将其中的一条目标确定为"初步领悟课文在叙述具体事件的基础上，直接抒发思想感情的表达方法",这样的目标设计有标可依、有标可循、有标可达。

（2）基于语文教材的特点

语文教材是实现《课程标准》的重要凭借。课文的语言、文章的内容、篇章结构、感情基调以及它所在的学段甚至某一单元的位置，都关系到教学目标的定位。把握教材特点是定位教学目标和落实课程标准的关键。教师要深入研读教材，准确把握教材的编排意图和特点，善于探究蕴涵在教学内容深处的语文知识，挖掘蕴涵在教材内部的人文内涵，在创造性地"用"好教材的基础上，科学地确定教学目标。

例如，一位教师在教学"识字（二）：比一比"（人教版一年级上册）时，根据教材编排特点，将教学目标设计为：

认识12个生字，会写牛、羊、小、少4个字；认识1个笔画"竖钩"和1个偏旁"提土旁"。

掌握"多——少""大——小"两组反义词，理解量词群、颗、堆的意思，能正确使用一些量词。

这样的教学目标，让学生认识几个字，会写几个字，认识几个笔画与偏旁，掌握几组反义词，理解几个量词等，都是由教材内容决定的。特别是精心编写的教材对知识呈现的顺序，学生应掌握知识的量都予以了考虑和安排，这是教师确定教学目标的重要参考。当然，教师在确定教学目标时绝不能囿于教材本身，要结合学生实际，创造性地使用教材。

（3）基于学生的学习需要

学生是学习的主体，脱离学生实际的教学目标没有任何实用价值。确定教学目标必须考虑学生的学习现状和学习需求，对学情进行认真分析，如学生已学过的语文知识、已掌握的语文技能、从生活中获得的经验和能力等。另外，还要分析学生进入学习过程前和在学习过程中所具有的一般特征，如学生的生理和心理特征、认知结构的特点、学习风格等。这样设计出来的教学目标才符合学生的需要，教师在教学过程中才能做好因材施教和因人施教。

例如，一位教师在设计口语交际"请到我家来"时，将教学目标确定为：

①学生能准确、清楚地说出自己家的具体位置，能运用恰当的表示方位的词语或明显的参照物，说清从不同地点向同一目的行走的线路，从而达到"邀请"的目的。

②学生通过语言的表述，懂得应和同学友好交往、热情待人。

③在交际活动中，留心观察并感悟周围事物的乐趣，增强观察的自觉性。

邀请小朋友到家里做客这样的话题贴近学生的生活，学生有话可说，也符合入学不到一年的小学生喜欢交朋友的心理。但从这个阶段儿童语言发展的特点来看，能清楚准确地讲清自己家的具体位置，根据不同出发点讲清到达同一目的地的线路则有一定的困难，教师确定的第一条目标意在帮助学生解决这个困难，该目标设定有一定的针对性，符合学生的年龄特征。

3. 语文教学目标的准确定位

目标对教学有导向、调节的作用。准确定位教学目标是提高语文教学有效性的关键。但是，在日常教学实践中，很多教师设计的教学目标不能很好地引导语文教学活动，教学目标与教学过程相互脱节，无法达到课堂教学的效能。那么，如何准确定位教学目标，提高语文教学的有效性呢？

（1）研究上下位关系，把握目标的适切性

教育目的是各级各类教育活动所要培养人才的总的质量标准和规格要求。教育目的的具体化是课程标准，而课程标准的具体化就是教学目标。即使是教学目标，也有不同的层级：由学年（学期）目标到单元（主题）目标，再到课时目标。由于上位目标决定下位目标，在确定教学目标时，教师必须清楚它的上位目标是什么，才能把握下位目标的基本定位。如图所示：

教育目的范围的层级关系

层级	陈述名称	制定者	特点	举例
一级（教育目的）	教育方针或培养目标	政府/国家	抽象、笼统	在德、智、体几方面都得到发展。
二级（培养目标）	各类学校的培养目标	政府/国家	对教育目的的具体化	九年义务教育培养目标：小学和初中对儿童、少年实施全面的基础教育，使他们在德智体美诸方面生动、活泼、主动地得到发展，为提高全民族素质，培养社会主义现代化建设的各级各类人才奠定基础。
三级（课程标准）	九年义务教育课程目标	学科专家	从"抽象"逐步过渡到"具体"	具有适应终身学习的基础知识、基本技能。
	九年义务教育语文课程总目标			具有独立阅读的能力，注重情感体验，激发想象力和创造潜能。学会运用多种阅读方法。
	语文学段目标（阅读）			结合上下文和生活实际了解课文中词句的意思，在阅读中积累词语。
四级（教学目标）	学年（学期）目标单元（主题）目标、课时目标	教师	比较具体；比较关注实际状态	《观潮》的教学目标：边读书边想象画面，联系上下文或结合生活实际体会文中一些词句的含义；在阅读中积累描写景象的优美词语或片段。

目标就如一个"路标"，不仅引领着教与学的方向，还引领着学生的未来发展。作为教师，不论在思想观念上还是在教学实践上都应该关注上位目标，每一堂课都应立足于学生的终身发展，瞄准高层次目标的最终实现，充分利用教材这一教学载体，开展丰富多彩的教学活动，使每一个学生都能得到生动、活泼、主动的发展。只有这样，

才能最终实现国家的教育目标，培养出符合现代社会和民族发展需要的具有真才实学、品学兼优的高素质人才。

（2）彰显语文本色，突出目标的学科性

语文学科是学习母语的课程，课文是学生学习祖国语文、学习母语语言最主要的凭借，这是毫无疑义的。但在实际的语文教学中，很多教师热衷于对课文内容的分析讲解，将理解课文内容当做语文课的主要目标，严重忽视了母语学习的任务，造成了语文课母语学习的失落。因此，语文教师在设计语文教学的各项具体目标时，要紧紧把握住语文学科的特点，将教学目标紧紧锁定在语文学习上，为全面提高学生的语文素养服务，并注重培养学生的语文实践能力。

好几个版本的教材都选编了《盘古开天地》一课。在网上我们能搜索出不同版本的教学设计，但其所确定的教学目标几乎如出一辙：如学习本课的生字新词；正确、流利、有感情地朗读课文，感受盘古的伟大之处；了解神话故事想象丰富的特点，并能把这个神话讲给别人听等。

全国知名青年教师张祖庆老师设定的教学目标却与众不同：

学会课文中血液、滋润、浊等生字生词，能结合语境，在复述中初步运用部分词语。

通过想象朗读，品味语言，初步感受神话故事的神奇魅力和故事叙述方式的独特魅力，感受盘古的创造精神，激发对神话这一特殊文学样式的浓厚兴趣。

在教师的指导下初步学会抓要点、用自己的话复述神话故事。

读懂"总起—分述"的段落，并能仿照课文第四段的句式练习说话。

对比以上的教学目标，我们不难发现，张老师的教学目标以培养学生的语言运用能力为核心，不仅强调了字词掌握，还标出部分词语让学生结合语境在复述中运用；不仅强调学生对"总—分"结构的感知，而且还追求仿说；不仅要求复述，而且教给学生"抓要点"的方法；不仅要求朗读，而且要求学生想象、品味语言；不仅要求学生感受盘古的创造精神，而且要求学生感受神话故事的体裁魅力并产生兴趣。这四条教学目标语文味十足，充分体现了学科特性，符合"在运用语言中学习语言的运用"的语文教育规律。

（3）表述明确具体，增强目标的可行性

有效教学理论指出："教学目标要尽可能明确与具体，以便检测教师的工作效益。"在实现目标的整个教学过程中，目标内容应是可操作的，在目标的达成与否、达成到何种程度又是可检测的，这样的教学目标才是有意义的。如何使确定的教学目标可操作、可测量呢？

语文特级教师王燕骅老师在《惊弓之鸟》一课的教学设计中给我们做了很好的示范。她是这样表述教学目标的：

①凭借拼音，读准"赢、嘣"两个认读字，会认、会写"魏、弦、悲、惨、愈"

五个生字，会写"弓、箭、射、猎、雁、痛、裂"七个已认识的生字组成的新词："惊弓之鸟、魏国、射箭、打猎、拉弦、悲惨、愈合、裂开"等词语。了解"惊弓之鸟"这个成语的来历，能在教师提供的具体语境中判断是否适用"惊弓之鸟"这一成语，感受成语的魅力。

②能分角色朗读课文。在分角色朗读中体会"信不过自己的耳朵""大吃一惊""更加吃惊"等用词的变化以及更赢说话的准确、严密，体会语言的力量。在充分朗读的基础上，积累和运用先果后因的表达方式。

③从对课文的学习中受到启发，懂得只有仔细观察、善于分析，才能对事物做出正确的判断；初步学习根据事物现象进行分析推理的方法。

王老师确定的教学目标全面、恰当、具体，有以下三个特点：①描述了学生在本课学习活动中所发生的能够观察、可测量的具体活动行为。通过"读准、了解、判断、体会、积累、运用、懂得、初步学习"等行为动词，我们可以明确地知道学生在课堂上应该有哪些外显行为。②规定了达成学习结果的特定条件。如"是否适合用惊弓之鸟这一成语"是在"教师提供的具体语境中"进行判断，"用词的变化以及更赢说话的准确、严密"等是在分角色朗读中体会。③明确了不同知识点所达成的不同程度。如"赢、嘣"要求学生读准，"魏、弦、悲、惨、愈"要求学生会认、会写。而"弓、箭、射、猎、雁、痛、裂"则要求学生不仅会写，还要求学生会写由它们组成的新词。这些教学目标表述清晰具体，可操作性强，便于在课堂教学中观测和达成。从中我们可以看出，教学目标的表述越清晰明白，在课堂教学中也就越容易把握，教学目标的达成率也就越高。因此，语文教师在设计教学目标时，表述应力求明确、具体，避免含混不清和不切实际。

（4）尊重个体差异，体现目标的层次性

学生的认知结构、学习水平、动机意志等是有差异的，我们过去的教学往往是根据班上的平均水平制订统一的教学目标，结果造成优等生吃不饱，后进生吃不了的状况。因此，教师应尊重学生的个体差异，考虑不同层次学生的需求，灵活制订不同层次的教学目标，做到共同性目标和个性化目标有机结合，使每个学生都能在自己原有基础上得到发展和提高。

如一位教师在设计《秋天的雨》（人教版三年级上册）一课的教学时，分低、中、高三个不同层次来确定本课的教学目标。

低层次：

基本学会8个生字和10个新词，会读，会写，初步了解词义。

能用较标准的普通话正确、流利地朗读课文。

能口头背诵课文第二自然段，初步了解秋雨的美。

能根据课文的内容说出自己对秋雨的喜爱。

中等层次：

学会8个生字和10个新词，读音准确，能写会默大多数，并理解词义。

能用普通话正确、流利、有感情地朗读课文。

能准确背诵课文第二自然段。

能用自己喜欢的方式来表现对秋雨的喜爱。

高层次：

会写8个生字和10个新词，读音准确，会写能默，并能理解词义。

能用普通话正确、流利、有感情地朗读课文，读出对秋雨的喜爱和赞美之情。

有感情地背诵课文。

能用自己独特的方式来表现对秋雨的喜爱。

围绕着学习生字词、朗读课文、背诵课文和表达对秋雨的喜爱这四条共性的学习目标，这位教师关注了学生的"最近发展区"，根据学生不同的学习程度和个体差异分层设置了本课的教学目标。这样分层设定的目标对各个层次的学生都具有一定的挑战性，使他们"跳起来能摘到果子"，实现了在班级授课条件下对学生个别差异的必要关注。

（5）巧用动态资源，关注目标的生成性

学生的学习过程是一个动态的不断发展推进的过程，这个过程既有规律可循，又有灵活的生成性和不可预测性。生成性是课堂教学目标的过程特性，它能弥补目标预设带来的控制、改造等不足，有利于彰显学生的主体性，激发学生的创造性。课堂上，教师要善于捕捉生成性资源，通过对课堂生成资源的适度开发和有效利用，促进预设性教学目标与生成性教学目标的有效融合。下面案例中教师的一些做法也许会对大家有所启发。

一位教师在执教《晏子使楚》一文时，讲到"晏子拱了拱手说：'敝国有个规矩：访问上等的国家，就派上等人去；访问下等国家，就派下等人去。我最不中用，就被派到这儿来了。'"一句，有学生问："上大夫也算是一个上等官，晏子为什么要这样贬低自己呢？"教师思考片刻说："对呀，既然出使到楚国，那肯定是有头有脸的人，晏子为什么要贬低自己呢？"学生纷纷举起小手，说出自己的理解。

生：晏子是为了顾全大局，为大家舍小家嘛！

生：如果按这个规矩的话，晏子最不中用，被派到楚国来，所以楚国是最下等的国家。晏子贬低自己的目的是贬低整个楚国，这也合算呀！

生：我知道了，晏子是退一步说话。

这位教师马上接着第三个学生的话说："对呀。如果你要伸出拳头还击的话，你必须先缩回拳头，再狠狠地打出去，这样才有力。晏子退一步说自己是最没用的，也就表明楚国是最下等的国家，这一击叫'以退为进'，而且这种还击是很有力的，你看楚王只好赔笑。看来，以退为进也是一种说话的技巧。"

这时另一学生发言了：楚王是搬起石头砸自己的脚。

教师连忙肯定说：“对，侮辱别人就是——"，马上有同学接着说："侮辱自己"。教师接着说："尊重别人就是——"，"尊重自己"。同学们异口同声地说。

"这上大夫也算是一个上等官，晏子为什么要贬低自己呢？"这个来自于学生的问题是课堂上的一个生成性资源。教师及时捕捉到这个资源，乘机对学生进行"以退为进"这种交往应对方法的渗透，于是课堂上就生成了"渗透巧妙的说话技巧"这个教学目标。当最后一个学生说到"楚王是搬起石头砸自己的脚"时，教师又及时生成了"尊重别人就是尊重自己"这个教学目标。在教学过程中，这位教师运用教育机智随机增补了教学目标，激发了学生学习新知的强烈愿望。由此可见，预设的教学目标并不是不可调整的唯一行为方向，也不是检验教学质量的唯一标准。在教学过程中，教师应根据学情，巧用动态资源，力求使生成性目标和预设性目标相互促进、相互融合。

4. 语文教学目标的叙写方式

教学目标具有导教、导学与导检测的功能。含糊笼统的教学目标不利于这些功能的有效发挥。因此，清晰准确地叙写所确定的教学目标显得尤为重要。教学目标叙写的方式至今没有一个公认统一的标准，但它必须符合一些要求。华东师范大学崔允漷教授认为，目标叙写应符合以下四方面的要求：第一，目标指向是学生通过学习之后的预期结果，因此行为主体必须是学生，而不是教师；第二，目标的陈述主要是为了便于后续的评价行为，因此行为动词尽可能要清晰、可把握；第三，有时单靠行为动词无法将目标清晰地表达出来，因此需要一些附加的限制条件，如学习情景、工具、时间、空间等的规定；第四，目标指向全体学生而不是个体学生，因此目标的表现程度应是最低要求，而不是最高要求。

一般情况下，教学目标叙写要把握四项基本要素，注意三个关键问题。

四项基本要素：

行为主体＋行为动词＋行为条件＋表现程度（即学生做什么在什么情况下应达到什么标准）。

三个关键问题：

①必须是学生主体发生的变化；

②确切描述学生"做什么"的不同水平；

③结果产生的条件（人的因素、设备因素、信息因素、时间因素）与程度（学习结果或成就的最低水准）尽可能清晰。

例如，以下的目标叙写就比较符合要求：

在指认和书写中（条件），学生（对象）能迅速无误地（程度）读出和写出10个生字（行为）。

复述课文内容时（条件），学生的口述（对象、行为）要具体涉及事情的时间、地点、人物和事情的起因、经过、结果（程度）。

目标叙写中常用的行为动词举例

学习水平	常用行为动词	语文举例
知识	1. 了解——说出、背诵、辨认、回忆、选出、举例、列举、复述、描述、识别、再认等。 2. 理解——解释、说明、阐明、比较、分类、归纳、概述、概括、判断、区别、提供、猜测、预测、估计、推断、检索、收集、整理等。 3. 应用——应用、使用、质疑、辩护、设计、解决、撰写、拟定、检验、计划、总结、推广、证明、评价等。	会写、读准、认识、学习、学会、把握、了解、写下、熟记。 理解、展示、扩展、使用、分析、区分、判断、获得、表现、扩大、拓展。 评价、掌握、运用、懂得、联系上下文。
技能	1. 技能——模拟、重复、再现、例证、临摹、扩展、缩写等。 2. 独立操作——完成、表现、制订、解决、拟定、安装、绘制、测量、尝试、试验等。 3. 迁移——联系、转换、灵活运用、举一反三、触类旁通等。	讲述、表述、阅读、复述、诵读、写出、倾听、观察、朗读、推想、揣摩、想象、转述、讲述、选择、扩写、续写、改写、发现、借助、捕捉、提取、收集、修改。
过程与方法	感受——经历、感受、参加、参与、尝试、寻找、讨论、交流、合作、分享、参观、访问、考察、接触、体验等。	感受、尝试、体会、参加、发现意见、提出问题、讨论积累、体验、策划、交流、制订计划、收藏、分享、合作、探讨、沟通、组织。
情感态度与价值观	1. 反应——遵守、拒绝、认可、认同、承认、接受、同意、反对、愿意、欣赏、称赞、喜欢、讨厌、感兴趣、关心、关注、重视、采用、采纳、支持、尊重、爱护、珍惜、蔑视、怀疑、摒弃、抵制、克服、拥护、帮助等。 2. 领悟——形成、养成、具有、热爱、树立、建立、坚持、保护、确立、追求等。	喜欢、有……的愿望、体会、乐于、敢于、抵制、有兴趣、欣赏、感受、愿意、体味、尊重、理解（别人）、抵制、辨别（是非）、品味、关心。 养成、领悟。

教学目标的设计能力是教师教学设计的首要能力，是教师教学行为专业化的第一步。因此，作为语文教师，要树立科学的教学目标设计观，掌握教学目标设计的方法、步骤以及教学目标的陈述技术，不断提高教学目标的设计能力。

三、怎样设计教学过程

1. 教学过程设计的重要意义

教学过程是教学活动的展开过程，简而言之就是教师借助一定的教学条件，指导学生认识教学内容从而使自身得到发展的过程。早在几千年前，我国儒家思想就将学习过程概括为"博学之，审问之，慎思之，明辨之，笃行之"。它把教学过程看做是在教师循序引导下，学生学习知识和修养道德的统一过程。孔子更是把"学""思""习""行"四者相结合。在国外，以美国教育家杜威为代表的教育家们认为，教学过程中教师必须以儿童个人的生活实践或直接经验作为学习的中心，要求学生围绕特定的生活事务来学习知识，即"由做而学"。由此可见，教学过程需要教师进行精心设计，它对教学目标的达成、学生对教学内容的理解都将起到至关重要的作用。

2. 教学过程设计的要素

《课程标准》中指出："语文教学应在师生平等对话的过程中进行。"在教学中努力体现语文的实践性和综合性，遵循学生身心发展和语文学习的规律，选择教学策略。学生生理、心理以及语言能力的发展具有阶段性特征，不同内容的教学也有各自的规律，应该根据不同学段学生的特点和不同的教学内容，采取合适的教学策略，促进学生语文素养的整体提高。因此，教学过程的设计应体现以学生为主体的教学理念，充分发挥学生的主观能动性，使教学过程达到最优化。

（1）教师的主导性与学生的主体性

语文教学过程的根本目的就是要最大限度地调动学生的学习积极性和主动性，为学生营造主动、互动、全动、生动的学习过程。因此，教师要牢固树立"以教师为主导、以学生为主体、以学法为中心、以语言实践互动为主线、以提高语文素养为归宿"的教学指导思想，把握好教学的激趣点、训练的立足点、育人的渗透点，让学生在扎实的语言文字训练中开发智力、养成能力、提升素养。

案例1

在教学苏教版一年级下册"识字六"一课的一类生字（星、奶、丁、扇、牵、织、女、斗）的时候，不同的理念使教师对教学过程的设计截然不同。

设计1：按照课文生字表中排列好的顺序逐个学习生字，先读字音，再分析字形，然后通过组词的形式让学生理解字义。

这种教学过程的设计在许多教师的日常教学中经常进行，很明显，教师在设计时只考虑如何完成教学目标，完成这节课的识字任务，根本没有考虑到学生的学情，如学生已有的学习经验、学生平时的生活实践经验等，以至于课堂上经常是教师在不厌其烦地讲，学生们却听得昏昏欲睡。像这样日复一日的用一种识字方法学习，教学过程中教师的讲解占用了大多数的时间，没有教给学生新的学习方法，学生已有的学习经验也没有得到重视和运用，势必会造成学生学习兴趣不浓厚，也必然会导致教学效果事倍功半。同时也说明教师的教学设计没有从教材编排方面、学生的已有学习经验方面考虑周全，这样的教学设计与"以学生为主体"的课堂是背道而驰的。

设计2：教学时教师首先把以前学过的生字"知"与本课的生字"织"作对比，让学生体会同音字表达的不一样的字义。接着把"女"与"奶"结合起来学，让学生了解"女"作为偏旁时字形上的变化，再列举一些带有女字旁的字，引导学生发现带女字旁的字都表示女性这一规律。在学习"扇"时，让学生猜一猜为什么"扇"的下面是"羽"字？学生认识到：扇子有的是用羽毛做的，像平时在电视剧里看到的诸葛亮手里的扇子就是用羽毛做的。对于其他生字的学习，老师也针对每个生字的不同特点有侧重地设计了恰当的学习方法，其间还穿插了一些小游戏、竞赛。

这种设计出现的教学效果如何呢？一节课下来，学生的学习兴趣盎然，由被动的"要我学"转变为主动的"我要学"。和第一种相比，为什么会有这么大的差别，究其根本就是教师在进行教学设计时关注了学生，教学设计充分体现了"以学生为主体"的理念，考虑到了学生已有的学习经验，并认识到这节课的识字量比较大，要提高教学效率，需要对一节课所学的生字进行科学分析，根据学生的知识储备，分出难易。此外，教师还引导学生掌握学习方法，运用多种形式进行识字教学，使教学难点迎刃而解。这种以人为本的教学设计，进一步说明了教师要在了解学生的学习意向、体察学生的学习情感、诊断学生的学习障碍的基础上，设计出真正关注学生、促进学生充分发展的教学过程。

（2）教学方法的选择与不同学段的要求

教学方法是达成教学效果的重要保证。同样，在进行教学过程的设计时，优化教学方法也是至关重要的。新课程标准提出在教学过程中倡导学生主动参与、交流合作、探究发现的学习方式，着力培养学生发现问题、分析问题和解决问题的能力，这就要求教师在进行教学设计时要注意改革教学方法，遵循教法和学法相统一的原则，行启发式、讨论式教学，鼓励学生大胆创新。此外，教法的选择还应依据教学目标、教学内容和课型特点，尤其要符合学生年龄段的特点。不少教师在进行教学过程设计时忽略了不同学段学生的不同特点，在选择教法时千篇一律，没有针对性，这样也收不到良好的教学效果。

苏教版的教材之中有不少文章用词十分精妙，但如何让学生体会到其中的妙处，针对不同年龄特点的学生，教师的教学方法也应有所不同。

案例 2

六年级上册教材中有篇课文叫《姥姥的剪纸》，课文结尾处有这样一段话："事实上，我不管走多远，走多久，梦中总不时映现家乡的窗花和村路两侧的四季田野。无论何时，无论何地，只要忆及我的心境与梦境就立刻变得有声有色。""有声有色"一词用得十分巧妙，"声"中包含着姥姥那清清爽爽的剪纸声，还包含着姥姥唤我回家时的呼唤，更包含着我离家之后姥姥的声声牵挂。一个"色"字更是将姥姥高超的剪纸技巧展示得惟妙惟肖。《课程标准》中对于高年级学段阅读的要求中提出："能联系上下文和自己的积累，推想课文中有关词句的意思，辨别词语的感情色彩，体会其表达效果。在交流和讨论中，敢于提出自己的看法，作出自己的判断。"针对这一要求，教师可以在教学过程中设计一处争论，让学生通过讨论的形式联系上下文体会"有声有色"在课文中究竟指什么。在学生讨论的过程中，教师可相机引导，从而使学生自己弄清答案，体验到学习的乐趣。

但对于中年级的学生来讲，由于他们的认知能力尚未达到一定的程度，教师在引导学生理解体会类似用词的精妙时就不能采用把问题抛给学生的教学方法，而是需要创设疑问，慢慢引导学生发现问题，再进一步引导学生在问中寻求问题的答案。

案例3

苏教版三年级下册《槐乡五月》中有这样一句话："槐乡的小姑娘变得更俊俏了，她们的衣襟上别着槐花，发辫上带着槐花，她们飘到哪里，哪里就会有一阵清香。"这个"飘"字用得十分巧妙，在文中既表现了小姑娘们高兴的心情，又表达了她们对槐花的喜爱，因为是槐花让她们变得更香更漂亮了。但这一巧妙如何才能让学生领悟得到呢？一位教师在教学过程中是这样设计的：

（出示插图）

师：看，槐乡的孩子来了，看到她们你感受到了什么？

生：我觉得她们都很高兴。

师：书上哪些语句使你感受到槐乡孩子的喜悦之情的？

（生找出写小姑娘的句子时，教师让他用自己的话说说从句子里哪些地方感受到小姑娘很高兴）

生：她们把槐花戴在身上很漂亮，所以很高兴，走到哪里哪里都是笑声。

师：书上用的是走吗？（学生发现书上用的是"飘"字）

师：飘字怎么理解？

生：她们走到哪里哪里就很香，是香味在飘。

生：飘是飘飘欲仙的意思。

生：是说她们太高兴了走得快，像一阵风一样飘了过去。

师：（总结）因为变得漂亮了更加高兴，连走路都飘了起来。小姑娘，你飘着这是要去哪里呀？

生：我要到好朋友家里让她看看我有多漂亮。

生：我想让我们的老师看一看。

生：我想去采更多的槐花，打扮得比小伙伴们都漂亮。

（教师引导学生有感情地朗读，并通过读进入情境去想象小姑娘的那种快乐和高兴，进一步体会"飘"带来的高兴的心情）

从以上教学片段中不难看出，教师是按照先让学生发现"飘"字，然后体会为什么用"飘"字，接着进入情境想象小姑娘们的活动，从而感受"飘"字所蕴涵的高兴心情，最后通过有感情地朗读把这种情感表达出来的程序进行教学的。这一环节的教学设计充分关注到了学生的年龄特点，根据中年级学生的认知规律，教师引导学生抓住词句，大胆想象，反复吟读，环环相扣，教学过程好似行云流水，在不知不觉中使学生领略到了语言文字的精妙之处。

（3）教学设计与教学重难点的突破

教学过程的设计应紧紧围绕教学目标，为更好地突破重难点服务。众所周知，教学设计中，教学重难点是一个重要方面。教学重点是教材中关键性的内容，是课堂教学的主要线索。教学难点是教学中学生难以理解或领会的内容。因此，教师要在分析教材和学情的基础上确定教学的重难点。重难点确定以后，教师如何在教学中突出重点、突破难点，采取什么方法、什么手段使学生能够理解和接受，一定要精心设计。如何解决重点、难点问题是教学设计的核心，教学创意也就体现在这里。在教学设计的过程中，教师应首先考虑如何才能使学生更好地理解重难点，圆满地完成教学任务。我们认为，从学生的角度出发进行设计，就能更好地突破重难点。

案例4

苏教版五年级下册《爱如茉莉》一课中有不少细节描写，而让学生通过细节描写感悟父母间那无处不在的如茉莉般的爱是教学本课的难点。

设计1：一位教师在处理这一难点时设计了这样一个环节：看第9自然段，谈谈让你感受到爸爸妈妈茉莉般爱的词句。（课件出示本段话）

1. 学生随意谈感受到的词：紧握、恬静的微笑、叮嘱等。

2. 出示书上的插图。

师：病床前，这只手紧握着妈妈的手，给妈妈以安慰。看到这感人的一幕，我不禁泪流满面，想起来：

厨房里，这只手帮妈妈择菜、做饭，

口渴时，这只手为妈妈……

下雨时，这只手为妈妈……

登山时，这只手＿＿＿＿＿＿＿

……

我似乎还看到：

白发苍苍时，这只手与妈妈……

师：（小结）这样有力的大手，拥有它就拥有了幸福！所以妈妈的嘴角露出恬静的微笑。

反思：这样的设计看似设计了对"紧握的手"的含义理解，但在教学过程中却发现学生对此理解得比较牵强，因为自始至终学生都是在跟着老师的思路走，父母间的爱完全靠课件提示，靠凭空想象，因而学生并没有完全感受到父母间的真爱，自然也不会被父母的爱所真正打动。

经过反思后，教师又进行了第二次设计。

设计2：课件出示"紧握"一段话，老师指名学生读一读这段话。

师：说说你的理解。爸爸紧握着妈妈的手，妈妈内心有什么感受？（学生的回答有"满足、幸福、陶醉、温馨"等）

师：从哪里可以体会到妈妈内心的幸福？

生：妈妈嘴角挂着恬静的微笑。

师：你抓住了妈妈的神情这个细节让我们感受到了爸爸对妈妈的爱。（板书：神情）

师：从"紧握"这个词怎么看出来爸爸妈妈之间的爱？读读这句话。

生：爸爸为了更好地照顾妈妈，才紧握着妈妈的手。

师：你会联系下文理解很好，请你读一读爸爸说的话。（看课件出示爸爸说的话：因为爸爸夜里睡得沉，妈妈又不肯叫醒他。这样睡，妈妈一动他就惊醒了）

师：从爸爸的话中体会到了爸爸对妈妈的爱，还体会到了什么？

生：是妈妈有事不麻烦爸爸，不忍心打扰爸爸，她想让——出差刚回来的爸爸多睡会儿。

生：爸爸心疼妈妈，为了更好地照顾妈妈，才紧握着妈妈的手。

生：这说明爱是相互的。

师：看来这个"紧握"含义深刻呀，握住的有爸爸的爱，也有妈妈的情呀！把你的感受融进去，齐读课件上的两句话，强调"紧握"。

反思：由"紧握"一词贯穿整个重点段，教师抓住细节描写，让学生在自由理解课文的基础上又突出主线。紧握——微笑——爸爸妈妈的话，这样引导学生紧扣课文，突出重点词，前后贯穿，一气呵成。从学生的朗读中，我们可以感受到有不少学生都被课文感动了。

3. 教学过程设计的策略

苏联著名教育学家巴班斯基曾经提出教学过程最优化的教育原理，并把教学过程分为六个基本环节：一是掌握教学的社会目的和任务，在研究学生、教学条件、教师本身可能性基础上使之具体化；二是考虑学生特点，使教学内容具体化；三是选择教学手段，最优地选择出教学活动的形式与方法，制订教学计划；四是计划的执行，要把教师教的活动与学生学的活动统一起来，形成师生在教学中的相互影响；五是对知识、技能、技巧掌握的情况进行日常检查和自我检查，随机应变地调整教学的进程；六是分析教学效果，查明尚未解决的任务。从以上教学的基本环节不难看出，要想实现教学过程的最优化，设计时应采取一定的策略。

（1）教学内容的拓展与开放

《课程标准》中指出："语文课程应该是开放而富有创新活力的。应尽可能满足不同地区、不同学校、不同学生的需求，确立适应时代需要的课程目标，开发与之相适应的课程资源，形成相对稳定而又灵活的实施机制，不断地自我调节、更新发展。"因此，教师在备课时要特别注意备教材，既要紧扣教材又要高于教材，既要源自文本又要有所拓展。但是，教学内容的开放全是为了教学目标服务，因此为了达到良好的教学效果而服务，因此要有一定的目的性，不能盲目地放开，应开放有度。

案例5

在教学苏教版一年级下册《放小鸟》一文时，教师在课文结尾处设计了这样一个开放性的问题："你还知道哪些鸟，给大家介绍一下。"也许教师设计这一环节的初衷是为了更进一步让学生体会文章的中心——"爱鸟护鸟，人与鸟类是朋友"，但由于目的不清造成了学生对问题理解的偏差，学生们纷纷畅谈自己养鸟的经历、鸟的生活习性。甚至有的孩子提到："小鸟太吵了，我最后都养烦了，所以把它送人了……"这样一来，学生的反应与教师设计的初衷背道而驰，究其原因恐怕是与教学设计的盲目性分不开的。

（2）教学模式的多样化

只有教学模式的多样才能体现出课改中语文教学的特点。多样化的教学模式有利于语文教学多维目标的实现。它体现了现代课程建设开放、创新的理念。多样化符合学生学习发展的要求，也能够满足教师教学创新的愿望。教学模式可以多种多样，如教师可将阅读教学与写作有机地结合起来，充分挖掘写作资源，实现对阅读文本的超越；将阅读教学与课本剧结合起来，让学生通过表演去感悟语言文字，发现生活的美好。但无论教学模式怎么变，都要为学生理解文本服务，切忌为了表演而表演，为了写作而写作。

案例6

仍以苏教版五年级下册《爱如茉莉》为例，不少教师在教学课文的6~18自然段时，采用了理解课文与创作小诗相结合的教学模式。教师往往为了达到预先的教学设计而拼命把学生往这方面拉。如学完一段就引导学生说"爱是什么？"由于诗句的创作很不好把握，学生说的五花八门，要么不对仗，要么不工整，老师只好不停地修改，到最后诗句的呈现就变成了老师个人的创作，完全与学生无关了。

因此，教学模式的选择还应以适合学生发展、教师提高为前提。

（3）教学评价的多元性

《课程标准》提出了语文教学的评价思想和操作原则，强调评价的全面性、自主性、激励性、过程性，并把它作为教学过程的支撑点，为新的教学设计提供依据和基础。采用发展性评价就是要多渠道、立体式、多元化的用发展的眼光评价学生。在教学过程中，教学评价不应再是以往的那些简单地停留在表面的表扬，也不应再是毫无原则和立场的滥表扬，而应是多元化的，紧紧围绕学生的发言但是又高于学生的认知层面的。评价不再仅仅是几句表扬，一个手势、一个眼神、一次奖励，都可以作为激励学生的方法。在这种多元化、发展性的评价中，学生的学习生活是轻松快乐的，学习对于他们来说不再是痛苦不堪的，不再是灰色的，而是到处充满了欢声笑语。

正如特级教师宁鸿彬所说："在进行课堂教学之前，精心设计教学方案极为重要。设计得巧妙与否，直接关系到课堂教学的简与繁、易与难、顺畅与阻塞、生动与枯燥。简言之，就是关系到教学的成功与失败。"要想提高课堂教学效率和教学质量，教师就要加强对教学过程的设计，提高教学设计能力。这样才能使学生用较少的学习时间取得较大的学习效益。

四、如何选择教学内容

1. 教学内容选择的重要性

众所周知，语文教学如果仅从教学方法、学习方法入手，而不从教学内容入手，其结果自然是费力又无效。王荣生教授曾说："这看起来是教学方法的问题，其实是教学内容的问题，核心就是语文学科知识的问题。……在目前的情况下，对语文教学来说，教学内容更为重要、更为关键。一堂语文课，如果教学内容有问题，那么教师的教学再精致、再精彩，课堂的气氛再热烈、再活跃，价值都极为有限。"

因此，对教学内容的正确选择，既能为丰富语文课程研究提供经验，帮助语文教师建立正确的语文课程观念，注意课程标准、教科书与教学内容的关系，又能引导教师在重视改进教学方法的同时重视教学中教学内容的选择与优化，从而提高教学的质量与效益。

2. 教学内容选择的要素

目前，大多数教师所面临的课文教学实质上是一种案例教学，而不是内容教学。也就是说，教师先教学什么，再教学什么不是根据教材里明确的内容，而是教师自己去寻求合宜的内容，这就给语文教师带来了负担。语文教学究竟要选择什么样的教学内容？虽然大家都能感觉合宜的教学内容是一堂好课的最低标准，但怎样的内容又是合宜的语文教学内容呢？应该如何选择教学内容呢？

（1）教学内容要正确

教师所教学的内容与教材中的一致，与我们得出的规律性的结论一致，这是教学内容的最基本要求。我们都知道，教师在课堂上运用多种教学手段的目的就是让学生学到更多的知识，并希望这些知识能解决学生生活中的实际问题。试想，如果这些知识都是错误的，那将会给学生带来怎样的是非不分、对错不知的价值观的错误呢？该让学生体会真诚的知识学生却体会到了虚假，该让学生学会帮助的知识学生却学会了猜忌。若这样，语文教学将会是一片混乱。

（2）教学内容要有效

教学内容与教学目标要保持高度一致，这一点还要与各个年段学生的特点结合起来理解。《课程标准》中对不同学段学生提出的听、说、读、写等方面的要求是不一样的：低年级的识字教学，教学的主要目标是让学生学会课文中的生字；高年级阅读教学的主要目标则是让学生理解课文，体会文中表达的感情，以学习作者的习作方法为主。教学内容一定要根据学生不同的年级特点而设定，一定要尊重学生的学习特点，让教学内容科学而严谨。

（3）教学内容要有拓展性

《课程标准》中要求教师在教学设计时应把语文课程资源的开发和利用作为教学内容中的一部分，要通过设计活动，使课堂教学更加富有童趣，使学生更主动、更有效地学习。这也要求教师有一定的创造能力，能创造性地使用教材，让自己的教学内容生动又不失条理，发散又不失严谨。

案例1

在教学《雨点》（苏教版一年级下册）一课后，教师要求学生模仿课文创作一首小诗。学生根据自己的生活经验，写出了一些童趣盎然的佳句，如：

雨点落在花园里，在花园里散步；

雨点落在草地上，在草地上打滚；

雨点落进贝壳里，在贝壳里安家；

雨点落在树叶上，在听同伴的演奏；

雨点落在房屋上，调皮地玩着滑梯；

雨点落在小朋友的伞上，在听着春天的童话……

这样的课外拓展紧扣教学目标，在突出教学内容的基础上，有效地调动了学生的学习兴趣，提高了教学效率。

(4) 教学内容要有针对性

学生的实际需要是课堂教学中一个很重要的问题，这个问题可以是共性的，也可以是有个别差异的。教师在选择教学内容的时候，首先要对学生的学情做到心中有数，然后有针对性地选择适合学生的学习内容，就能提高课堂中的教学效率，起到事半功倍的效果。

案例2

苏教版三年级上册《掌声》一课中小英所处的环境是学生所不熟悉的，小英这种由于残疾而带来的自卑心理也是学生所没体会过的。在选择教学内容时，教师把教学重点放在了让学生通过朗读课文唤醒情感体验，从而感悟小英的内心世界上，使学生与小英的内心世界产生了共鸣，更好地与文本展开了对话。

（学习第一自然段）

师：从哪些词句可以看出小英很忧郁呢？

生：我从"默默地"看出。

生：我从"总是、一角"这两个词看出。

师：是呀，当我们课下尽情玩耍的时候，小英却总是默默地坐在教室的一角；当我们课下欢乐说笑的时候，小英却总是默默地坐在教室的一角；当我们课上争先恐后发言的时候，小英却总是默默地坐在教室的一角。这该是多么让人痛苦的感受呀，让我们一起来读！

(5) 教学内容要有实效性

课堂的教学内容每一节课都不尽相同。但事实上对于相同的课型而言，不同的教学内容之中又存在着共性。学生学习的时间长了，这类课型的教学内容、学习方法就会潜移默化地对学生产生一定的影响。有教学经验的教师会发现，低年级的学生善于模仿，特别是在识字教学中，能根据每节课的教学内容发现一定的学习规律。

案例3

在苏教版二年级上册"识字八"中，在学生根据形声字特点学会了包、饱、泡、炮、苞后，教师让学生观察刚学的生字，并提出问题：这些字有什么相同的地方？有什么不同的地方？学生总结道："都是包加上不同偏旁组成的。读音都差不多，有的还一样。不同的偏旁表示的意思不一样。"接着教师又出示了一组生字："你根据偏旁来猜猜这些字表示什么意思呢？"出示袍、鲍、雹，学生都能回答出。这说明学生在教学内容中根据教师的引导和自己的观察，积累了一定的学习经验。正是这些学习经验，让学生在以后的学习中有规律可循，让学习简单化。

3. 教学内容选择的方法

基于以上这些原则，在实际教学中结合教材，应该用哪些方法确定教学内容呢？

（1）根据语文学科的特点确定教学内容

语文与其他注重抽象思维、需要冷静思考的科目不一样，语文课堂上往往流淌着一种激情——老师的、学生的。语文教材所选的文章大多是文学性的，而对文学的理解是需要形象思维、一定的形象想象力的。小说也好，诗歌也罢，读者要用想象去填补作者所勾勒或暗示的空间，对作品进行再创造。首先，教学内容要符合语文特性，即语文教学首先要是带着言语内容的语言形式教学。这在小学低年级的识字、识词教学中表现得更明显。例如，学习"休""宁"等字，将字形和字义联系起来教学更合宜。同样，教学"休息""宁静"，绝不能孤立地让学生背记词语的语言形式，"造句"这一识记方式则是结合语言内容教学的最佳方法。其次，教学内容要符合文本特性。不同体裁的文章有不同的读法，也就有不同的教法（内容）。文学阅读与文章阅读就有不同，文章的阅读注重文体的差异，文学的阅读注重情感的表现及表现方式。没有内容侧重的区分，也就落实不了教学重点。

案例4

教学《世纪宝鼎》（人教版语文第十二册）一课时，一位教师是这样安排教学内容的：

师：你们见过宝鼎吗？（导入课文）

学生自由阅读，了解课文内容。

学习课后练习中的生词，每人在书上抄三遍。学生自己找生词，并要求其他同学解释。这些词有"钟鸣鼎食""一言九鼎"。

逐段分析内容。归纳各段内容，分析各段表达了作者什么样的感情。

反思：从这样的教学设计中我们几乎感觉不到教学重点是什么、要教给学生什么或者说学生从这篇课文的学习中能得到些什么。在这册书中，《世纪宝鼎》和《清明上河图》在同一单元，皆为说明性文章。以上教学的重点没有落在第二段"用什么说明方法说明"宝鼎的特征和第三段"说明之中流露了怎样的情感"上，而是大谈各段写了什么内容，这样的内容偏离了文体特点。六年级学生理解这篇课文应该没有问题，而对怎样说明事物可能还有些陌生，教学内容应该落在学生未知的方面。

（2）根据教学目标确定教学内容

教学目标是对学习结果的预设。确定一篇课文"教什么"，这似乎是老师常谈的。但在实际教学中，经常会出现目标和内容不统一的教学，造成这种结果的原因可能有两种：教学目标意识不强（教得随便）、学习结果意识不强（学得随便）。像"有感情的朗读课文"，这是小学语文教学中最常见的目标之一，但是，朗读是否读出了感情，很容易被无意识地忽视——教案里有目标，教学中只走过程。

案例5

苏教版五年级上册《林冲棒打洪教头》一文中有这样一句话："洪教头跳起来说：'我偏不信他，他敢和我较量一下，我就承认他是真教头。'"一般教师容易忽略对该句的情感朗读指导，而特级教师于永正在执教该课时，这个细节就处理得很自然、得体。于老师先邀一学生朗读，起始学生只是平静地读了一遍，于老师即刻否定，指出他没有读出感情，并经过"否定—提醒—试读—再提示—再读"的步骤指导三遍，学生才读出适合文本语境的效果，这才是完成了"有感情的朗读"的教学目标。

（3）根据学生的生活实际确定教学内容

新课改强调以人为本，语文教学要着眼于人的发展，而人总是社会的人，离不开当代社会生活。因此，教师开发教学内容时，就要着眼于学生的未来，着眼于社会的发展，与学生的生活实际紧密相连，这样的语文教学内容才更有现实的意义。

案例6

有位教师在教学人教版二年级下册《丑小鸭》时，将教学内容定为：

寻找丑小鸭的变化过程：毛灰、嘴大、身瘦——雪白羽毛、长长脖子、漂亮影子。

寻找丑小鸭的遭遇经历：鸭妈妈欺负他、哥哥姐姐咬他、公鸡啄他、主人讨厌他（孤单）——小鸟讥笑、猎狗追赶（躲起来）——冻僵——漂亮。

研讨"丑小鸭"变成"白天鹅"的过程，你读懂了什么？（肯动脑筋，坏事往往能变成好事；只要有毅力、有信心，终会有美好的一天）

以上教学内容基本扣住了教学目标，过程设计也没有问题。但是，如果我们以生活经验的高标准来要求语文教学，还是觉得本文教学的"理论"色彩较浓，说教的成分显得过多。我们设想在研讨"丑小鸭"变成"白天鹅"过程中，穿插着介绍现实中的"白天鹅"出生时都是"丑小鸭"、成年后都会自然演变为"白天鹅"的内容，就可能引申出"美丑有时只是自己的感觉""由丑到美需要自己的信心和努力"等话题。这就拉近了生活距离，更是着眼于学生未来发展的需要

（4）根据教材结构体系确定教学内容

《课程标准》的实施建议中指出："教材内容的安排要避免烦琐，简化头绪，突出重点，加强整合，注重情感态度、知识能力之间的联系，致力于学生语文素养的整体

提高。教材的体例和呈现方式应灵活多样，避免模式化……"可见，一篇课文在教材中处于什么样的位置，和教材其他内容的关系如何，都是经过编者精心考虑的，也是需要教师去认真琢磨的。只有明确了所教的课文在整册教材甚至整套教材中的地位、作用，才能更准确地确定自己的教学内容。

案例7

以《掌声》为例。这篇课文在苏教版（2005年5月，第3版）、人教版（2003年6月，第1版）三年级上册教材中都出现过，但两个版本的组合方式差异很大。苏教版的《掌声》和《军神》《金子》构成一个自然单元，部分教师觉得该教材不好教，可能与该教材没有单元提示、难以确立教学重点（或目标）有关，但从前后文组合的关系看，教师自己是可以设定本单元教学目标的，即通过对刘伯承、英子、彼得·弗雷特的生活经历的了解，引导学生学习他们在逆境中保持积极进取的勇气且最终获得成功的精神。而人教版的《掌声》是和《一次成功的实验》《给予树》《好汉查理》组成一个单元，且教材中有明确的单元提示：爱是什么？……本组课文会告诉我们怎样去爱别人。单元教学目标明确，其中人物英子、小女孩、金吉娅、查理都是被爱或关爱别人的人。因此，"爱使人受到鼓舞、增加了生活的勇气"成为《掌声》的教学目标（主要内容）。由此看出，教材的结构体系影响了教师对教学内容的选择。

美国教育学者萨米尔·夏米斯曾说："所有教育的问题，最后都是哲学性的。"语文教学内容的组成丰富多彩。因此，对语文教学内容的认识就不只是一个选择的问题，其实还是一个哲学性问题，就如同方法的选择没有最好只有更好一样，内容的选择也是如此。语文教师只有从多种角度来审视语文教学内容，才能选择好适合学生学习的教学内容，以求得行之有效的方法。

五、怎样安排教学活动

1. 教学活动指什么

教学活动通常指的是以教学班为单位的一种特殊认识活动，它是学校教学工作的基本形式，活动场所一般在课堂上，有时也安排在课外。教学活动要遵循认识的一般规律，如认识是人脑的反映，认知过程由感性到理性，再由理性到实践。

具体来说，教学活动由受教者（学生）、施教者（教师）、教学目的、教学内容、教学方法、教学环境等诸多要素构成。诸多因素中，学生是核心，是教学活动的出发点，也是教学活动的落脚点，它影响着教学活动的选择。教学目的又影响着教学内容的选择和编排。教学内容、教学对象和教学目的确定后，在一定程度上就决定了教学方法的选择和使用。值得注意的是，教学环境也影响着教学活动的选择。

2. 选择教学活动需遵循的原则

（1）交往互动原则

教学在本质上是一种交往，师生在交往中教学相长、提高认识、获得技能、受到熏陶。这种交往有生生之间的交往，也有师生之间的交往。确保交往有效性的前提是：师生与教材有充分的"交往"，即教师要充分研读教材，驾熟就轻地用教材教；学生课前课上要有充分的时间读教材，师生带着各自的观点碰撞出思想的火花。

课例：《一夜的工作》的教学片段——王崧舟老师执教。

生：（朗读）"这是高大的宫殿式的房子，室内陈设极其简单，一个不大的写字台，两张小转椅，一盏台灯，如此而已。"

师：当你读到哪个词语的时候，你的心轻轻地为之一颤？

生："极其简单"这个词让我的心为之一颤，没想到总理办公室的陈设那么简单。

生："如此而已"让我心头一颤。总理的办公条件怎么会这样简单呢？简直让人难以置信。

师：仅仅是书上的词语让你的心为之一颤吗？请大家注意"宫殿"这个词语，由这个词语你联想开去，这座高大的宫殿式的房子曾经是谁住过的地方？

生：可能是大官住过的地方。

师：这是清朝的最后一个摄政王——载沣住过的房子。你再想，这里曾经有过哪些陈设？

生：（纷纷回答）珍奇的古董、西洋沙发、黄金做的器皿、奇花异草、山水盆景、高档的红木家具。

师：你们的猜想完全合理。但是，当这座高大的房子成为周总理的办公室时，我们看到的却是——

生：（齐读）"室内陈设极其简单，一个不大的写字台，两张小转椅，一盏台灯，如此而已。"

师：你是带着一种怎样的心情读这段话的？

生：惊讶！（朗读这句话）

生：简直不敢相信。（朗读这句话）

生：不可思议。（朗读这段话）

师：如今，这座高大的宫殿式房子成了周总理的办公室。周总理，一国的总理。你们想想，他的手中握有多大的权力啊！而他的肩上又有多重的担子啊！对于周总理办公的地方，你们觉得应该有些什么？

生：（纷纷回答）沙发、字画、文房四宝、很大的办公桌、书柜、吊灯。

师：是的，这些是应该有的陈设。在总理办公的地方放上这些陈设，一点也不过分啊！但是，当这座高大的宫殿式房子成了周总理的办公室时，我们只见——

生：（齐读）"室内陈设极其简单，一个不大的写字台，两张小转椅，一盏台灯，如此而已。"

师：你看到真皮沙发了吗？你看到文房四宝了吗？你看到水晶吊灯了吗？没有！应该有的什么都没有！实在是太简单太简单了。但是，我们分明感到，极其简单的是总理办公室的陈设，极其不简单的却是——

生：（纷纷回答）总理的为人、总理的品质、总理的作风、总理的精神。

师：那么，当你明白这一点的时候，你将怀着一种怎样的心情来读这句话呢？

生：（纷纷回答）敬佩、崇敬、热爱。

反思：一句极普通而又极不普通的话，在一般人看来，又能读出什么精彩呢？但是在王崧舟老师的点拨下，学生却演绎出了如此的精彩。妙处何在？王老师把这句话读透了，正是因为他在读到"极其简单、如此而已"的时候，"心轻轻地为之一颤"，所以才有了学生的"心头一颤"。正是因为王老师与教材"交往"得充分，学生才从王老师那里了解到了"西花厅"是摄政王住过的地方。王老师又引导学生穿越时空看到了"珍奇的古董、西洋沙发、黄金做的器皿……"正是王老师在时空的往来穿梭中对比出了周总理的伟大精神，所以学生也在一次次的往来穿梭中一咏三叹，由衷地产生了对总理的敬佩、崇敬、热爱之情。这种情水到渠成、不留痕迹。

（2）平等尊重原则

一位教师站在讲台上，几十名学生坐在下面，他（她）的身高高于学生，他（她）的年龄长于学生，他（她）的知识阅历多于学生，从客观上说，教师与学生是不平等的。但是，教学活动是区别于其他活动的，它要求教师必须从主观上降低自己，形象地说是"蹲下去"或者说是"把自己当孩子"。由主观意识上的平等产生了尊重，师生之间不仅要互相尊重人格，教师还要尊重学生受教育的权利和学习的权利。前者很敏感，人们易于理解，而后者，一些老师就常有意或无意地侵犯，如上课采用填鸭式教学、课堂不民主、不给学生说话或辩论的机会……

课例：《草》教学片段——于永正老师执教。

师：小朋友，回到家里，谁愿意把新学的古诗《草》背给妈妈听？（找一名学生到前面来）好，现在我当你妈妈，你背给我听好吗？想想回到家里该怎么说？

生：妈妈，我今天学习了一首古诗，背给你听听好吗？

师：好。（生背诵）我的女儿真棒，老师刚教完就会背了。

师：谁愿意回家背给哥哥听？（找一名学生到前面来）现在我当你哥哥，你该怎么说？

生：哥哥，我背首古诗给你听听好吗？

师：哪一首？（生答《草》）弟弟，这首诗我也学过。它是唐朝大诗人李白写的。

生：哥哥，你记错了，是白居易写的。

师：反正都有个"白"字。（众笑）我先背给你听听：离离原上草，一岁一枯荣。野火烧……不尽……哎，最后一句是什么？

生：春风吹又生。

师：还是弟弟记性好，谢谢你。（众笑）谁愿意背给奶奶听？（指一生到前面）现在，我当你奶奶，你奶奶没有文化，耳朵有点聋，请你注意。

生：奶奶，我背首古诗给您听好吗？

师：好。背什么古诗？（生答背《草》）

师：草？那么多花儿不写，为什么要写草啊？

生：因为草有一种顽强的精神，野火把它的叶子烧死了，可是第二年春天，它又长出了新芽。

师：哦，我明白了。你背吧。（生背）"离离原上草"是什么意思？我怎么听不懂？

生：这句是说，草原上的草长得很茂盛。

师：还有什么"一岁一窟窿"？（众笑）

生：不是！是"一岁一枯荣"。枯，就是叶子黄了，干枯了；荣，就是茂盛。

师：后面两句我听懂了。看俺孙女多有能耐！小小年纪就会背古诗。奶奶像你这么大的时候，哪有钱上学呀？（众笑）

反思：在这个片段里，师生始终处于一种和谐平等的对话氛围中，教师并没有要求学生去读诗悟诗。由于教师的引导得法，学生的学诗兴趣、学习潜能在对话中"游刃有余"地展示出来了，学生的思维变得活跃，口语表达也显得流畅、富有诗意了。"枯、荣"的意思也不解自破了。

（3）主体原则和客观原则

先说主体原则。在教学活动中，教师与学生各自扮演的究竟是什么角色呢？不妨通过一个比喻来说明：这有点像导游跟游客的关系，导游在把游客带到游览区之前，必须要对游览区的各个景点都了如指掌，在对景点作介绍时或为了让游客对自己感兴趣的景点有探究的兴趣时，更要介绍得生动、清楚、有条理。好的导游会在当停处停，让游客自己去体验，因为他知道，自己介绍得再好也代替不了游客自身独特的体验。当然，有心的游客不会单听导游的介绍，他会向导游发问，他希望了解更多的知识，这时，如果导游储备的知识不足，就会很尴尬。因此，导游要有充分的知识储备。这是不是像教学中的预设和生成的关系？通过这个比喻，我们想说的是：学生是教学的对象，教师一定要把学生放在主要的地位上，一切从学生的实际情况和实际需要出发。

再说客观原则，即教师要客观地认识学生，在教学活动中，要始终把学生看成发展的人、独特的人、具有独立意义的人。要始终记着学生与成人之间存在着巨大的差异，学生的观察、思考、选择、体验都和成人有明显的不同，一定要把孩子看成孩子。

课例：《一夜的工作》教学片段——王崧舟老师执教。

师：1998年的3月5日，是我们敬爱的周总理诞辰100周年的日子，那一年有一位叫宋小明的诗人，怀着对总理的无限崇敬与爱戴，写下了这样一首诗——《你是这样的人》。

相信这首诗一定能让咱们有所感触，自己再读一读这首诗。一边读一边体会，这首诗的哪些地方让你有所触动？放开声音读一读。

说一说，这首诗的什么地方触动了你？

生：我觉得是第二段："不用多想，不用多问，你就是这样的人！不能不想，不能不问，真心有多重？爱有多深？"我觉得总理是个很有爱心的人，他对每个人都充满爱心。以前在看《延安颂》的时候，我看到周总理和他的妻子为孤儿捐献了许多。

师：是的，她从这两句诗，想到了总理的爱心，想到了总理的心与孤儿院的孩子连在了一起。

生：我受到触动的是："把所有的伤痛藏在你身上，用你的微笑回答：你是这样的人。"我看过资料，有一次总理在刮胡子时动了一下，给他刮胡子的叔叔不小心在他的脸上划了一下，那一定是很痛的，而且是在脸上，我想周总理平时也是很劳累的，也会形成一些伤痛，但是不管是身上的伤痛还是心里的伤痛，他都会藏在心里，总是把微笑带给别人。所以，这句话对我有很大触动。

师：你的体会太深了。无论是内心的伤痛还是表面的伤痛，我们的总理都把它深深地藏在了自己的心中，只把那微笑的一面留给了世界，这是怎样的一位总理啊！

反思：课例中的小朋友讲到了一个有趣的故事，就是周总理在理发、刮胡子的时候咳嗽了一下，结果朱师傅不小心把总理的下巴刮破了，我们的学生理解为这是把痛苦留给自己，把微笑留给朱师傅。这个例子非常有趣，它告诉我们：在成人看来宏大、深远的情感或意义，在儿童看来可能是他生活经验中的一件小事。我们的诗人宋小明写出的周总理把痛苦埋在心里，那是什么样的痛苦呀？这个痛苦反映了中国几千年以来的痛苦，而我们的孩子理解到的痛苦就是刮胡子刮破了皮的那点痛苦。我们由此可以悟出一个道理，那就是我们赋予某篇课文或某一个情节的价值或追求，在孩子看来，可能根本不是成人所想象的那个样子。所以，教孩子，首先要真正读懂孩子，不能总是把成人的世界硬塞给孩子。

我们常说要尊重学生，尊重是不能仅体现在尊重人格上的，还要体现在对学生主体地位的尊重上，即时刻想着：我是为学生服务的，我要把这个服务做好。

实施好以上原则的基础，是始终牢记语文学科工具性和人文性统一的性质，牢记小学语文是一门最基础的课程，是学生学好其他课程的基础，也是学生全面发展的基础。在这个基础上，最基本、最核心的是培养和提高学生读写的能力。这一能力不培养好，学生其他方面的发展就会受到制约，甚至会成为空中楼阁，这也是我们常说的小学语文必须姓"小"、姓"语"的原因。从这样的认识出发，语文课不仅要上得情意浓浓，更要上得扎扎实实。要把语文基本功训练作为语文课的重要教学任务，要安排足够的时间，选取有价值的教学内容，并且要加强指导，低起点、严要求，让学生从识字写字开始，进行遣词造句、读写结合等基本功的训练。

当然，为训练而训练，必然陷入实用主义的泥潭，泯灭语文的灵性。因此，我们要把培养学生高尚的道德情操和健康的审美情趣、正确的价值观、人生观渗透到训练中。

3. 不同学段选择教学活动时需注意的问题

第一学段：趣味性、游戏性

由于一、二年级学生以形象思维为主，所以汉语拼音的教学要尽可能地有趣味性，宜以活动和游戏为主。识字教学要将儿童熟识的语言因素作为主要材料，同时充分利用儿童的生活经验，运用多种形象直观的教学手段，创设丰富多彩的教学情境。

第二学段：自主性、技巧性

中年级学生的思维特点是以具体形象思维为基础，逐步向抽象逻辑思维过渡。因此，教师在选择教学活动时，要更多地考虑让学生掌握学习的方法，使他们逐步学会自主学习。

教师在运用此原则时还要处理好自主与指导的关系。《课程标准》把确定学生的主体地位和改变学生的学习方式作为教学改革的重心，提出"学生是语文学习的主人"。教师应尊重学生的个体化差异，尊重学生个性化的学习方式；学生有选择学习内容、学习方式、学习伙伴等的权利。在语文教学中，学生的自主和教师的主导是相互依存、相互作用的双向关系。"教师指导"的着眼点是"学生自主"，而"学生自主"的必要条件是"教师指导"。叶圣陶先生的名言"教是为了不教"，深刻地揭示了教和学的辩证关系。教师不教，学生就很难获得"不需要教"的能力。

第三学段：问题性、探究性

高年级学生的求知欲比中年级学生的求知欲强烈，他们开始喜欢探究，而问题是学习的动力、起点和贯穿学习过程的主线。一切学习活动都从问题开始，没有疑问就没有研究。现代学习方式特别强调问题在学习活动中的重要性，一方面学生通过问题来学习；另一方面通过学习发现问题、提出问题、分析问题和解决问题。因此，在第三学段选择教学活动时，教师尤其要注意培养学生的问题意识和探究意识。

六、如何开发教学资源

1. 什么是教学资源

通俗地说，教学资源是指一切富有教育价值的、能够转化为课程或服务于课程的各种因素和条件的总称。

自从 20 世纪 30 年代视听教育兴起以来，媒体的种类越来越多，应用也越来越广泛，教育观念也正在发生着巨大的变化。到了 20 世纪 90 年代，教学资源已经被提到了非常重要的地位。因此，关心教学资源建设，加强对教学资源的认识和研究是极其迫切的任务。

2. 教学资源的种类

我们经常使用的教学资源有：教材、案例、影视、广播、网络、图书馆、图片、课件、教具、报告会、演讲会、辩论会等。自然风光、文物古迹、风俗民情、国内外的重要事件、学生的家庭生活以及日常生活话题等也都可以成为宝贵的教学资源。

对真实而复杂的学习环境中的学习活动而言，教学资源的广泛性、丰富性、多样性具有特别重要的价值。教学资源从种类上可大体分为：教师资源、学生资源、情境资源、课堂环境资源、自然和社会资源等；从使用范围上又分为课内教学资源和课外教学资源。

3. 教学资源开发和利用的基本原则

《课程标准》指出："各地都蕴藏着多种语文课程资源。学校要有强烈的资源意识，认真分析本地和本校的特点，充分利用已有的资源，积极开发潜在的资源，特别是人的资源因素和在课程实施过程中生成的资源因素。"可以说，我们的生活到处都是教学资源，只要我们处处留意、随时发现，就可以使丰富多彩的生活走进课堂，拓展学习内容，提高课堂效率，全面提升学生的素质。但是，这并不意味着教学资源可以随手拿来，教师必须有所选择、合理有效地开发，从而为达成教学目标服务。那么，教学资源如何有效开发和利用呢？大致应该遵循以下原则：

（1）适度性原则

众所周知，语文教学的根本任务是指导学生正确理解和运用祖国的语言文字。因此，所有教学行为都必须为实现这一根本任务服务，使用教学资源也是这样，不能冲淡甚至代替学生对语言的感情和体验，所以准确把握好运用的"度"是关键。

首先是内容的难易要适度。教学资源要适合学生的实际认知水平，既不能太容易，也不能太深奥。比如，教学《踏雪寻梅》中"腊梅"一词的教学片段：

老师出示腊梅的图片后说："小朋友，你们看，腊梅美吗？"学生异口同声说："美。"老师指着"腊梅"一词说："谁能美美地读一读呢？"学生朗读后，老师又说："人们都很喜欢腊梅。还有人为它写了一首歌呢，让我们一起来听一听。"说完，老师播放歌曲《踏雪寻梅》……歌词第一句——"雪霁天晴朗，腊梅处处香"就比较难理解，教师播放给一年级的小朋友听，不仅不能丰富学生对腊梅的认识，反而会使学生觉得晦涩难懂，对腊梅的认识愈加模糊。不如在学生认读词语、观察图片后补充一首朗朗上口的儿歌——"腊梅花，脸儿黄，身上不穿绿衣裳。大雪当棉袄，风来挺胸膛。别的花儿怕冬天，只有腊梅开得旺。"

学生拍手念儿歌，既生动有趣，又加深了学生对腊梅不怕寒冷的品性的了解。

其次是数量的多少要适度。教师需要具有筛选教学资源的能力，合理取舍，博中取精，科学利用，达到四两拨千斤的作用。有一位教师执教《只有一个地球》时，在学生对课文内容和语言文字有了一定理解和感悟的基础上，适时播放了精心剪辑过的录像：令人恶心的如山垃圾、满目疮痍的荒山裸地、裂人心肺的猎枪声和惊恐无助的猴子的眼睛，再配上一段悲怆哀婉的音乐……学生的心灵震撼了：多么令人发指的破坏行为！多么狂妄无知的人类！多么揪心的生态灾难！学生哽咽了，他们紧紧抓住课文内容，联系生活，发表的见解字字动人、句句动情，使教学资源真正地为学生理解课文、感悟语言、深化主题服务。

三是对呈现的时机的把握要适度。教学资源的呈现必须把握好恰当的时机，才能有效地发展学生的思维，为学生的学习服务。

《大江保卫战》教学片段：

老师甲在教学第一段时，考虑到学生对洪水来临时的场面缺乏感性认识，于是从电影中剪辑了相应的片段。在播放了这一片段之后，再引导学生学习课文第一段，抓住"暴怒、奔腾不息、疯狂、撕咬、告急、万分紧急"等词语，引导学生理解文本中描写的危急情景，最后指导学生有感情地朗读。

而老师乙没有急于出示情景，而是先带领学生阅读文本，抓住关键词语引导学生进行理解感知，在明确形势万分危急之后，再引导学生一起走进洪水肆虐的场景（播放课件），接着引导学生交流观后的感受。

同样都运用了生动逼真的关于洪水的影视资源，可老师甲因为情景出示得过早，虽然激发了学生的学习兴趣，但却削弱了学生学习文本的积极性，降低了课堂实效，使学生丧失了展开丰富想象的大好机会。老师乙着眼于引领学生对文本的学习，再出示教学情景，着力于学生的兴奋点上，学生不仅印证了自己对文本的理解，而且通过观看教学情景进一步理解了文本，这样的安排设计就更为科学。

（2）适应性原则

教学资源开发和利用的目的是为了达成教学目标，因此教师首先要考虑的是适应学生学习的需要，为学生解读、领悟文本服务。

一位老师在执教《富饶的西沙群岛》时，在课前与学生收集了有关西沙群岛的诸多信息。课始，师生用了将近十分钟的时间交流这些图片和资料：播放多媒体课件、展示图片、朗读文字资料等。这样的资源开发和利用显然已经喧宾夺主。如果老师能够在学习"海底"部分的时候，引导学生感悟课文优美语言的同时，相机展示"各种各样的珊瑚、懒洋洋的海参、威武的大龙虾"等资料，不仅能够加深学生的记忆，而且让学生看着这些美丽的图片回想课文中语言的描述，更有利于积累好词佳句。

总之，拓展资源应该与教材融合起来，使之适应学生学习的需要。

适应性原则还指教师教学要考虑学习者现有的知识、技能和素质背景。只有这样，教学资源才能得到充分合理的开发与利用。

片段一："暗"处挑"明"

再以《大江保卫战》为例。该文第二段中有这样一句话："官兵们肩扛沉重的沙包，在泥水中来回穿梭。"这句话往往不容易被学生重视，吸引学生的是明处"嶙峋的片石割破了脚趾，他们全然不顾"的语句。于是，老师出示了书中的一幅插图（战士扛沙包的场面），补充介绍：这些战士大多只有十八九岁，有的身体瘦弱，甚至不足50公斤，却要扛起70多公斤的沙包。战士贺家红一个下午来回穿梭130多趟，沙包总重超过20吨。

接着再读这句话，学生们无不为之动容。

片段二:"浅"处入"深"

《天游峰的扫路人》一文表达了"我"对老人自强不息的精神和自信、开朗、豁达的生活态度的赞美。其中关于老人的语言描写有两次:"不累,不累,我每天早晨扫上山,傍晚扫下山,扫一程,歇一程,再把好山好水看一程。"老人摇摇头,伸出了7个手指头,然后悠然地说:"按说,我早该退休了。可我实在离不开这里:喝的是雪花泉的水,吃的是自己种的大米和青菜,呼吸的是清爽的空气,而且还有花鸟做伴,我能舍得走吗?"执教本文时,教师作了如下设计:

师:同学们,这位眉目慈善的老人在自己工作的几十年时间里,一定接待过成百上千的游客。可是今天,他仍然热情好客地为我沏上一杯香茶,对生活的热爱充溢其中,是因为他时常想——

生(接读):可我实在离不开这里……我能舍得走吗?

师:这位精神矍铄的老人在工作几十年的岁月里,也可能被夏日的烈阳晒得头晕眼花,也可能被突如其来的滂沱大雨浇得透湿……但是,他仍然热爱自己的工作,因为他时常想——

生(接读):可我实在离不开……

师:这位朴实的老人在自己漫长的工作历程中,也许有拾级而下时脚下不稳趔趄摔跤的时候,70岁的老人哪,自强不息的他想的是——

生(接读):可我实在离不开……

师:同学们,这位面色黝黑的老人也许在工作之后汗流浃背、腰酸背疼,但是他分明把繁重的工作当成了一种精神之旅,他说——

生(齐读):不累,不累,我每天早晨扫上山,傍晚扫下山,扫一程,歇一程,再把好山好水看一程……

在执教时,教师充分考虑到学生的心理特点,适时、适度地引导学生想象扫路人的工作细节,使主人公的形象丰满起来了,学生的体验由浅入深,教学目标落实在了无痕之中。

(3)优先性原则

面对如此丰富多彩的语文教学资源,如何进行选择呢?

①明确目标,结合实际,精选重点

首先,教师要做到认真研读教材,理解教材,确立为达到教学目标而选择的教学资源。其次,要认真分析学生已经具有的知识水平,如学生的年龄特征、生活经验、知识储备、个性差异等。在这样的基础上,精选那些对学生的语文学习以及终生发展有较大意义的教学资源,使之优先得到运用。

②因地制宜,注重生成

教学资源的开发与利用要尽可能地少力高效,尽可能地避免"人为资源而存在,而不是资源为人服务"的现象。下面这位老师就能因地制宜、灵活地开发、利用学生自身或课堂上生成的资源，收到了较好的效果。请看《蜗牛的奖杯》的教学片段：

上课时，一名学生把"蜗牛成天把奖杯背在身上"中的"奖杯"读成了"奖怀"。

师：谢谢你为大家提供了一个学习的机会。（板书"杯"与"怀"）看它们长得多像呀，谁有好办法区分一下它们？

生："杯"是木字旁，"怀"是竖心旁。

师：你解释得真清楚，让我们一下子就清楚了它们的区别，你能教大家读两遍吗？

[学生读这两个字：杯（bēi）、怀（huái）]

师：认清它俩的区别，这次小朋友肯定能读正确了……

老师及时捕捉学生出现错误的问题所在，巧妙地挖掘其中的错误资源，快速作出判断，调整教学思路，将学生的错误作为了一种生成性的教学资源。

③删繁就简，经济实用

提起教学资源的开发，很多教师首先想到的是课本外的资源，而往往忽略了教材资源。例如，人教版课文《翠鸟》一课，课文第一自然段描写了翠鸟的外形，语言生动风趣。教材中与之匹配的是一幅漂亮的翠鸟插图。有的教师在教学过程中，将教学环节安排得眼花缭乱，却视教材插图于不顾，仿佛插图就是多余的，像这样舍近求远的教学案例不胜枚举。

经济性的教学资源有很多来源于自然。记得在学校教书时，操场边有一个迷你菜园，我组织学生观察黄瓜蔓→黄瓜花→黄瓜不同生长期的形态→讨论黄瓜的吃法，继而引导学生写作《趣说黄瓜》。我想，如果这次教学我运用多媒体反而会费时耗力了。窦桂梅老师在执教《朋友》时，除了利用文本、师生之间的交流加深学生对"朋友"的理解之外，还鼓励学生走下舞台，倾听听课教师对"朋友"的认识、收集关于"朋友"的格言，这一做法也给我们留下了深刻的印象。再如逯继英老师在带领一年级小朋友认识"洗衣粉、毛笔、火腿肠、毛巾、牙刷、作业本、尺子"等词语时，一手举字卡，一手举物品，把认识生字和认识事物结合起来，等学生认熟了字卡后，再请小朋友在物品上摆上相对应的字卡，进一步加强识字效果。在识字过程中，逯老师运用一些常见的生活用品作为教学资源，使词语变得可观、可读、可触、可感，识字效果非常不错。当然，随手拈来的一幅简笔画、随口唱出的一支小曲儿……更是老师们大道至简地整合运用教学资源的拿手好戏了。

（4）开放性原则

我们身处信息飞速发展的时代，怎样紧贴时代脉搏，为课堂教学插上飞翔的翅膀呢？教育信息技术无疑是一种美好的介质。

一位教师在执教《灰姑娘》的时候，提出了三个有价值的问题。学生稍作思考后，小手如林。听完学生的思考之后，这位教师话锋一转："孩子们，你们想不想知道大洋彼岸的美国小朋友是怎样思考这些话题的？"（学生们异常兴奋）这位教师及时切换了美籍教师执教此环节时孩子们精彩发言的课堂实录，中国的小朋友有机会倾听到了如下发言：

师：如果你是辛黛瑞拉的后妈，你会不会阻止辛黛瑞拉去参加王子的舞会？

生：（思考后）是的，如果我是辛黛瑞拉的后妈，我也会阻止她去参加王子的舞会。因为，我爱自己的女儿，我希望自己的女儿当上王后。

师：是的，我们看到的后妈好像是不好的人，但她们只是对别人不够好，她们对自己的孩子却很好，你们明白吗？她们不是坏人，只是她们还不能够像爱自己的孩子一样去爱其他的孩子。

师：是谁决定辛黛瑞拉去参加王子的舞会？

生（齐）：她自己！

师：所以，孩子们，就算是辛黛瑞拉没有妈妈爱她，她的后妈也不爱她，这也不能够让她不爱自己。就是因为她爱自己，她才可能去寻找自己希望得到的东西。如果你们当中有人觉得没有人爱，或者像辛黛瑞拉一样有一个不爱她的后妈，你们要怎么样？

生：要爱自己！

师：对！没有一个人可以阻止你爱自己，如果你觉得别人不够爱你，你要加倍地爱自己；如果别人没有给你机会，你应该加倍地给自己创造机会；如果你们真的爱自己，就会为自己找到自己需要的东西——没有人能够阻止辛黛瑞拉参加王子的舞会，没有人能够阻止辛黛瑞拉当上王后，除了她自己。对不对？

生：对！

师：这个故事有没有不合理的地方？

生：（过了好一会儿）午夜12点以后，所有的东西都要变回原样，可是辛黛瑞拉的水晶鞋没有变回去。

师：天哪，你们太棒了！你们看，就是伟大的作家也有出错的时候，所以，出错不是什么可怕的事情。我担保，如果你们当中谁将来要当作家，一定比这个作家更棒！你们相信吗？

孩子们欢呼雀跃……

教学资源的开发和利用，除了以上提到的四个原则外，其实还有很多，比如"灵活性"原则、"科学性"原则、"思想性"原则等。这些都需要我们根据课堂教学的需要，合理地使用，并发挥它最大的价值。

资源无限，贵在选择；资源有限，创意无穷。我们要始终记得：语文教学资源有效开发的根本目标与立场就是学生。老师的使命，更多的是为学生学习提供大量的教学资源，唤醒和激励学生亲自去触摸文本、体验文本，达到有效学习的效果。

专题二 教学实施

　　课堂教学是实施素质教育的主阵地、主渠道。构建富有生命力的高效课堂是每位有责任心的教师的追求。课堂是师生之间交往、互动的场所；课堂是教师引导学生全面发展的场所；课堂是师生共同探究知识、教学相长的场所；课堂是教师充分展现教育智慧的场所。换言之，课堂应是学生主动学习、健康成长的乐园。组成并影响课堂教学的因素有很多。我们认为，课堂中人与人之间、人与环境之间的相互作用或相互影响构成课堂情境中的互动交往，而有效的课堂应促进师生及学生之间的对话和信息交流，并通过这种对话与交流使课堂活动得以更充分地展开，从而促进学生知识经验的获得、心智的开启、能力的发展，最终促进课堂教学质量的提高。我们将课堂教学划分为教学导入、教学提问、教学方式、学习方式、教学总结等五个活动部分，用教师的教学案例对每一部分的教学活动给予不同的解释与说明，以达到启发、交流、研讨之目的。

一、课堂教学如何导入

　　导入是课堂教学的开始，是师生凭借教材进行的最初的信息交流，是使学生进入良好学习状态的必要铺垫。著名语文教育专家于漪指出："在课堂教学中要培养、激发学生的学习兴趣，首先应抓住导入这一课堂环节，一开头就把学生牢牢吸引住。课的开始好比提琴家上弦、歌唱家定调，第一个音符定准了，就为演奏和歌唱奠定了基础。上课也如此，第一锤就应敲在学生的心灵上，像磁石一样把学生牢牢吸引住。"因此，教师导入得好，不仅能唤起学生的求知欲望，还能点燃学生智慧的火花、激发学生学习的内驱力，对实现课堂教学整体结构的优化起着重要的作用。课堂教学导入的方法可以多种多样，常见的有以下几种：

1. 创设情境导入

　　创设情境导入是教师通过图片、音乐、视频、语言、动作等手段营造一种意境，让学生置身于某种特定的情境之中，进而展开想象、体验情感的一种方法。情境导入可以刺激学生感官，使学生仿佛身临其境，从而在不知不觉中把学生引入学习的殿堂，为授课的成功奠定良好的基础。例如，六年级的《一夜的工作》一课，一位教师设计了这样的导入：

　　师：（饱含深情）同学们，今天我们要走进一位伟人的工作和生活，去感受他的伟大人格。他，就是我们敬爱的周总理。（伴随着优美的乐曲，教师结合周总理工作和生活的图片为学生做声情并茂的介绍）通过这些图片以及对周总理的了解，你们有什么话想说？

生：我觉得总理的生活真是太简朴了。

生：晚年总理的病已经很重，但是他仍然拖着病重的身体日夜操劳，真是太令人敬佩了！

生：总理处理国家大事的办公室太简陋了！

师：周总理为了新中国的成立与发展，呕心沥血、日夜操劳。据他身边的工作人员说，总理平均每天的睡眠时间只有3个小时。3个小时！简直令人难以置信！但我们的好总理真是这样夜以继日地工作的。这节课我们一起学习《一夜的工作》。

在这一导入中，教师将图片、音乐与声情并茂的话语相结合，将学生引入周总理工作、生活的情境之中，拉近了学生与总理的距离，激发了学生的学习兴趣，激起了学生对周总理的崇敬与热爱之情，为后面的学习奠定了情感基础。

2. 释题质疑导入

释题质疑导入是教师引导学生分析题目、产生疑问，进而抓住课题中关键词质疑思考，并带着疑问去研读文本的一种导入方式。课题是文章的眼睛，从课题入手，可以有多种不同的设计。

（1）抓住课题的关键词思考

抓住题目中的一字一词不断追问，学生心中有疑，就会产生探奇觅胜的求知欲望，就可以很自然地进入最佳的学习状态，主动地获取知识。例如，六年级的《跨越百年的美丽》一课，一位教师设计了这样的导入：

师：请同学们放声朗读课题，体会一下你会把重音放在哪个词上，为什么？（生充满感情地朗读课题）

生：（非常自信）我会把重音放在"百年"上，因为它强调出了时间的久远。（有感情地朗读）

生：我与他的观点不同，我在读的时候，会把"美丽"一词重读。（朗读课题）

师（不失时机地追问）：你为什么抓住这个词？

生：因为我觉得这个题目很有意思，世上很多东西是可以跨越百年的，但一个人的美丽怎么可以呢？除非她吃了长生不老药……（他的话马上被其他同学打断了）

生：（激动地反诘）本文的美丽难道单指外貌美吗？它应该还有精神上的美丽，比如……

课堂气氛极其热烈，学生围绕着自己发现的问题潜心读文，努力从文本中找出支持自己观点的依据，并直奔主题。

（2）抓住课题的形式特点思考

很多课题是课文的主要内容或中心思想的高度概括，蕴涵着一定的哲理。例如，教学四年级《生命　生命》一课时，一位教师抓住课题的特点设计了这样的导入：

师：今天我们继续学习第19课《生命　生命》，请同学们齐读课题。

师：老师想问，你们为什么读课题时自然地停顿了一下？

生：因为题目中两个"生命"之间有空隙。

师：今天，老师和大家再次静下心来细细品读课文，去聆听作者对生命的呼唤，去体会这课题间留空的深刻内涵。

此课例由课题中两个"生命"之间的空隙，把学生的注意力牢固地引到教学的重点和难点上来，体会作者对生命的感悟，领悟课题间留空的深刻内涵。

(3) 抓住人物的关系思考

有些课题体现出课文主要人物之间的关系，引导学生抓住人物关系展开思考，可以更好地理清课文中的叙述顺序和表达方法、体会人物的性格特点。如一位教师教学五年级《将相和》第二课时的导入：

师：这节课，我们继续学习第18课《将相和》。请同学们回忆，题目中的"将"和"相"分别指谁？围绕着他俩课文讲述了几个小故事？

生：题目中的"将"指廉颇，"相"指蔺相如。

生：课文讲了三个小故事：第一个是"完璧归赵"，第二个是"渑池之会"，第三个是"负荆请罪"。

师：三个独立的小故事为何放在了一起，想要说明什么呢？请大家从课题中找找答案。

生：课文是讲廉颇和蔺相如和好的事。

师：廉颇和蔺相如和好，你会想到他们以前关系怎样？

生：他们好像有矛盾了。

师：他们不是好像有矛盾了，是确实有矛盾了。是什么矛盾呢？请同学们迅速地浏览三个故事，找到描写他们确实闹了点矛盾的语段……

释题质疑导入法可以激发学生的疑问，触发学生的情思，开发学生的智力，创造良好的学习氛围，不失为一种教学导入的良策。

3. 情感渲染导入

情感渲染导入是指教师用饱含深情的话语、真挚的情感，创设一种浓厚的学习氛围，感染学生，激发学生学习的兴趣和愿望。情感渲染导入教学的关键是教师要用自己的激情点燃学生的激情，以自己对语文的热爱、对学生的热爱，拉近教师与学生的距离，拉近学生和文本的距离，拉近生活情境和教材情境的距离，从而使学生尽快地融入文本、走进文本。例如，同样教学六年级的《跨越百年的美丽》一课，一位教师就采用了这样的导入：

师：1934年7月4日，一颗科学巨星的陨落，全世界都为之悲痛。（加重语气）她发现了放射性金属元素——镭，她为科学事业、为人类进步作出了卓越的贡献，她就是著名的化学家——居里夫人！（语速稍慢，再次加重语气）居里夫人的美名，从她发现镭的那一刻起就名满寰宇、流芳于世，迄今已有百年。1998年10月22日，《光明日报》刊出了梁衡所写的散文《跨越百年的美丽》，发表后好评如潮，被上百家报刊转载。到底是什么样的文章这么受读者青睐呢？到底怎样的美丽才能跨越百年呢？（两个问句语速稍慢加重）今天让我们一起来缅怀这位科学巨星，去感受居里夫人永恒的精神！请大家读课题。

学生充满感情地朗读课题。

老师富有情感的语言感染了学生，为后面的教学打下了基础。

4. 背景介绍导入

背景介绍导入是指在深入学习课文之前，师生先就课文的背景资料进行交流。课文的背景资料是指与课文相关的，对师生把握人物、情节和内容有作用的资料，通常包括作者介绍、写作目的、创作背景等。小学阶段的语文课本，对这些内容介绍得较少。对于那些离学生生活有一定距离，或有一定文化背景的课文，由于缺少对课文背景资料的认识，学生阅读起来就会产生一定的困难。因此，对背景进行介绍导入，能加深学生对作家、作品的感知，从而有效拉近学生与文本的距离，引导学生正确理解课文、领悟课文所蕴涵的情意。例如，教学六年级的《自己的花是让别人看的》一课，一位教师设计了这样的导入：

师：在2006年"感动中国"颁奖典礼上，有这样一段解说词（屏幕出示文字，师诵读）：智者乐，仁者寿，长者随心所欲。曾经的红衣少年，如今的白发先生……（读后质疑）同学们，你们知道这是写给谁的吗？

生：（通过预习，有的学生答出）季羡林！

师：对，就是季羡林。（投影出示季羡林先生的照片）今天我们要学的课文就是季羡林的作品（出示季羡林作品的封面）。他是我国著名的语言学家、教育家、社会活动家，被人们称为"学术泰斗"。1935年，季羡林经清华大学推荐，远赴德国哥廷根大学求学，1946年回国。1980年，阔别三十多年后，他再次踏上这片土地，老先生心中不禁感慨万千。于是，写下了《再返哥廷根》一组散文。我们今天要学习的文章就是其中的一篇。

学生齐读课题。

常言道，世上无"无源之水，无本之木"，文章也是如此。任何一篇文章都有它特定的写作背景。了解文章的写作背景不仅有助于学生理解课文、体验情感，同时也有助于学生逐步养成课前收集相关资料的习惯，对学生学习是非常有益的。因此，教师要善于挖掘并恰当地使用这些语文教学的宝贵资源。

5. 温故知新导入

孔子云："温故而知新，可以为师矣。"通过对已经学过而且与新知有关内容的回顾导入新课，为新知的学习奠定基础。在导入新课时，教师采用既能联系旧知，又能提示新知的导语，可以降低学生学习的难度，激发学生求知的欲望。在教学五年级

《桥》一课时，一位教师设计了这样的导入：

师：大家还记得我们曾经学过的《跨越海峡的生命桥》这篇课文吗？

生：记得。

师：那篇课文讲述的是怎样的故事呢？

生：讲的是台湾的一名青年给大陆的患白血病的青年捐献骨髓的事情。

师：是的，大陆与台湾人民用骨肉亲情架起了一座跨越海峡的生命桥，让大陆青年走向生的希望。这样的"感情"之桥、"精神"之桥还有很多。今天，我们要学习一篇新的课文《桥》，随着作者的笔触一起体会，"它"为什么是一座让人荡气回肠的"桥"。（板书课题）

学生齐读课题。

教师抓住学生曾经学过的《跨越海峡的生命桥》和即将学习的《桥》这两篇课文的相同点，让学生在学习之初，既回顾了已学的课文，又初步感受到新课的课题也有着深刻的含义。

在学习同一类型的文章时，教师还可以通过回顾文章的写法和阅读方法，建立起新旧知识间的联系，使学生自主投入到对新课的学习中。例如，人教版四年级上册第一组《鸟的天堂》和《火烧云》两篇课文都运用了抓住景物特点进行生动描写的表达方式，都可以采用边读文边想象画面的阅读方法。当学习完本组第一篇课文之后，教师可通过复习写法和学法，将学生引入第二篇课文的学习。

6. 演示操作导入

演示操作导入是教师通过幻灯片、实物、图片、简笔画的演示，引导学生自己动手进行操作或激发学生学习兴趣的一种导入方法。充分利用直观教具和电化教学手段进行生动形象的演示，可以增加教学的直观性，创设良好的学习氛围。如教学一年级《小壁虎借尾巴》一课时，一位教师设计了这样的导入：

师：今天老师带来了一只小动物的画像，你们谁认识它？（出示一张立体的动画形象的小壁虎，尾巴做成活动的，可以摘掉）

生：小壁虎。

师：谁了解这种小动物？

（生说到它吃苍蝇、蚊子等一些情况）

师：小壁虎虽然不好看，可是它能吃苍蝇、蚊子，是人类的朋友。可是你们看，这只小壁虎的尾巴怎么了？（老师用教具演示"尾巴"掉了）

生：哎呀，断了！

师：这只小壁虎的尾巴是怎么断的，断了以后又会怎样呢？今天我们学习的《小壁虎借尾巴》一课讲的就是这只小壁虎尾巴断了以后的故事。

学生读课文。

无论学习兴趣还是学习动机都是学生学习的巨大动力。因此，在一节课的开始，教师根据教学需要通过实物演示的方法来导入新课，加强教学的直观性和形象性，可以激发学生产生强烈的求知欲望。

7. 谈话激趣导入

谈话激趣导入是指教师在上课之前利用师生之间的对话创设一种浓厚的学习氛围，感染学生，从而调动学生学习的兴趣和愿望。谈话激趣导入的关键是使谈话内容既与课文内容紧密联系，又能自然地激发起学生学习的浓厚兴趣，从而拉近文本与学生的距离。如教学二年级《我为你骄傲》一课时，一位老师设计了这样的导入：

师：今天老师在上课之前，想给大家朗诵一首小诗。同学们愿意听吗？

（学生表示愿意听）

师：老师要朗诵了，请认真听。（播放柔和的音乐，教师饱含深情地朗诵）

诚实是花，让自己陶醉，让他人快乐。

诚实是歌，让自己高尚，让他人品味。

诚实是金，让自己发光，让周围明亮。

诚实是美，让自己漂亮，让世界美丽。

让我们用心灵来呼唤诚实。

因为——

生活有了诚实才更加灿烂。

人生有了诚实才更加美好。

（老师朗诵完，打开大屏幕把这首小诗呈现在学生面前）

师：同学们，这首小诗是昨天老师刚写的。想知道老师写这首小诗的灵感来自于什么吗？

（生用很惊讶的目光看着老师并思考——）

师：昨天，老师读完语文书上的一篇文章《我为你骄傲》后，心里很感动，所以写了这首小诗。想知道老师为什么这么感动吗？

生：想！（兴趣非常浓）

师：那我们就一起来学习这篇课文——《我为你骄傲》。（师板书课题）

（生大声读课题）

课前简短的谈话，激发了学生浓厚的学习兴趣。师生一齐进入文本，开始了本课的学习。

8. 联系生活导入

在生活中学习语文，在语文学习中感受生活，是语文教学的基本要求。联系生活导入就是从学生已有的生活经验或经历出发，结合所授课文的内容及其特点，调动学生学习兴趣和愿望的一种导入方式。联系生活导入教学的关键是教师要对学生平时的生活经验非常熟悉，并能建立学生生活与教学之间的联系。例如，教学五年级的《钓鱼的启示》一课时，一位教师这样设计导入：

师：老师和大家相处五年了，早已经是老朋友了。是朋友就要讲实话。谁能实话实说，平时上自习课，如果老师不在，你会怎样做？

生：有时会与同学聊天。

师：你真诚实。那你知道应该怎样做吗？

生：应该遵守纪律，不讲话，认真写好作业。

师：看来你想的和你做的不一样啊！（生笑）生活中有许多事情就是这样，我们都知道怎样做，但真正做起来却不那么容易。我们经常要在"对与不对"中作出选择。美国著名建筑师詹姆斯·兰蒂斯一生都坚持一种选择，他赢得了许多人的尊敬和信任。他选择的是什么呢？这要从他小时候那次钓鱼的经历说起。（板书课题"钓鱼的启示"）

教师结合学生身边的实例导入新课，不但可以提高学生的学习兴趣，激发学生求知的内驱力，更可以帮助学生联系生活实际理解课文内容，更好地体会人物情感，受到美的熏陶。

9. 设置悬念导入

设置悬念导入是指教师针对文章的主要事件、主要人物或主要矛盾、情节提出疑问引发学生丰富的联想，并以此为线索展开学习的一种课堂导入方式。教师应依据教材内容，抓住儿童好奇心强的心理特点，精心设疑，制造悬念，使学生处于一种"心求通而未达，口欲言而未能"的不平衡状态，引起学生的探索欲望，促使其积极主动地参与学习。如教学三年级《给予树》一课时，一位教师设计了这样的导入：

（课件出示美丽的圣诞树和圣诞老人的图片）

师：这棵圣诞树美不美？

生（齐）：美。

师：每逢圣诞节，我们在许多场所都会见到美丽的圣诞树，但却没有见过这样的树。（板书课题"给予树"，学生齐读课题）

师：同学们读得很准确，"给"是多音字，在这里读"jǐ"。那"给予"是什么意思？

生：送给。

师：现在你们知道给予树是一棵怎样的树了吗？

生：送给别人的树。

生：送给别人礼物的树。

师：其实就是帮别人实现愿望的树。给予树的背后到底隐藏着一个怎样感人的故事呢？想不想赶快读一读课文，探求事情的原委？

生（齐）：想。

设置悬念也要充满趣味，才能牢牢吸引学生的注意力。没有兴趣的学习无疑是低效的。课堂上激发学生的学习兴趣，使学生产生悬念，带着问题进行学习，可以达到增强记忆、发展智力、提高能力的教学效果。

精彩的课堂开头，往往会给学生带来新奇感，不仅能使学生的思维迅速地由抑制到兴奋，而且还会使学生产生一种自我需要，自然地进入学习新知识的境界中。无论用何种形式和方法导入新课都是为了激发学生求知的兴趣，达到课堂教学的不断优化。在导入过程中，教师应紧密结合学生的实际，根据教材及学生的特点灵活处理，调动学生的多种感官，把学生引向新知识的学习。切忌千篇一律、平铺直叙，或冗长拖沓、哗众取宠。教师要用语文教学自身的魅力引领学生步入语文教学的神圣殿堂，学生由此而产生的兴趣，才能持久不衰。

二、如何提问有效

课堂提问是教师根据教学要求联系课文重点，向学生提出问题，引导学生经过思考，对所提出的问题得出结论，提出自己的看法，从而获得知识、发展智力的一种教学行为。课堂设疑是语文教学的一个重要手段。"学起于思，思源于疑"，学生的积极思维往往从疑问开始，有疑问才能促使学生积极地思考。而如何提问、何时提问都是有学问的，需要教师精心研究，巧妙设计。一般而言，我们可以从以下几方面设置课堂提问。

1. 紧扣中心

思维是由观察感知、分析综合、抽象概括、想象联想、比较辨别、推理演绎等思维形式和思维过程综合组成的。课堂提问要着眼于学生的整体思维，使学生从整体上把握文章，避免多而杂的问题分散学生的整体思维。因此，教师在设计课堂提问时，可紧扣文章中心设计问题，并给学生充分的思考空间，使学生有充分的时间去理解各种问题，既而掌握全文布局谋篇、遣词造句的特点。

例如，二年级《难忘的泼水节》一文中的结尾，作者直抒胸臆，连用三个自然段四个感叹句，表达了人们的激动、幸福和难忘，特别是最后一句直接点明了中心："多么令人难忘啊，1961年的泼水节！"教学中，教师可对这个中心句进行如下提问设计：(1) 为什么傣族人民感到1961年的泼水节特别难忘？(2) 你能体会傣族人民当时的心情吗？是怎样的一种心情？(3) 假如你当时在场，你会对周总理说些什么？因为学生年龄还小，他们可能体会不到傣族人民对周总理的这种感情，教师就可以抓住中心句，引导学生换位思考，学生都会有话讲，阅读文章的兴趣就加强了。

又如支玉恒老师讲授四年级《夜莺的歌声》时是这样提问的：

师：小孩子愿意不愿意让德国兵发现？

生：愿意。

师：那么他是被动地被发现吗？这样总结第一段的意思行吗？如果说小孩子是主动地想让德国兵发现，那应该怎么说？

生：小孩子让德国兵发现，并给他们带路。

师：呀！这小孩子是"汉奸"！（笑声）

生：小孩子故意吹口哨让德国兵发现。

师：他这是在干什么？

生：他准备带德国兵到游击队的埋伏地，让游击队消灭他们。

师：意思说对了，就缺一个词：小孩子在干什么？

生：小孩子引诱敌人让他们被消灭。

师：要是用两个字来说的话，这叫什么？

生：诱敌。

师：对啦，就这么一个词。（板书"诱敌"）再看看第二段，这回好说了，小孩子在做什么？（生读文）他在前面走，敌人在后面跟着一直走进埋伏圈。这叫什么？

生：带路。

师：对。（板书"带路"）第三段讲什么？

生：讲小孩子让游击队歼灭敌人。

师：如果还要用两个字（指板书）概括，该写什么？

生：歼敌。

师：对不对？（生答对，师板书"歼敌"）第四段，第二天他又跑到村口的岔路口吹起口哨了。他又去干什么？

生：又去诱敌。

师："又去诱敌"黑板上该怎么写？

生：又诱。

师："又诱"？有点别扭，意思对，把"又"字再换一个字。

生：再诱。

师：对再诱。"又诱"也讲得通，但把两个同声的字放在一起读起来绕口，也不好听，换成"再诱"。（板书"再诱"）他就这样用他的口哨声引来了一群又一群的敌人，带到埋伏圈里，让游击队把敌人一群又一群地歼灭。小孩子能干不能干？

生：能干。

支玉恒老师在引导学生进行段意的概括时，所设计的问题都紧紧围绕文章的中心，这样既使学生的思路有了主线，概括时不会茫然无措，又使文章的主题得以显现，同时也教给学生阅读的方法——从主题入手紧扣中心理解文本。

2. 直指难点

"抓住重点，牵一处而提挈全篇。"一篇课文，可圈可点之处往往不止一处，教师所提的问题应该集中在那些能"牵一发而动全身"的关键点上，以利于突出重、难点。而离开课文教学目标，不紧扣课文教学重难点的问题，对学生学习的教学内容起不到积极引导作用的问题，即使课堂气氛搞得热烈，也不能算是成功的问题。因此，好问题的提出要求教师应首先通览课文，立足教学目标，准确把握文章的立意和构思、层次脉络等。要依据教学的重点、难点，根据学生的认知水平，设计一些有针对性、启发散性、层次性、难易适中的问题引导学生思考，使问题能明确指向课堂教学的三维目标，指向教学内容的核心，让学生通过对问题的思考，从而快捷、透彻地掌握课文。这样的提问有益于学生思路集中而又能触类旁通，能使学生思维围绕中心开展活动，又由于思维的指向性和集中性强而使学生大脑处于兴奋的状态，从而提高了解决问题的有效性。

如王崧舟老师执教五年级的《长相思》时，在授课伊始，王老师就结合学情和学段目标，抓住了诗词教学的难点——朗读。在学生初步感知文本时，王老师即通过预设的课堂提问一步步让学生领悟如何读得有板有眼，又如何能读出味道。教学片段如下：

师：同学们，在王安石的眼中，乡愁是那吹绿了家乡的徐徐春风，那么在纳兰性德的眼中乡愁是什么呢？请同学们打开课本自由朗读《长相思》这一首诗。注意文中的生字、多音字，争取把它读得字正腔圆。

（指导学生朗读）

师：你们有没有注意到，这位同学在读"身向榆关那畔行"时，哪个地方停顿了？

生：他在"身向榆关"后面停顿了。

师：再问，你们有没有注意到他在读"夜深千帐灯"时，哪个地方又停顿了？

生：他在"夜深"后面停顿了。

师：你们都听出来了吗？这叫读得有板有眼。

（全班齐读）

师：同学们，我们在读古诗词时，不但要把它读正确，读得有节奏，而且还要尽可能地读出它的味道来。如《长相思》，我们可以有许多种读法……

（引导学生读出自己的味道来）

（指名朗读）

师：注意听，你听出了什么味道、什么感觉？

（生读）

师：好一个"故园无此声"，有味道了，谁还想读？

（生继续读）

师：好一个"聒碎乡心梦不成"，来，我们一起读，读出自己的味道来。

（生齐读）

师：真好，词读到这里为止，你的脑海里留下了什么印象和感觉呢？

生：我想到了纳兰性德非常思念家乡。

生：我感觉到了纳兰性德因为思念家乡连梦都做不好了。

师：不是梦做不好了，是根本就没有梦了。带着这种感觉我们再来读一遍，把这种感觉读到字里行间去。

师：长相思，长相思，作者为什么会如此长相思？请大家默读这首诗，仔细看看书上的插图，然后试着想一想，这首诗大概在表达什么意思。

（生默读课文）

学生在声声朗读中感知、感受、感悟，将直板的文字变为有声的语言，教学难点得以突破，学生在朗读中体验着情感、深化着情感。

再如一位低年级教师在进行一年级《胖乎乎的小手》的识字教学中，设计提问紧紧抓住"识字"这一低段的教学难点，以文本为载体，依托文本进行识字教学，所设计的课堂提问为学生营造了多样性、趣味性的语境，引导孩子们在快乐中识字，同时感受汉字的魅力。教学片段如下：

师：是呀，兰兰画的这张画多好！兰兰的爸爸下班回来后，拿起画是怎么做的呢？

（生自由读课文第二自然段）

师：爸爸是怎样看画的呢？把爸爸的动作演一演。

（生表演得有模有样）

师：你表演得真棒！老师也来表演一个动作，大家猜猜是个什么字？——今天的太阳太亮了，我把手放在眼睛上遮一遮。（师边描述边做动作）

生：我猜是看见的"看"字。

师：你是怎么猜出来的？

生：上面一个"手"字，下面一个"目"就是"看"。

（师出示"看"的井字格，并相机板书"手"）

师：你仔细观察"看"，"看"字上面部分写的是"手"吗？

生："看"字上面写的不是"手"，把"手"字里的弯钩变成了撇。

师：你观察得真仔细！咱们在写撇时要写长一点，一直写到左下格来。你们仔细观察"看"字哪一笔正好写在横中线上？

生："目"字里面的横折钩的短横正好写在横中线上。

（生书空写"看"字）

师："看"字还有一个好朋友，出示"着"，你发现它们有什么相同之处吗？

生：它们都有一个"目"字。

生："看"字加两点，再把撇变成横就是"着"字。

师：你真是个爱动脑筋的孩子！"着"字里有三横，三横的长短要注意，中间一横最短。

（生书空描红，书写"看"和"着"这两个字）

师：兰兰的爸爸拿起画看了又看，心里特别高兴！让我们一起学兰兰的爸爸高兴地夸夸兰兰。

（生自由读、点名读、齐读）

3. 质疑解惑

利用质疑解惑的课堂提问方式，可以培养学生发现问题、解决问题的能力。古人云:"疑是思之始,学之端,于不疑处有疑,方是进矣。"魏源也说过:"疑乃悟之父。"因此,教师在讲授知识过程中要有意识地设置一些疑难问题,引导学生逐步认识它、解决它。学生经过大胆探索得出正确结论,可以收到良好效果。

如一位教师在讲授五年级《草原》一课时,先后在题目后面加上问号和叹号,然后通过质疑,帮助学生打开思路,尽情畅想。教学片段如下:

(师板书:草原)

师:(自由读)说说你读懂了什么?

生:读了课题,我知道课文要写的是草原。

生:我觉得课文要写的是草原的景色。

(师板书:?)

师:现在你再读读看,你又读出了什么意思?

生:(自由读)我想知道草原上有什么?

生:草原上有些什么?那儿美不美?

生:这是什么地方的草原?

生:草原上的人们如何?环境怎样?

(师板书:!)

师:请你再读一读,看看有没有新感觉?

生:(反复练读)啊!草原真大。我真想骑马驰骋一番。

生:啊!草原真美。我好想把它画下来!

生:草原那么美啊!我拿起照相机不停地拍起来。

生:看着如此美的草原,我不禁唱起了《草原赞歌》。

师:是啊!真令人神往。(放幻灯、播录音)现在就让我们一同和老舍爷爷去游玩一次吧!

这一课堂导入环节的提问设计,引起了学生浓厚的学习兴趣,并为后面的课文学习奠定了基础。

再如一位教师在讲授五年级的《晏子使楚》一文时,一个看似无关紧要的问题,经老师点拨引导后,不仅有效地训练了学生的发散性思维,使学生获得了成功的体验,而且教师还借此问题加深了学生对课文人物的理解。教学片段如下:

师:读了这篇课文你有哪些疑问?

生:课文说楚王叫人在城门旁开了一个5尺来高的洞,5尺有多高?

生:我查过字典,1尺等于1/3米,5尺约为1.67米。

生:不可能有这么高吧?

师:同学们说得很好!确实,古代的尺要比现代的尺短得多。但老师也不清楚古代的1尺究竟是多长。不过,我们可以估算一下。我先考考大家,通常古代说一个成年男子的身高是几尺?

生：我听说过"七尺男儿"这个词，可能古代说一个成年男子的身高就是7尺吧！

师：说得很好！现在你能估算5尺有多高了吗？

生：估计古代人长得不如现代人高，算他2.33米吧！那1尺就是2.33÷7≈0.33米，5尺也就1.66米左右。

师：很棒！你们能比划一下5尺有多高吗？（生比划）你现在想说些什么？

生：这么低，太侮辱人了！楚王真是欺人太甚！

生：换成我是晏子的话，早就调头回国了！

师：是被气走的吧！（生笑）

生：晏子不但没被楚王气走，反而把楚王气得有话无处说。晏子真是了不起。

4. 追根溯源

教师提问时要注意问题之间的层次关系，所形成的"问题链"要呈"阶梯式"。这样的提问方式在课堂上具体表现为"追问"，追问就是在学生回答了一个问题之后，教师根据学生回答的情况继续提问的一种教学形式。这样的提问，可以引导学生的思考由表及里、由浅入深地进行，从而使其养成从机械记忆到深层思考的良好习惯，有利于学生的思维向广阔性、深刻性、独立性、批判性、敏捷性、灵活性方向发展。

如特级教师于永正老师在讲授三年级的《翠鸟》一课时，设计了这样一个问题："你们说翠鸟捕鱼的本领高，飞的速度快，用什么证明呢？从哪儿可以看出来？"并由浅入深地追问同一个学生，这样可以保持学生思维不被打断，也有利于对话深入展开。他的提问有利于让学生去深入思考，关注课文的语言文字，这是一种纵向深入的提问。

5. 引发联想

教师要善于捕捉文本中的空白处，于空白处设问，引领学生在空白中拓展思维，进行联想，从而落实语言文字训练。

例如，一位教师抓住二年级《丑小鸭》一课中的两处空白，引导学生通过联想进行再创造，使学生的精神世界与文本共融，思维得到拓展，语言表达也得到有效的训练。

为了引导学生真切地感受丑小鸭的孤独、痛苦，教师抓住"他白天只好躲起来，到了晚上才敢出来找吃的"这句话中的空白处，提出这样一个问题："漆黑的夜晚，树林里一片黑暗，丑小鸭出来找吃的，会发生什么事呢？"学生展开想象，对此处进行"补白"。

为了帮助学生理解丑小鸭在逆境中的拼搏精神和对美好理想的追求，教师抓住"天越来越冷，湖面结了厚厚的冰。丑小鸭趴在冰上冻僵了"这两句话提出这样一个问题："丑小鸭在冻僵之前，曾经怎样勇敢地挣扎、奋斗？"引导学生展开想象，用自己的话表述出来。在学生畅所欲言的基础上，教师适时出示《丑小鸭》原著中的一段话：

"冬天变得很冷,非常的冷!小鸭不得不在水上游来游去,好使冰面不至于完全冻结成冰。不过,他游动的这个小范围一晚比一晚缩小。水正在结冰,人们可以听到冰块的破碎声。小鸭只好用他的一双腿不停地游动,免得水完全被冰封住。"在刚才想象创造的基础上再读原著中的描述,学生的心灵受到强烈震撼,对丑小鸭的精神有了更深刻的理解。

6. 联系生活

将语言实践与生活联系起来设问,以此引领学生拓宽学习空间,让学生在生活的广阔天地中习得、积累、内化、运用语言,获得语言能力与人文意识的共同提升。

(1) 留心观察生活

结合教学内容布置一个主题,指导学生有意识地观察生活,获得生活经验,然后与文本的教学进行有机的结合。

教学二年级上册"识字一"时,教师在教学前可布置学生观察秋天的景象,教学中先让学生说一说"你观察到的秋天的景象是怎样的"。然后指导学生用文中的四字词语描述自己的所见:"你能不能用上文中的四字词语再说一说?"这样,不仅培养了学生的观察能力、理解能力,而且丰富了学生的语言积累,达到学以致用。

(2) 精心再现生活

一位教师执教以"幸福"为话题的习作指导课。为了打开学生的思路,丰富学生对"幸福"内涵的理解,这位教师联系生活实际,再现生活场景,设计了一组填空:

上学时,_____,这就是幸福;
生病时,_____,这就是幸福;
假日里,_____,这就是幸福;
成功时,_____,这就是幸福;
失败时,_____,这就是幸福;
风雨里,_____,这就是幸福;
_____,_____,这就是幸福;
……

(3) 用心体验生活

教学时引导学生用已有的生活体验去解读文本,使学生的体验与文本发生接触、碰撞、交流,从而实现与文本的深层对话。

如三年级《西门豹》一课中,有这样一个片段:"这些官绅一个个吓得面如土色,跪下来磕头求饶……"一位教师教学时抓住"磕头求饶"一词,让几个学生以表演的形式补出官绅悔过的言行。如"大人,饶命呀,饶命呀,给河伯娶媳妇这件事都是我瞎编的,我知道错了!"教师趁势引导其他扮演老百姓的同学:"这位老大爷,您有什么话说?"已经陷入情境中的同学自然会说:"我好糊涂呀,竟然轻信了这帮狗官。"

"我的孩子死得好冤呀！"……这一教学过程是体验式的，教师不必做烦琐的分析，学生在自己创设的情境中，已经深刻地领悟到是西门豹的机智惩治了官绅、唤醒了百姓。

7. 设置矛盾

教师有意识地在学生理解的难点之处、文中语言精妙之处设置矛盾，以此激发学生的阅读兴趣，促使学生深入研读文本，走进作者内心深处，在实现情感交融的同时感受语言的魅力。

如《窃读记》一课中，有这样一句话："急忙打开书，一页，两页，我像一匹饿狼，贪婪地读着。"一位教师为了让学生深刻地体会到作者当时如饥似渴的读书状态，设置了一处矛盾，启发学生思考："'饿狼'在你的头脑中是怎样的印象？作者把自己比作'饿狼'合适吗？"

又如《颐和园》一课中描写昆明湖的句子："昆明湖静得像一面镜子，绿得像一块碧玉。游船、画舫在湖面慢慢地滑过，几乎不留一点儿痕迹。"一位教师抓住一个"滑"字设置矛盾，这样提问："作者真大意，竟然写错了一个字。划船的'划'，怎么能写成这个'滑'呢？"学生在讨论、交流中体会到这个"滑"字用得实在巧妙，格外突出了昆明湖的静，让人回味无穷。

再如《盘古开天地》中有这样两句话："只听一声巨响，混沌一片的东西（渐渐）分开了。轻而清的东西，（缓缓）上升，变成了天；重而浊的东西，（慢慢）下降，变成了地。"教师先让学生根据课文填空，然后问："渐渐、缓缓、慢慢这三个词的意思相同吗？既然意思相同，咱们把它们变成同一个词语行吗？你们试着读一读。"学生在读中比较，发现在一段话里，反复出现同一个词，读起来重复、乏味。如果使用一组同义词，读起来就朗朗上口了。

8. 思维迁移

将学生已有的知识和经验，进行由表及里、由此及彼、由旧及新的迁移，从而培养学生思维的深度和广度。

（1）由表及里

对四年级《搭石》一课中心句的理解，一位教师精心设计了这样的问题：

如此普通的搭石，却构成了家乡一道亮丽的风景。你从中看到了哪些美好的画面呢？请你默读课文，找一找。

这句话中的"风景"一词，仅仅是指这一幅幅美好的画面吗？你有没有新的理解？

这两个问题设计得很有梯度。第一个问题旨在引导学生走进文本，透过语言文字去感受美。第二个问题则引导学生思维向纵深发展，起到深化理解、升华情感的作用——"风景"一词不仅仅指搭石上的一幕幕生活场景，更代表了家乡人美好的心灵和品质。

（2）由此及彼

五年级上册"习作六"中的问题设计：

通过学习本组课文，我们感受到了父母不尽相同却一样深切的爱。此时，就让我们一起来重温那些感人的事例和浓浓的深情吧，教师随后出示《地震中的父与子》《慈母情深》《"精彩极了"和"糟糕透了"》《学会看病》四篇课文的插图和主要内容。

这四篇课文从不同的角度诠释了父母的爱，相信这样的回顾会让你对父母的爱有更全面的了解。此时，你的脑海中一定会浮现出自己与父母之间感人的事例吧？选择一件最令你难忘的事，和同桌说一说。

这位教师先是与学生一起简要回顾本单元的课文内容，然后将学生已有的情感体验、认知理解，巧妙地转化为本次习作的选材，引导学生敞开心扉，唤起他们表达的欲望。

（3）由旧及新

利用新旧知识间的密切联系，引导学生复习旧知的同时掌握新的知识，收获新的认识和理解。

如汉语拼音ai、ei、ui的教学。可以先出示a、e、i、u四个单韵母让学生认读、复习，然后将i分别与a、e、u组合成ai、ei、ui，引导学生初步感知这三个复韵母的形成。

再如识字教学中的形近字辨析，大多都可以采用由旧及新的形式。像对"请、清、情、晴、蜻"几个字的辨析，教师可以先出示生字"青"，指名认读。然后问："给'青'字加上你熟悉的偏旁，看看可以变成哪些字？"接着追问："认真读一读，再仔细看一看，这些字有什么相同之处，又有什么不同之处？"这样的问题设计环环相扣、层层深入，有效地实现了新旧知识的对接，达到了举一反三的效果。

总之，课堂提问的形式是多样的。无论我们选择哪种形式，无论我们怎样变换形式，都应以"学生的发展"为出发点和落脚点，这是语文教学的根本。

三、哪些教学方式可以选择

教学方式是指教师为促进学生顺利而有效地开展学习活动、完成学习任务，运用恰当的教学手段而进行的、师生相互作用的活动方式。教学方式是由一系列教学行为组成的，不同教学行为的搭配组合，就构成了不同的教学方式。教学行为的丰富性及其搭配组合的灵活性决定了教学方式的多样性。根据近年来在语文教学改革中积累的经验，我们可以把常用的语文教学方式归纳为下面几种主要类型：

1. 讲授式教学

讲授式教学法作为一种古老而传统的教学方法，长期被广大教师普遍采用。而许多知识也只有通过教师的讲授，学生才能深入理解和牢固掌握。教师教学运用其他方法时，也需要讲授法的配合。尽管新课程提倡自主、合作、探究的学习方式，但并不是要摒弃讲授式教学。任何教学方式都离不开教师的"讲"。尤其在低年级，文本中深奥、抽象的语言文字借助教师的精辟讲解、分析，从而变得具体形象、通俗易懂，这样才有利于学生更好地学习。

如一年级《四季》这篇课文，一位老师指导学生朗读描写春天的段落时，为了让学生理解"草芽尖尖"，首先让学生拿起自己的铅笔，用手摸一摸笔尖，说一说笔尖的样子以及摸后的感觉。然后出示"小草"和"草芽"的图片，通过比较它们的不同，配以教师生动的讲解，使学生了解"草芽"是刚刚冒出泥土，还没有舒展开叶子的、嫩嫩的小草。最后教师通过范读、领读，指导学生分角色朗读，让学生逐步达到正确、流利、有感情朗读课文的要求。

2. 讨论式教学

讨论式教学强调在教师的指导下，通过精心的预设与组织，让学生在独立思考的基础上就某一问题各抒己见，在相互交流、启发与探讨的过程中达到解决问题的目的，培养学生的独立思考能力和创新精神。讨论的问题可以由教师提出，也可以由学生自己提出。教师可以组织学生围绕有争论的、开放性的观点展开讨论，也可抓住学习的重、难点展开讨论。当学生开始讨论时，教师要通过倾听、回应参与到学生的讨论中来，并以插话提问的方式推动讨论逐步深入。

例如，一位教师教学六年级的《詹天佑》一课时，组织学生围绕詹天佑设计的"人字形"线路展开讨论，当学生通过讨论都认为"詹天佑是一位很有智慧的工程师"时，教师及时以"你还有什么看法？""你能详细说说吗？"等问题进行调控和引导，把"很有智慧"与前文提到的"杰出与爱国"联系起来，使学生对詹天佑有了更全面的认识和更完整的印象。

又如教学六年级《凡卡》一课时，一位教师在引导学生通过读课文体会凡卡悲惨的学徒生活后，针对文本的表达方式这样设计问题：

师：作者为什么用"凡卡的梦"来结尾？

生：说明凡卡要回到爷爷身边只是一个美丽的梦，永远也实现不了。

生：凡卡的信没有贴邮票，也没有写清地址，收信人是收不到的，所以他回不到爷爷的身边，只有在梦里才能和爷爷团聚。

生：用梦来结尾非常含蓄，意味深长，给人留下回味的余地。

生：用梦来结尾点明了文章的中心，连一条狗都能在爷爷的身边走来走去，而凡卡却永远也回不到爷爷身边，只有在梦里才能享受在爷爷身边的快乐，揭示了沙皇统治下穷人的孩子连一条狗都不如的悲惨命运。

学生的讨论、交流步步深入，不仅使他们对文本内容的理解有了提升，而且使他们更深入地体会到了文本表达方式对深化文章主旨的作用。

再如设计开放式问题组织学生讨论，可以激起学生的深入思考，培养学生解决问题的能力，而且可以挖掘学生思维和情感方面的潜力。一位教师教学五年级《狼牙山五壮士》一课，当讲到"五位壮士屹立在狼牙山顶峰……"时，设计了这样的问题：

师：请同学们想象一下，五壮士屹立在狼牙山顶峰，像什么？

生：像五棵风吹不倒雷打不动的青松。

生：像五个顶天立地的巨人。

生：像五只被激怒了的雄狮，怒视着敌人。

生：像五座永垂不朽的丰碑。

生：像五尊威武的雕像……

在学生思维碰撞的过程中，英雄的形象逐渐在孩子们的心中生了根。

3. 参与式教学

参与式教学强调要充分发挥教师"教"和学生"学"两方面的积极性，让师生双方在教与学之中相互启发、相互激励、相互协调、相互促进和相互统一，并在互动过程中顺利完成教学任务，实现教学目标。它注重营造平等、宽松、愉悦的教学氛围，通过教师的主导，激发学生学习的兴趣和乐趣，引导学生从被动地学变为主动地学。例如，一年级的《棉花姑娘》一文是一篇童话故事，内容比较浅显，学生易于理解。一位教师在教学时将重点放在对学生朗读的指导和说话能力的培养上，设计了如下教学活动：

①师生分角色朗读对话。首先，引导学生将文中的对话画出来。然后，通过师生反复变换角色朗读，抓住文中运用的"！"指导学生读好对话的语气，同时不断强化学生的有关燕子、啄木鸟、青蛙、七星瓢虫吃不同害虫的记忆。

②学生进行课本剧表演。学生在课本剧表演中学习对话中"请""对不起"等礼貌词语的运用。在表演的基础上，又设计了"请你帮助我_____吧！""_____，我只会_____。""_____是_____？""_____是（不是）_____。"这两组句式，开展师生、生生对话练习。

学生在分角色朗读、课本剧表演等活动中，不仅学习了有关益鸟、益虫捕捉害虫的科学常识，还积累了语言，提高了语言表达能力，教学收到了较好的效果。

4. 启发式教学

启发式教学是通过谈话问答、直观演示等主要方式打开学生的思路，引导学生质疑、调查、探究，促进学生主动积极地探索，从而发现问题、解决问题的一种教学方式。这种教学方式最忌问题设计得多、繁、滥，使教学变成"满堂问"。教师对问题的设计要精、要巧，提问的时机要准，要在引导、启发上下工夫，施教主动，贵在引导，妙在开窍。

如一年级课文《小壁虎借尾巴》，文本以童话故事的形式生动形象地讲述了小壁虎尾巴可以再生的常识。一位教师结合学生的生活常识，用疑问启发学生的思考，创设了这样的问题情境：

放映关于小壁虎的幻灯片，请学生观察小壁虎是怎样挣断尾巴的？用了哪些词语？在观察的基础上，教师提示："小壁虎要去借尾巴了，你有什么问题吗？"

综合学生的问题，引导学生自主解决。

又如教学一年级另一篇课文《称象》，当学生初步读懂课文后，教师设计了学生动手实验操作的环节，引导学生思考，开启学生心智。

师：（手指着讲台上已经准备好的实验用品）谁能根据曹冲称象的步骤做个实验？

（三名学生到讲台前，教师将装满水的大玻璃缸、塑料小船、大象模型和小石子交给他们，让他们做"沉、画、装、称"的实验）

师：（看到学生在船舷上画线）你为什么要在船上画线呢？

生：是为了知道放多少小石子合适。

师：（看着学生的操作）说说实验全过程，你又有什么发现？

……

在学生演示的过程中，教师不断地启发，孩子们边观察、边思考、边操作、边解说，既能准确理解课文内容，又能了解事物之间的联系，提高了思维的条理性、准确性。

5. 合作式教学

合作式教学是以师生、生生、小组之间的相互合作为基础，在民主、和谐的教学氛围中，以多种互动因素来推进课堂教学和学生的主动学习，有效提高课堂教学效果的一种教学方式。组织合作教学的关键是要创造条件、指导方法，让学生全员、全方位地积极主动参与，明确学习目标，带着任务进行学习。合作教学强调利用学生个体的差异进行互补，让学生在自己的努力下体会成功的乐趣。

例如，教学汉语拼音 ao、ou、iu 时，一位教师先示范 ao 的发音，让学生通过观察体会发音要领：在发 ao 的音时，只需摆好 a 的口型，由 a 音慢慢地向 o 音滑动就可以。然后教师放手让学生利用这一方法在小组内学习 ou 和 iu。学生很快地掌握了发音要领，并编成了小儿歌：o 加 u 音读 ou，海鸥、海鸥天上飞。学生在讨论——归纳——汇报的反复过程中，既掌握了学习复韵母的方法，又体验到了"成功"的乐趣，真正做到了"以学代教"。

又如一位教师教学一年级《乌鸦喝水》时，组织学生小组合作学习。教师在分组前先提出疑问："乌鸦喝不着水多着急呀，可是它灵机一动，想出了一个好办法很快喝着水了，你知道是什么办法吗？"疑问的提出，调动了学生思维的积极性，使学生在小组内充分地发表自己的想法，既锻炼了口语表达，又促进了智力的发展。

6. 探究式教学

探究式教学是在教师的指导下，以学生为主体，让学生自觉地、主动地探究，掌握知识和解决问题的方法和步骤，并在不断地探究中领悟、发现，获得经验积累、知识建构，进而获得整体发展的一种教学方式。在探究式教学的过程中，教师要尊重学生独立阅读的情感体验，要给学生足够的时间和机会，让他们充分地阅读理解、讨论感悟，使学生具有更多的学习空间和主动权。

如以下是一位教师教学五年级《自己的花是让别人看的》一文时，引导学生理解"多么奇丽的景色！多么奇特的民族！"这句话的教学片段：

师：你有什么好办法理解"多么奇丽的景色！多么奇特的民族！"这句话呢？可否讲给大家听听？

生：我认为理解这句话首先要弄清关键词"奇丽"的意思，接着理解"奇特"的意思，最后再联系全文内容理解"多么奇丽的景色！多么奇特的民族！"的意思。

师：围绕这三个层次，我们可以提哪些问题来帮助理解这句话呢？

生："奇丽"是什么意思？

生：还要理解"奇特"是什么意思？

生：为什么说"多么奇丽的景色！多么奇特的民族！"？

师：请同学们围绕这三个问题，再读一读课文，在小组内讨论讨论。

又如教学三年级课文《花钟》，教师可以通过组织学生探究"'花钟'是怎样表示时间的？利用了花的什么规律？是怎样利用的？"这三个问题，指导学生阅读思考，学习、理解课文的语言及主要内容。

再如教学四年级课文《爬山虎的脚》，教师可以在学生初读课文后，引导学生质疑："爬山虎"是一种植物，怎么起了一个动物的名字呢？"爬山虎"有"脚"吗？长在什么地方？"爬山虎"是怎样爬上墙头的？组织学生在探究的基础上开展讨论交流，将学生的理解逐步引向深入。

教师的设疑引发了学生的质疑探究，这有利于帮助学生透彻理解文本语言以及培养学生主动探究的学习能力。

7. 体验式教学

体验式教学是教师充分调动学生的阅读兴趣，引导学生在阅读文本时自主揣摩、感受、领悟字里行间洋溢的情感和人文精神，实现"自我教育"的一种教学方式。《课程标准》指出："要珍视学生独特的感受、体验和理解"，"要注意为学生设计体验活动"，"阅读教学是学生、教师、文本之间对话的过程"。这一切都要求我们尊重学生鲜活的个性，关注学生独特的体验。在教学中，教师可结合现实生活、电脑课件、体验性游戏等为学生创造体验的机会。

如四年级课文《触摸春天》是一篇抒情散文，真切描写了一个盲童在花丛中用手、用心来感受美好春天的故事，表达了盲童热爱生活、珍爱生命的强烈追求。如何让学生体验盲童的内心情感，一位教师设计了这样的环节：

师：请大家闭上自己的眼睛，在自己的文具盒中找出一支钢笔、一支铅笔、一块橡皮、一把尺子，然后按照一定的顺序将它们整齐地摆放在桌子的中间。（学生完成此

项活动）

师：谁能告诉大家，当你闭上眼睛想做好这件事时，你内心的感受是什么？

生：这件事情很简单，可是闭上眼睛想做好这件事，很困难。

生：我想又快又好地完成这件事，可就是找不到橡皮，结果越着急越出错，连笔也掉在地上了。

生：我现在知道了，在黑暗中生活的人会感到非常无助。

生：盲人生活在黑暗中，他们一定很痛苦。

通过亲身的体验，学生体会到了盲人的痛苦，感受到了他们内心的煎熬，使学生对文中那个热爱生活的盲童产生了深深的敬佩之情。教学难点就在这样的体验中得到突破。

8. 批注式教学

批注式教学是在教师的引领下，学生以自主为基础，以自学为主线，以思维为核心，以画、注、批为形式，以提高阅读效率和语文能力为目的的教学活动。其中，批注的内容主要有三种类型：一是对内容的概括；二是自己的联想和体会；三是质疑或提出不同的看法等。这种教学过程应该从易到难、由浅入深、循序渐进，让学生充分享受阅读的快乐。"读中讲评，画龙点睛"的方法作为"批注式阅读"的起步训练比较有效。具体做法是在学生阅读的过程中，教师像打眉批那样，穿插数语或对其大意进行高度概括，或对其精彩处加以点评，或对其内容加以点拨。如下面的五年级《草原》的教学片段：

生（读）：这次我看到了草原。

师（评）：总起，点题。

生（读）：那里的天比别处的更可爱，空气是那么清鲜，天空是那么明朗，使我总想高歌一曲，表示我满心的愉快。在天底下，一碧千里，而并不茫茫。

师（评）：天空明朗，草原辽阔。

生（读）：四面都有小丘，平地是绿的，小丘也是绿的，羊群一会儿上了小丘，一会儿又下来，走到哪里都像给无边的绿毯绣上了白色的大花。

师（评）：小丘是绿色的，羊群是白色的，色彩鲜明；小丘是静止的，羊群是走动的，静中有动。

生（读）：那些小丘的线条是那么柔美，就像只用绿色渲染，不用墨线勾勒的中国画那样，到处翠色欲流，轻轻流入云际。

师（评）：两个"流"字，用得绝妙，由近及远，把静止的景物写活了。

生（读）：这种境界，既使人惊叹，又叫人舒服，既愿久立四望，又想坐下低吟一首奇丽的小诗。

师（评）：写景抒情，景美情深。

生（读）：在这境界里，连骏马和大牛都有时候静立不动，好像回味着草原的无限乐趣。

师（评）：啊！牛和马都醉了，被这草原的美景陶醉了，所以静立不动，沉浸在回味草原的无限乐趣之中了。

师：刚才同学们读文时，老师以插话的方式或概括一句话的主要意思，或理解用词的准确，或体会语言表达的意境，这就是批注式读书的方法。请同学们用这种方式读下面这一段落，边读边思考，把你想到的、体会到的写在句子的旁边。一会儿我们进行交流。

（学生开始读文活动）

于永正先生在点评此案例时指出：学生的朗读带出了教师的讲评，学生前面"画龙"，教师后面"点睛"。教师的"点睛"之语，就是示范性"批注"。如果学生在文章相应处记录下来，就是对文章该处的"眉批"。这种"以读带讲，读中讲评"的方式，既是高效的读，省去了烦琐的提问和讲解，又为学生学习批注作了示范和铺垫。

每种教学方式都有自身的优劣。教学目标的多层次、教学环节的多样性，必然要求教学方式的多样化。只有各种教学方式之间相互配合和补充，才能使教学发挥出单一教学方式所没有的整体效益。教无定式，但教学有式。教学方式是一种多因素构成体，它随着教学内容、目标、学情以及教师教学风格的不同而不断发生新的组合变化。教学方式的选择，是直接影响教学质量的关键之一。教师必须认真分析各种教学方式的优势与不足，紧密结合教学实际，恰当地选择和创造新的教学方式，才能不断实现课堂教学方式的优化，不断提高教学效益。

四、有哪些新型的学习方式

《课程标准》提出了新课程的四个基本理念，其中之一为"积极倡导自主、合作、探究的学习方式"。提出这个理念的主要依据就在于：教育必须着眼于学生学习潜能的唤醒、开掘与提升，促进学生的自主发展。什么是学习方式？学习方式不是指具体的学习策略和方法，而是指学生在完成学习任务时基本的行为和认知的取向。学生学习方式的改变，意味着要改变学生的学习态度、学习意识和学习习惯，而科学的学习方式也正是建立在良好的学习态度、学习意识、学习习惯之上的。实践中，指导学生采用的学习方式可以有以下几种：

1. 自主的学习方式

自主学习概括地说，就是"自我导向、自我激励、自我学习、自我监控"，能有效地促进学生主动发展的学习方式。为此教师应做到以下几点：要创设民主、和谐、宽松的教学氛围；要注重培养学生的学习兴趣；要为学生创造充分自主学习的机会。

（1）自主学习给学生充分自主选择的机会

在识字教学中，学生可以自主选择识字方法；在朗读课文时，可以自由选择自己喜欢的段落；在理解课文内容时，可以自由选择自己的分析角度；评价人物时，可以根据自己的体验赋予人物情感；作文练习可以自主选择命题……这些自由选择可以促进学生充分地自主学习。如一年级的识字教学《自选商场》一课，教师设计了三个指导学生自主学习的环节：

①请学生小声自读课文，同桌之间可以相互正音；

②请学生选择自己喜欢的识字方法记忆字形，并进行交流；

③扩展活动，举办"商品展销会"。请学生先在小组内交流收集的商品包装，每个小组选代表在全班就商品的名称、性能等进行交流。

又如教学四年级课文《鸟的天堂》时，在学生掌握内容、感悟语言后，教师可设计多种形式的小练笔，给学生充分自主选择的机会，让学生运用自己喜欢的方式领悟语言表达形式的多样性。如：

我来当个"小导游"，介绍鸟的天堂。

我写一则图文并茂的广告，宣传鸟的天堂。

我要当个词作家，用生花妙笔写歌词，配熟悉的旋律，大家唱一唱鸟的天堂。

在"我是一只幸福鸟""大榕树的自述"两个题目中任选其一，写一篇童话。

（2）自主学习给学生以主题感悟的机会

感悟是一种极具差异性和丰富性的心理行为，只有有效地激发学生的不同感受，才能给每一位学生以充分的心灵自由。正所谓"一千个读者就会有一千个哈姆雷特"。如教学三年级《和时间赛跑》一课时，教师设计了"创设名言"教学活动：

师：读了这篇文章，你了解了林清玄和时间赛跑的事，一定会很有感触，你现在是怎样想的？

生：时间如流水，只能流去不能回。

师：你说得太好了，你的理想是什么？

生：我的理想是当一名科学家。

师：好的，请你在这句话后面署上大名。

生：时间如流水，只能流去不能回。——未来的科学家　冯杰

师：这句话可以说是冯杰的名言了！古今中外文人志士面对人生短暂、岁月匆匆，他们都留下过深深的慨叹。

（课件出示，学生朗读）

少年易学老难成，一寸光阴不可轻。——朱熹

莫等闲白了少年头，空悲切。——岳飞

放弃时间的人，时间也放弃他。——莎士比亚

师：孩子们，你们一定也有美好的理想。未来的科学家、艺术家、魔术师、作家……你们会怎么说呢？请拿起你们的笔，尽情抒发自己的情，尽情创编自己的名言。

（生兴趣倍增，拿起笔写了两分钟左右）

师：你有一个思想，我有一个思想，相互交流会有更多的思想火花迸发。

生：忘掉今天的人，将被明天抛弃。——未来的文学家　王芳

生：人生短暂，一定要珍惜时间，你才会成为有用之才。——未来的海洋学专家　沈小强

师：珍惜分分秒秒，一路走好，前面会有数不尽的风光。——未来作家　王明

……

（生畅所欲言，滔滔不绝，课堂气氛异常活跃）

此时，孩子们都在用心读课文，并大胆说出自己的想法。教师只有顺学而导，在帮助学生树立正确的人生观、价值观的前提下，尊重学生的个人感受，让学生都充分享受自己感悟的自由，真正给每位学生以充分的心灵自由。

（3）自主学习引导学生向最近发展区发展

教学的基础是学生现有的知识水平、经验、情感和思想状态。这些知识经验可能是下一步学习的铺垫和助力，也可能形成思维定式，成为下一步发展的障碍。因此，教师要尽可能地了解学生的当前发展状况和最近发展区，把学生的已知和对学习的渴望变成教学的基础和动力，才能确保学习的成效。自主学习方式就是要引导学生从学习起点出发，主动投入学习的过程当中。下面是一位教师教学四年级《跨越海峡的生命桥》（课件展示一组桥的图片）一课的实录：

师：我们在生活中见过怎样的桥？

生：木桥、石桥、钢架桥、铁索桥、立交桥……

师：这些桥都是架在水面、山间、交叉路口起方便交通的作用。那么，"跨越海峡的生命桥"是指用什么搭建起来的桥？

生：我想生命桥一定是用生命搭建起来的。

生：是架在生与死之间的桥。

师：对，这不是一般的桥，而是用爱心、亲情架设的桥。请大家读课文，用简洁的语言，把这个动人的故事叙述出来。

（生读文后概述）

师：故事中的什么场景打动了你的心？默读课文，圈画相关语句，作出批注。

"桥"，对学生来说是比较熟悉的，教师通过与学生聊"桥"的话题，了解到学生现在的认知状况——他们对桥的认识停留在桥的材质、结构、用途上。因此，由课题的"生命"二字着手，把学生引入最近发展区：生命桥是用爱心、亲情搭建的，是在生与死之间架设的桥梁。然后教师顺应学生的思维发展程度，带领学生通过读文了解这座"跨越海峡的生命桥"，及时把握学生读文后的情感起点，把学生引入更深一层的最近发展区：体会两岸同胞血浓于水的人间情。在这个过程中，学生学习的主动性得到充分发挥。

2.合作的学习方式

新课程强调合作学习，其目的是要使每个学生都能参与到学习活动中来，在师生、

生生互教互学、彼此交流的过程中，沟通情感，促进学生认知的发展以及责任心、人际交往能力的提高。然而，有些教师只注重课堂教学组织形式的变化，而忽略了对学习内容的设计和主题的构建，使合作学习流于形式。有效的合作学习应是学生在小组内为完成共同任务，有明确责任分工的互助性学习。如教学四年级《爬山虎的脚》一课时，教师通过"学习菜单"组织、指导学生进行合作学习，其设计如下：

(1) 提炼学习主题

①引导质疑："爬山虎"是一种植物，怎么取了个动物的怪名字呢？爬山虎靠什么爬石翻墙？你想了解爬山虎的"脚"的哪些方面？

②根据学生的质疑，提炼学习主题：

主题一：弄明白爬山虎的脚长在哪里，是什么样儿的。

主题二：研究爬山虎的脚是怎么爬墙的。

③围绕学习主题，设计小组合作学习菜单：

菜单一：爬山虎的脚长在哪里，是什么样儿的（针对主题一设计）。

读读想想。读课文第3段，画出描写爬山虎的脚的位置、颜色、形状的句子，并且把句子读懂。

看看画画。观察实物（爬山虎），结合课文上的描写，动手画一画爬山虎的"脚"。

练练讲讲。用自己的话说说爬山虎的脚长在哪儿，是什么样儿的。可用第一人称说（自我介绍），也可用第三人称说（解说员）。

菜单二：爬山虎怎么爬墙（针对主题二设计）。

读读做做。读课文第4段，画出描写爬山虎爬墙的动作的词语，弄懂表示动作状态的词语，再用手做做这些动作，体会爬山虎是怎么爬墙的。

比比说说。爬山虎为什么是"一脚一脚"地爬而不是"一步一步"地爬，体会作者用词的准确性。

(2) 选择或分配学习主题

第一阶段：选择学习主题

各组选择自己感兴趣的学习主题进行学习，共同研究。

合作学习的目标是师生共同协商而产生的，依据了学生的最近发展区，增强了学生夺标的信心与成功的可能性，为下一步的合作学习铺设了坦途。

第二阶段：组内合作学习

学生根据学习要求并借助学习菜单，围绕主题进行交流。小组成员各尽其能，共同完成学习任务。教师放手让学生自己学习，并参与各小组讨论，随机进行点拨指导。

第三阶段：组际交流反馈，分两个层面进行

研究相同主题的学习小组，由联络员把各小组的学习结果带到信息中转站交流，做记录，再回到原组汇报。小组汇总意见后进行修正，再向全班汇报小组学习情况。

研究不同主题的学习小组，在听其他小组汇报时，可质疑，可求教，也可与不同主题的小组交流，在交流中完成所有主题的学习任务。各小组向全体同学汇报学习结果，教师和其他各组同学进行分析判断。大家共同分享讨论研究的成果，共同纠正错误，提高学习能力。

第四阶段：学习效果评价

从合作技巧、过程、效果、合作是否愉快、进步程度等几方面对合作小组和个人进行评价，并做好记录，填写在各组学习卡里，激励学生再接再厉，更上一层楼。

小组合作的学习内容应力求符合学生实际，按照教学内容和目标，寻找既适合开展学生合作学习，又能促进学生发展的学习点，让学生在信息交流的过程中掌握语言、运用语言。如教学情感性强的写景抒情文章《观潮》时，文中描写潮来时的壮观景象，可采用小组美读、赛读的学习形式，让学生自主合作练习朗读，在读中品味、读中感悟、读中体验，从而升华情感、陶冶情操。

对一些内容可以分解的文章，可让合作成员明确各自的学习内容和学习任务，开展小组合作学习。如《美丽的小兴安岭》一文，教师可在学生领悟了作者描写小兴安岭春、夏、秋、冬四个季节特点的写作方法后，布置一次小练笔：仿照这种写法，以"美丽的校园"为题，写出校园四季或早、中、晚的特点。要求每个学生只描写一方面的特点，写好后小组四人合成一篇文章，然后共同完成结尾。写作前，小组同学先讨论校园四季的特点，明确各自的任务。由于写作不再是个人的事情，学生写起来就格外的专心，合作效果自然就好。

3. 探究的学习方式

探究的学习方式是师生在课堂中一种积极的实践和学习方式，但它又是一种受学习内容、学习条件制约的学习方式。教师在运用探究学习方式的时候，要求避免探究问题无意义或不给学生探究时间的假探究行为，真正的探究要让学生在不断地探究中深入文本，与文本作者产生共鸣，使学生在思辨过程中步步深入，从而培养学生发现问题、分析问题、解决问题的能力。

（1）激起质疑欲望，培养探究意识

探究性学习应从学生的"问"开始，注意培养学生发现问题与提出问题的能力。在教学中，应结合课文和现实生活创设一种开放性的、富有意义的、比较适当的问题情景。创设情景，帮助学生提出问题的策略很多，应因文而异。

如一位教师教学五年级《草船借箭》一课，在提出"诸葛亮的神机妙算表现在哪些地方"这一问题后，将学生分成三个小组进行探究性学习：A组研究诸葛亮对周瑜；B组研究诸葛亮对鲁肃；C组研究诸葛亮对曹操。小组研究的问题是：①诸葛亮算到了什么？②诸葛亮采用什么计策？为什么要这样做？③诸葛亮是个怎样的人？通过小组读文讨论、探究，学生在解决疑问的过程中，深入了解了诸葛亮这一人物形象，感受到了探究性学习的乐趣。

(2) 注重语文实践，提高探究能力

探究性学习具有很强的实践性、参与性。在提出、选择、确定探究问题后，教师要引导学生找到适合自己的学习需求，以学定教，顺学而导。如下面是三年级教材《海底世界》（北师大版教材）一课，教师引导学生质疑的课堂实录。

师：请你们再读课文，提出你们想知道的问题。

生：海底世界是什么样的？

生：课文是怎么描写的？

生：作者为什么不重点描写海底世界的水？

生：人处在海底世界会怎样呢？

生："蕴藏"是什么意思？

师：我发现第一个问题绝大多数学生都提到了，课文后的思考题也提出了这个问题，请你们读读这道题。

生：读课后题：海底世界是什么样的？课文是怎么描写的？

师：我建议把它作为本节课的重点问题来研究。

师生通过深入阅读，不仅解决了重点问题，也连带解决了其他问题。第二个问题"作者为什么不重点描写海底世界的水？"是教师原来没有准备的，但学生提出了很好的见解：水不是一个显著的特点，景色奇异、物产丰富才是海底世界的两个主要特点。学生的问题有教育价值大小之分，教师要善于引导学生评估和筛选，但绝不能置学生的问题于不顾。

(3) 与文本对话，深入探究

让学生在自主探究活动和与课文进行对话的实践中，主动地捕捉、收集、处理与探究相关的信息，提高学生的探究能力。

如六年级的《月光曲》一课，教学实录片段如下：

师：一个多么善解人意的姑娘，听贝多芬弹钢琴是她一直以来的愿望。但她后来又说"随便说说"，是真的"随便说说"吗？

生：不是"随便说说"，她是想安慰哥哥。

生：她不想让哥哥为她听不到贝多芬弹钢琴而难过。

生：兄妹俩相依为命，她怕自己的失望让哥哥内疚。

师：明明是内心强烈的渴望，盲姑娘却说是随便说说，贝多芬从中听出了什么呢？

生：贝多芬实际上听出了盲姑娘十分热爱音乐，盲姑娘一直压抑着自己内心的情感，她多么希望能听到贝多芬弹琴，但却说只是随便说说。所以，随便说说并不真的随便说说。

生：盲姑娘在努力掩饰自己的愿望，明明是梦寐以求的愿望，却说成随便说说。因为他们家境贫寒，她不想再给哥哥增加负担。"随便说说"包含着情感千千万万。

师：体会得真好。我们来读读这段话，体会一下他们的情感好不好？你读妹妹的话，我读哥哥的话，不读提示语。

（师生分角色读）

案例中，学生在教师引导下，围绕一个关键句，联系上下文，展开探索与研究，在了解问题、分析问题、解决问题的过程中，接触到本课的内容和情感的核心，从对人物表面的描写深入了人物内心复杂的情感世界。通过接触语言文字，引导学生感知语言文字所蕴涵的情感和意向，领悟语言的丰富内涵，这样的语文学习才是有效的。

4. 创新的学习方式

教育创新强调知识学习的探索性和创新性。《课程标准》指出："学生是学习和发展的主体。"语文课程必须根据学生的身心发展和语文学习的特点，关注学生的不同学习需求及差异，爱护学生的好奇心和求知欲，充分调动学生在已有知识、能力的基础上，主动地探索知识的新领域。

在教学过程中，教师要充分尊重和信任学生，积极引导和激励学生在学习过程中自觉运用某些创造性的学习方式，使其有良好的情感体验，养成一定的行为习惯，逐步引导学生将一定的自主创新性学习方式纳入自己的知识、能力体系。

教师要改变学生以单纯地接受教师传授的知识为主的学习方式，为学生构建开放的学习环境，使他们多渠道地获取知识，并将学到的知识加以综合应用，促使他们形成积极的学习态度和良好的学习策略，提高实践能力，发展创新思维。因此，在教学中，教师要善于开发教材留下的悬念和空白，抓住时机，培养学生的求异思维。如四年级的《跨越海峡的生命桥》一课，教师设计了一个开放性的问题引发了学生多角度联想，加深了学生对文本的理解。片段实录如下：

师：如果让你用颜色来形容这座生命桥，你会选择哪种颜色？

生：红色，因为是用骨髓移植换来的。

生：绿色，因为这座用爱心搭建的生命桥给了小钱新的生命，使他得以存活。用绿色代表生命的勃勃生机。

生：金色，因为台湾青年有一颗金子般善良的心。

生：七色，像彩虹一样美丽的颜色。台湾青年血浓于水的爱心亲情桥像雨后彩虹般耀眼美丽……

教师的引导使学生的学习不仅仅局限于对文章本身的理解和接受，而且在感知的基础上，丰富了对"生命"内涵的理解，并结合自己的感受进行了表达训练。学生在感知——领悟的运用中加入自己对生活的体验，拓展了文本学习的视野。这种创新学习的方式打破了思维的定式，引导、鼓励学生大胆创新，放飞思维，拓宽视野，增加了课堂学习的信息容量，这样的学习才是丰满的、有生命的，才是富有成效的学习。

5. 对话的学习方式

学习者之间的交流对话不仅能促成学生对知识的深层理解，还可促使学生对自己的思维活动进行有效监控，使学习者超越简单的纯粹个人化的建构，达到全面的理解，从而实现教学目标，即真正意义的建构。因此，恰如其分地运用对话的学习方式，可以促进学生学习的可持续发展。

一位教师教学五年级《白杨》一课的片段如下：

师："白杨树从来就这么直，这么高大。哪儿需要它，它就很快地在哪儿生根、发芽，长出粗壮的枝干。"父亲的话语中充满对白杨的赞美。请同学们读一读。

（学生齐读）

师：在爸爸的眼中白杨树到底有什么特点呢？

生："从来"这个词语说明白杨树一直都是这样高大挺直。

生：哪儿需要它就在哪儿生长，从来不选择。我从"哪儿"一词看出白杨树适应力很强。

师：（板书：哪儿……哪儿……适应力强）我们可以想象到（引读）城市需要它——

生：白杨树就在城市里生根、发芽，长出粗壮的枝干。

师：乡村需要它，它就在乡村——

生：白杨树就在乡村里生根、发芽，长出粗壮的枝干。

师：学校需要它——

生：白杨树就在学校生根、发芽，长出粗壮的枝干。

师：现在，西部沙漠需要它——

生：白杨树就在沙漠里生根、发芽，长出粗壮的枝干。

师：不管遇到风沙还是雨雪，不管遇到干旱还是洪水，它总是那么直，那么坚强，不软弱，也不动摇。

在这一教学片段中，教师的有效倾听与反馈，最终成就了语文课堂教学的有效对话朗读。所以说教师把握好对话的"参与时机"和"参与权"，时刻关注学生的发展是对话的关键。对话的学习方式是新课程背景下平等师生关系的体现。教师的有效倾听与回应，对引导学生的可持续发展显得尤为重要。

6. 体验的学习方式

体验是指亲身经历与直接实践而产生感情，获得经验。体验使学习进入生命领域，因为自己的体验，知识的学习不再仅仅属于认知、理性的范畴，而是扩展到情感、生理和人格等领域，从而使学习过程不仅是知识增长的过程，同时也是身心和人格健全与发展的过程。体验的学习方式强调身体性参与，学习不仅要用自己的脑子思考，而且要用自己的眼睛看、用自己的耳朵听、用自己的嘴说、用自己的手操作，即用自己的身体去亲自经历、用自己的心灵去感悟。

如三年级《荷花》一课，有位教师联系学生的生活实际体会"挨挨挤挤"的意思，字词训练扎实，学生体验真实。教学片段如下：

师："挨挨挤挤"词中的"挨"和"挤"是一组近义词。查字典，看这两个字的意思一样吗？

生："挨"是靠近的意思；"挤"是（人、物）紧紧靠拢在一起的意思。它们都有靠的意思，但程度不同。

师："挨"和"挤"所表示的词义程度不同。看图，请一位同学上前指指，哪处荷叶是"挨"着，哪些荷叶是"挤"着。（学生指图）

师：看，它们多像一个个绿娃娃。这儿亲密地"挨"在一起，那儿又顽皮地"挤"在一块儿。

师：请大家把眼睛闭上，回忆在生活中看到过的"挨挨挤挤"的情景。

生：超市里，人很多，你靠着他的肩，他贴着你的背，走动一步都挺费劲。

生：市场鱼摊的水池中，鲤鱼、鲢鱼、草鱼多得很，它们你挤我，我撞你，都想获得更大的空间，却总也做不到。

生：夏天到了，奶奶家门前的一棵大树，树叶密密麻麻、挨挨挤挤地把蓝天都遮住了……

师："挨挨挤挤"说明了人或东西很多，那么，这儿说荷叶"挨挨挤挤"是想告诉我们什么呢？

生：告诉我们荷叶很多，长得非常茂盛。

生：说明荷叶长得很有生机。

生：还可以想象出荷花肯定也长得很美。

生：我觉得大自然很伟大，能使荷叶长得这么多、这么美，我们应该热爱大自然。

师：谁愿把自己的这种体验用朗读的形式表达出来？（学生声情并茂地朗读）

又如教学六年级课文《青山处处埋忠骨》时，有位教师创设语境，让学生在续写中去体会作为父亲的毛泽东。实录片段如下：

师：长夜漫漫，主席在床上辗转反侧，泪湿枕巾……他的动作、语言、神态和心理活动是什么样的呢？请同学们以"长夜漫漫，我仿佛看到了一位悲伤的父亲……"为开头续写。

生：长夜漫漫，我仿佛看到了一位悲伤的父亲正在低声哭泣。他喃喃地自言自语："岸英啊，爸爸对不起你。你从小受尽折磨，带领弟弟露宿街头，讨饭度日。你自愿参战，又牺牲战场。唉，谁让你是毛泽东的儿子呢？"

师：你抓住了毛主席的心理活动和语言。

生：长夜漫漫，我仿佛看到了一位悲伤的父亲还在一根一根地抽着烟，屋内烟雾缭绕。他一会儿在屋内踱步，一会儿和衣躺下，一会儿哀声阵阵，一会儿又低声呼唤："岸英，你真的走了吗？"

师：用排比句形象地描绘出了一位悲痛的父亲。

生：长夜漫漫，我仿佛看到了一位悲伤的父亲辗转反侧，泪湿枕巾。他在黑暗中痛哭，透过满屋的烟雾仿佛看到了自己的爱子，他伸出手去，就在触到的瞬间，岸英笑着跑远。"岸英！岸英！"主席声声呼唤……

师：主席的声声呼唤让我们心中更加难受。

学生在续写中，根据特定的语境从不同的角度揣摩人物的心理，体会人物的情感，不仅丰富了心理活动，深化了对文本的理解，还进行了语言表达能力的训练。

新课程提倡教师引导学生采用适合自己的学习方式开展学习活动，变被动学习为主动学习。我们不能由此摒弃接受式学习。接受式学习作为传统的学习方式，有着其他学习方式不可取代的优势。教师生动形象地讲授，同样也能够激发学生学习的主动性和思维的积极性。人的一生中，特别是学生时代，大量的知识与经验是通过接受式学习来获得的。我们必须清楚地认识到，这些学习方式之间并不是孤立的、一成不变的，它们之间有着必然的紧密联系。每一次课堂教学，也往往是多种学习方式的有机结合，而不是把它们刻意地割裂，为追求或表现某种学习方式而采用某种学习方式。归根结底，学习方式的选择是根据学习内容的需要和学生的实际来决定的。内容决定形式。因此，引导学生开展学习活动，要紧密结合学习内容和学生的实际情况，以促进学生的发展为目的，灵活、有效地发挥不同学习方式的优势，既要得其形，又要见其神。

五、如何对教学做总结

课堂总结是一节课的结束，又为今后的学习奠定基础，具有承上启下的作用。"承上"，指学生要在教师的指导下，运用回忆、分析、比较等方法，总结本课学习的要点。"启下"是说教师要启发引导学生把本课学习的收获作为后面学习的起点。常用的课堂总结方式主要有以下几种：

1. 总结收获式

总结收获式是引导学生回忆、归纳并再次领悟学习获得的知识经验的过程。在教师指导下，学生从文章的内容、思想、结构、写法、语言等不同方面，有重点地回顾或总结规律、特点，加深对课文的理解。教师通过板书等再予以提炼升华。教师要结合本课的教学重点，有所侧重地归纳本课学习的主要内容，总结规律、特点或主题。

（1）教学案例：《将相和》（五年级下册）

（请同学们通读全文，然后交流在这节课中的学习收获）

师：大家说得都很好。在写作中我们如果能抓住人物的语言、动作、神态等特点去描写，就能将人物写得栩栩如生。同时，要想写好一篇文章必须有条理地组织材料、安排材料，使之紧扣中心，这样才能使文章言之有序，更好地表现中心。

下课。

（2）教学案例：《美丽的小兴安岭》（三年级上册）

学完描写小兴安岭一年四季的树的特点的片段后，教师根据板书进行小结，指导学生领悟语言，学习写法。

师：作者抓住了树木在春、夏、秋、冬四个不同季节的变化特点，用生动、准确的语言描写出来，这种写法很值得我们学习和积累。课后让我们再来读一读，感受这独特的美。在以后的习作中，我们可以学习、运用这样的表达方法。

（3）教学案例：《桥》（五年级上册）

生（朗读）："五天以后，洪水退了。一个老太太，被人搀扶着，来这里祭奠。她来祭奠两个人。她丈夫和她儿子。"

师：从这段文字中你从中明白了什么？你现在最大的感触是什么？（惊讶、敬佩）你最想对老支书说什么？请说出你心底最深的感动。（学生结合理解谈感受）

师：老支书，您忠于职守，无愧于共产党员这个身份；您为保全群众舍弃自己乃至儿子的生命，您为我们诠释了"大爱无疆"的深刻内涵……您就是一座山，一座_____的山，您就是那座桥，一座_____的桥。

（学生填空）

师：这就是全村人都拥戴的老支书，在人民群众生死攸关的危难关头无私无畏、不徇私情、英勇献身的老共产党员！让我们满怀深情地再次朗读课文——《桥》。

（学生朗读课文后下课）

教师利用总结收获式，不仅指导了学生对语文知识的学习，同时对学生今后的阅读和表达进行了积极的指导。尤其是以课文为载体，沟通了阅读和表达，发挥了课文"例子"的功能。

2. 言语积累式

教师引导学生以课文内容为基点，积累文中的好词佳句或相关主题的名言警句；或为学生创设运用积累的语句、修辞方法以及写作方法的情境，描写与文中事物相关或相似的事物；或结合文中的空白点、延伸点为话题，启发学生展开联想，进行描述，从而实现言语的积累和运用的目标。言语积累式总结可以通过指导学生诵读、填空、摘记等形式进行。积累要建立在对言语的理解之上，不可滥竽充数、囫囵吞枣，不可以偏概全，勉强为之，要强调学以致用，对不同水平的学生可以提出不同的要求。

（1）教学案例：《荷叶圆圆》（一年级下册）

师：这篇课文的语言很优美，你能试着背一下吗？

（出示语段填空）谁来填一填？试着背背第二自然段。

小水珠说："_____。"小水珠_____在荷叶上，眨着_____的眼睛。

（学生自读、齐读并填空）

师：聪明的小朋友们，你发现了吗？课文的第三、四、五段与第二段一样，都是先写谁说了什么，再写它是怎样在荷叶上玩的。请你用背诵第二段的方法试着背一背这三段。（学生背诵）请小朋友们下课后把这篇课文背熟，下节课比比谁背得好。

（2）教学案例：《尊严》（四年级下册）

师：哈默的成功让你明白了什么道理？

生：只有自尊才能自立，才能赢得别人的尊重，才能取得成功。

师：你们总结得很好，还有很多名人也对自尊有过精辟的阐述，让我们去分享一下。

（师出示课件，生自读）

虽然尊严不是一种美德，却是许多美德之母。——柯林斯

不知道他自己的尊严的人，便不能尊重别人的尊严。——席勒

尊重人的尊严，是一件很干净、很美好的事！——萨特宁

……

师：你最喜欢哪一句，怎样体会的？（指名说，师生相互交流）

师：通过大家的交流，你又喜欢上哪一句了？请大家下课后将积累下的两句名言记录下来。

积累言语的过程是更进一步规范口头言语的过程，是习得书面语言的过程。积累言语可以发现言语规律、提升认识。因此，教师采用这种方式的时候一定要选择适合的课文或内容，并指导学生积累、记忆的方法。

3. 激情表达式

激情表达式是教师通过饱满的激情、充满感染力的语言创设情境，有目的、有方向地设置疑问，引导学生深入思考，激发学生表达的欲望和情感的波澜。表达的素材可以是学生的生活经验，也可以是和文本、人物进行的心灵对话。表达的主题要围绕课文的主旨。这种总结方式适合精美隽永、意境悠远、情感深厚的课文。学生通过对文本语言、人物等的理解、感悟，能和自我经验相结合并引起共鸣，有利于习得言语、学习表达、发展思维、升华情感。

（1）教学案例：《给予树》（三年级上册）

师：援助中心的这棵给予树，在今年的圣诞节给金吉娅一家带来了快乐，也带来了感动，那么这样的一棵树，我们应该把它种在哪里呢？

生：每个人的心中。

师：我们每个人都有一座心灵的花园，让我们用爱心做水，用善良做土，用同情和仁爱做阳光，精心地栽培这棵给予树，让它在我们的心田永远开放芬芳的花、结出丰硕的果。

我想再来读读金吉娅的讲述，请你们想象当时的情景。（出示）

假如，你是金吉娅的哥哥姐姐，你打算明天怎样对你的同学说起？

假如你是援助中心的工作人员，回到家与家人聊起这件事，你会怎么对他的家人说？

假如你是金吉娅的妈妈，遇到了热心的邻居，邻居说："听说你女儿做了一件有意

义的事情，能说给我听听吗？"你怎么说？

假如你就是那个得到礼物的小女孩，你又会怎样对别人提起这件事情呢？

请你选择一个人，把你的想法写下来，看谁的想象符合这个人的身份，表达对金吉娅所做事的态度。我们下节课来交流。

（2）教学案例：《鱼游到了纸上》（四年级下册）

师：这真是一位了不起的青年！他虽然是位残疾青年，但是有远大的理想，有勤奋专注的精神，通过不懈的努力让"鱼游到纸上"来了！此时此刻，你除了夸赞这位青年还想对他说些什么呢？请你把想说的话写下来。

……

是啊，只要认定目标，向着目标不懈努力追求，就会取得成功。残疾人尚能如此，更何况我们健全人呢？老师把马克·吐温的格言送给大家共勉："人的思想是了不起的，只要专注于某件事情、某项事业，那就一定会做出使自己感到吃惊的成绩来。"希望同学们在今后的学习生活中也能够不断地努力，去实现自己的目标。

激情表达式，可以是学生表达，也可以是教师表达。教师表达要能将课文的主题内容进行总结，带着饱满的感情表达出来，使学生获得来自师生共同讨论的、又蕴涵教师解读的主题思想。学生表达则要求学生结合自己的经验和对课文的理解，因而教师要选择比较适合学生或和学生生活接近的题材课文。教师启发学生表达还需要对学生表达的内容和方式作出评价，这样学生才能更有收益。

4. 悬念思考式

悬念思考式课堂总结适用于蕴涵人生哲理、读后令人回味的课文。在学生充分阅读理解的基础上，教师提出或者启发学生提出基于课文主题、内容的深层次问题，达到全面深刻地理解课文内容和主题的目的。质疑、释疑的过程可以培养学生系统地、整体地思考问题，提高阅读思考能力。

（1）教学案例：《尊严》（四年级下册）

师：同学们通过朗读、学习、理解了课文的内容，你认为课文为什么以"尊严"为题？（引发思考）

（学生思考表达）

师：文中的哈默用自己的言行维护了个人的尊严，同时赢得了别人的尊重，甚至改变了一生（进一步理解课文内容）；从一个逃难人最终成为石油大王，被誉为20世纪最令人不可思议的大富翁。可见尊严对一个人多么重要。（升化文章主题）

师：现在大家的心里感受可能都很强烈，有很多话想说。让我们围绕"尊严"写出你心里最想说的一句话。

（学生写话、交流，下课）

（2）教学案例：《将相和》（五年级下册）

师：学完了三个小故事，请大家思考上节课同学们提出的问题：这三个故事的顺序能否颠倒？为什么？

生：不能，因为他们互相有联系。

生：不能，第二个故事是第一个故事的发展，前两个故事的结果又是第三个故事的起因，所以不能颠倒。

师：是啊，就是这三个看似独立却又彼此联系的小故事合起来构成《将相和》这篇完整曲折的课文。

师：（小结）同学们，学习了课文，希望你们在日后的写作中，也能有条理地组织材料、安排材料，使文章言之有序，更好地表现中心。同时，抓住人物的语言、动作、神态等特点去描写，将人物写得栩栩如生。

师：既然赵国文有蔺相如、武有廉颇，为什么还会被秦国打败呢？你们想知道吗？

生：想！

师：我们就利用课余时间找找有关资料吧！

悬念思考式是基于课文的关键之处，或是题眼，或是课文的内在联系，或是人物、内容的矛盾点引导学生进行思考。问题的设置要有利于引发学生由表及里地进行综合分析，从而使其获得新的认识和经验。教师要充分预设问题的答案，在学生已有经验的基础上，引导学生从不同角度去思考，并及时评价学生的表达，不断提升预设与生成的效果。

5. 拓展阅读式

在学生获得一定阅读经验的基础上，为学生提供一定的阅读资源，让他们巩固、运用获得的阅读经验，拓宽阅读视野。拓展阅读的文章要与课文具有相关性，要指导学生运用课内阅读方法，引导学生交流阅读感悟，积累阅读经验。

（1）教学案例：《北京的春节》（六年级上册）

师：老舍整体地介绍春节习俗，按时间顺序安排材料，着力突出"腊八、除夕、正月初一和元宵"这四部分，写出了北京春节的喜庆、热闹，描绘了一幅幅北京春节的民风民俗画卷。请同学们下课后读一读"阅读链接"中斯妤写的《除夕》，感受不同地域除夕的不同风俗习惯，比较老舍与斯妤这两位作家同写除夕"做年夜饭"运用的不同写法，感受老舍作品的语言特点。再读一读梁实秋写的《过年》，体会作者表达的情感与表达方法。

下节课，请大家交流阅读感悟。

（2）教学案例：《花钟》（三年级上册）

课件演示，师生一起制作花钟，引导学生根据课文内容描述花钟是如何报时的。

出示日内瓦大花钟图片，简介资料，认识真正的花钟。

拓展阅读：《自然界的时钟》。

对于指导学生阅读相同题材、体裁的文章，教师可以提供阅读的篇目，也可以指导学生自己选择。在学生阅读的过程中，教师需要启发学生进行比较分析，在互相交流中不断提高阅读能力。

6. 体验指导式

体验指导，即教师通过指导启发学生联系已有生活经验，移情体验。教师可以先揭示学习重难点，引发学生在回顾课堂学习内容中进一步明确学习任务，把握重难点；然后指导情感体验，帮助学生将课文中蕴涵的情感价值观迁移到学生生活中，使之深入学生的内心。

（1）教学案例：《一面五星红旗》（三年级下册）

师：课文具体描写了主人公的动作和神态，我们感受到这位孤身一人在异国他乡的留学生，在异常艰难、面临生死危机的情况下，毅然决然地舍弃生命选择了象征着国家尊严与主权的这面庄严、神圣的五星红旗，体现了他对国旗和国家的尊敬和热爱，这位留学生也因此得到了外国友人的尊重和关爱。

师：同学们，你们想不想和这位留学生交朋友啊？

生（齐）：想！

师：如果学校组织同学们去医院看望这位留学生，谁想去啊？

（同学们纷纷举手）

师：大家都想去啊！那你要对他说些什么呢？

生：你这么热爱自己国家的国旗，我真佩服你！

生：你用自己的行动维护了国旗的尊严，我真应该向你学习！

师：是啊，我们真应该向这位留学生学习，尊敬、热爱我们的国旗，那么在平时的生活中，你打算如何用你自己的行动尊敬、热爱国旗呢？

生：看到国旗掉在地上，我要捡起来。

生：我要爱护我的红领巾，因为它是国旗的一角！

（……在学生的交流中结束本节课）

（2）教学案例：《自己的花是让别人看的》（五年级下册）

师："人人为我，我为人人"这八个字蕴涵了太多的美好——奉献的精神，美好的品质，崇高的精神。然而，它并非是遥不可及的梦想，在我们身边也能发现这样的美好。你能结合读文的体会，用生活中的事例为这句话做个注解吗？

（学生进入思考状态，而后陆续举手）

生：在我遇到不会的难题时，班长××帮助了我，所以如果别人有了困难我也会去主动帮助他们的。

生：开学时，我从家里拿来了一盆花想美化教室，后来我发现有许多同学也拿来了花，现在我们的教室有许多花了，真漂亮！

师：感谢同学们，你们小小的举动让我们每一个人都欣赏到了美。

师：让我们记住这优美的景色，记住那些创造的人们，从现在做起，从自己做起，从"自己的花是让别人看的"做起，感受"人人为我，我为人人"的美好。让我们用朗读，在感受花之美、学习境界美的过程中结束本节课的学习。

（在舒缓、优美的音乐声中，师生一起朗读最后一段）

体验是学生的活动，指导是教师的活动。教师的指导要建立在对学生了解的基础上，预设指导的要点、预想活动的情况。

不管用哪种方式总结，课堂教学都应是师生互动的过程。只有学生积极的总结活动，才能真正获得语文学习的知识经验。教师在选择、运用一定的方式总结时，一定要结合具体情况，预设总结的内容、学生活动的方式，以及评价的要点。

专题三 教学评价

　　教学评价是依据教学目标对教学过程及其结果进行价值判断并为教学决策服务的活动，它是教学过程重要的有机组成部分。教学评价既研究教师教的价值，又研究学生学的价值，主要包括对教师教学工作的评价和对学生学习效果的评价两个核心内容。本专题着重介绍对学生学习效果评价的基本策略，力求解决为什么评、评什么和怎么评的实际问题，体现语文评价的学科性特征。

　　评价学生的学习效果并非只是评价其学习结果，应该关注学生学习目标的三个维度，即学习的知识与技能、过程与方法、情感态度和价值观。因而，必须把评价融入语文教学的全过程，融入学生学习的全过程，充分发挥评价特有的导向、激励、调节、矫正等教育功能，实现学习过程的有效调控，促进学生积极主动的发展。基于这样的思考，我们将对学生学习的评价分为即时性评价、阶段性评价、终结性评价等。

一、即时性评价

　　即时性评价是学生在学习语文过程中获得的最直接、最快捷的评价。即时性评价具有目标小、频率高、反馈快的特点。教师在教学中应发挥即时性教学评价的激励、矫正、导向等功能，让学生保持积极的学习状态，促进学生积极主动地发展。

　　1. 教师评价

　　教师在课堂教学时对学生的即时性评价是一门艺术，它植根于教师深厚的教学功底、良好的语言素养和正确的教学理念。在课堂教学中，教师准确、恰当的评价如春风化雨般润泽着学生的心田，并有效地推动着学生的学习进程。

　　（1）心中有爱——关爱赏识成本然

　　小学生最在乎教师的评价，教师的赏识、鼓励、期待会带给他们学习的动力。课堂上教师要及时发现和充分肯定学生学习的闪光点，激发学生的积极性和上进心。评价时切忌使用歧视、嘲弄、挖苦学生的语言，要特别注意保护学习困难学生的自尊心和自信心。如课堂上一位学生课文读得不流利，甚至有几处读错了。读完后，他把头垂得低低的，有很多同学已经举起了小手，要为他纠正错误。老师没有让其他同学发言，而是走到他身边，摸着他的头，对全班同学说："读书重要的是让人听懂意思，他把意思读出来了，比以前……""进步了！"同学们的大声表扬使他抬起了头，老师看着他，说："只要多练练，就能把课文读流利，是吗？"老师对于这个学生的朗读的评价，既明确地表扬了他进步的地方，保护了他的自尊心，又为他明确地指出了努力的方向。

(2) 适时有度——轻重缓急须掂量

教师对学生的评价要适时适度、客观准确，避免言过其实、随心所欲、含糊笼统。如当学生回答问题声音小时，教师的一句"请你再讲一遍，响亮一点，让同学们能分享你的看法，好吗？"比让学生简单重复一遍效果要好得多；当学生回答不够贴切时，教师的一句"说得很具体，但'津津有味'一词用得不准确，想想看，'津津有味'与'津津乐道'哪个更好？"比简单的"不对。""还有谁来回答？"更能让学生对自己的不足有一个清晰、理性的认识；当学生回答完整、准确时，教师或从思维角度、或从概括能力、或从知识应用等多个方面加以肯定，这比"很好。""真棒。"更有启发意义……

(3) 点石有道——三维目标皆关注

关注学生知识、技能的掌握情况。课堂是学生出错的地方，教师通常要"拨乱反正"，让学生掌握科学的知识技能。如当学生把"触角"写成"触脚"时，教师故作惊讶："谁的'脚'长在头上了？"在引发的一阵笑声中，解决"角"与"脚"的区别。

关注学习过程、方法的指导。如发现学生阅读课文主动提笔作批注时，教师欣慰地说："我发现有几位同学自觉提笔画画点点作批注了——对关键词句画线条、写批注，不懂的地方还能写下问题，待会儿大家就可以分享他们阅读时作批注的成果了。"教师话语不多，学生便纷纷拿起笔边读边批注了，实际上教师是将评价运用于学习过程的方法指导了。

关注情感、态度、价值观的形成。课堂上教师可以通过隐性评价引发学生产生积极的情感体验。如教学《给予树》一课时，教师提出："试一试，怎样读第四自然段才像金吉娅的说话语气呢？"让学生用练习朗读——展示朗读——再练习朗读的方式反复体验金吉娅的内心世界和思想情感。这种用读得像不像的隐性评价方式巧妙地起到了感染和熏陶的作用。

2. 同伴评价

在课堂教学中，教师要营造相互鼓励、相互促进的合作氛围，让每位学生都能积极投入学习，勇于表现，乐于鼓励他人；使每个学生都在乎同伴的鼓励和评价，都愿意鼓励和帮助同伴，充分发挥学生同伴互评的作用。

例如，某阅读课教学片段，学生练读课文后，教师问："谁来读这段课文？"生1站起来读过之后，生2说："他的朗读感动了我，我也想试试。"（该生站起来读得更好，引起了同学的掌声）生3说："他们两个读得都很有感情，但是有两个地方还是要提醒大家一下，一个是'刺'是平舌音'cì'；另一个是多音字'得'，在本课中要读'děi'第三声。"（又是掌声表示感谢）

这一教学片段中有学生的主动展示性朗读，有学生的鼓励性评价，还有学生主动给大家的朗读的提醒与帮助。整个教学过程伴随着十分融洽的互动式回应，整个班集体是一个相互促进和发展的共同体。

3. 自我评价

自我评价是自我意识的一种表现，是向上进取的内在动力。学生是学习的主人，又是评价的主体，教师应充分发挥学生的主体作用，引导学生对照目标进行自我控制、自我审视、自我激励，有效促进自主发展。

自我评价的目的是促进学生不断提高自我控制力。教师可指导学生细化行为目标，采取从易到难、由单项到综合的小步子稳步发展策略，逐步实现学习目标。如朗读课文可从"正确"到"流利"再到"有感情"，从而确立"小步子"目标系统，有利于学生自我控制能力的形成和提高。

为了提高学生自我评价的能力，教师还要积极提供给学生自我展示的平台。如开展最佳作业展、背诵古诗文、书法考级等，在展示与对比中不断提高学生的自我审视能力，使其不断体验实现学习目标的成就感。

4. 课堂测验

课堂测验是即时考查学生掌握教学内容的情况。测验内容要根据教学目标而定，特别要关注学生对语文基础知识和基本技能的掌握。如针对学生的错别字进行听写；让学生按课文内容画示意图；借助课文"空白"让学生进行补白式练写；让学生给语段分层次或概括段意等。测试的时间一般不宜超过10分钟。教师应根据测试情况找准学生的最近发展区，提高课堂教学的针对性。课堂测验安排在学习前，可增强学习的针对性和目的性；安排在学习后，可帮助学生检验学习效果，进行及时的矫正和补救。测验方式可灵活多样，促进学生主动地学习。

5. 作业与评价

作业设计是促进学生自主发展的重要途径。精心设计作业并进行及时批改与评价，这对学生学习行为的有效控制能起到积极的导向和引领作用。教师可针对学生的学习困难及存在问题，有针对性地设计语文作业。

（1）日常积累型作业

教师可以布置常规性的积累作业。如日有所诵：每天诵读一些成语、优美诗文；日有所记：结合课内、课外阅读摘录一些好词佳句、知识点等。具体形式有竞赛活动、优秀手抄报评选、成语接龙、课外知识竞赛等，促进学生养成良好的阅读积累习惯。

（2）能力迁移型作业

这类作业设计重在语文能力的培养与提高。如在阅读中，让学生仿写优美语句、精彩段落等，加强学用结合，在语文实践中提高学生语文实践的能力。

（3）研究型学习作业

语文作业设计要让学生在学习语文、运用语文的实践中解决实际问题，引导学生开展研究性学习。例如，教学《秦始皇兵马俑》时，让学生学写相关"导游词"；教学《小木偶的故事》时，组织学生分小组编排课本剧；还可引导学生结合学习内容开展饲养小动物或种植花草等的活动，通过写观察日记、调研报告、小论文等方式培养学习和运用语文的能力。

6. 家长评价

家长是学生的第一任老师，学生的学习离不开家长的评价引导。设计家庭评价目标要明确，评价内容、标准要具体，评价方法要简单易行。如某校教师设计《低年级课外识字、阅读家庭评价表》（见下表），重在培养学生喜欢阅读、在生活中识字的习惯。

低年级课外阅读、识字家庭评价表

时 间	项 目	表 现	家长评语
	自觉阅读课外书	☆ ☆ ☆	
	讲述课外读物内容	☆ ☆ ☆	
	在生活中主动识字	☆ ☆ ☆	
	能用多种方法识字	☆ ☆ ☆	
共得_____颗星			

低年级学生家庭学习情况评价表

日期：__年__月__日——__月__日　　　　　　　　家长签名_____

时间 内容	周一	周二	周三	周四	周五	周六	周日
写字姿势正确							
自觉完成作业							
学习时专心							
主动阅读课外书							

合计："√"___个　"—"___个　"×"___个

注：完成好的"√"，待提高的"—"，没完成的"×"。

二、阶段性评价

阶段性评价是依据《课程标准》中的学段教学目标和单元学习重点对学生的单元学习进行的检验性考察。阶段性评价既是对阶段学习目标达成度的检验，又是对学生现有学习状况的诊断，为下一阶段的语文学习及其教学改进提供依据。相对一个学期的学习任务而言，阶段性评价是重要的过程性评价、形成性评价，这对于学生明确近期学习目标、保持良好的学习状态、掌握语文知识、形成和发展语文素养等都具有积极的调控和促进作用。

1. 阶段性评价目标的内容

确定语文阶段性评价目标应考虑三方面要素的整合：《课程标准》的目标要求、单元教学的目标要求以及学生学习基础的实际状况。阶段性评价内容既要关注学生语文基础知识的掌握，又要关注学生语文基本能力的形成和发展，把考查学生基础知识、基本能力以及情感、态度、价值观等有机结合起来。其中语文基础知识包括汉语拼音、字、词、句、段、篇等；语文基本能力包括听、说、读、写、思等；情感、态度、价值观包括学生学习行为、习惯以及学习状态等方面的表现。由此，我们尝试建构了小学语文阶段性评价内容的基本框架。

小学语文阶段性评价内容框架①

内容领域	评价考查点
积累识记	字、词、句、段、篇等语文知识的掌握
	语段、诗文等语言材料的背诵
理解运用	听、说、读、写、思等基本能力
	理解、表达、运用等多方面能力
情感态度	学习行为、习惯等诸多表现

列举人教版第十册第一单元阶段评价目标内容如下：

①学会本单元的43个生字，正确读写"地毯、渲染、勾勒"等28个词语。

②把握课文主要内容，联系上下文，体会优美语言的表达效果，理解含义深刻的句子。

③能按课后要求，朗读课文，背诵有关段落。

④学习借景抒情、托物言志的写作方法，并试着在习作中运用。

⑤读书收集资料，了解西部，热爱西部。

上述第①项为知识目标，第②～④项为知识积累、运用及能力转化目标，第⑤项为情感态度目标。

2. 阶段性评价的方式方法

为充分发挥语文学习阶段性评价的导向、诊断、矫正、激励等诸多教育功能，教师实施评价应灵活多样，讲求实效。

（1）笔试测量评价

考查知识的积累与运用。（以四年级下册第六单元为例）

例1：听写词语。（本单元生字词及易错字等，略）

---

① 参考福建省福州市群众路小学语文阶段性评价的研究成果。

例2：填空。

本单元有描写乡村的古诗名句，如"＿＿＿＿＿＿＿＿＿＿＿＿，村庄儿女各当家"；"乡村四月闲人少，＿＿＿＿＿＿＿＿＿＿＿＿"；"独出前门望野田，＿＿＿＿＿＿＿＿＿＿＿＿"。

例3：在（　）里填上表示"看"的恰当词语，注意不能重复。

①人们泛舟在微波荡漾的漓江上，（　　）着如画的美景，心旷神怡。②（　　）的人越来越多，大家赞叹着，议论着。③雨来（　　）着黑板，认真地听老师讲课。④罗丹对着刚完成的塑像（　　）了一阵，皱起了眉头。

考查阅读能力。

阅读材料一般选择与课文难度相当的课外"叙事类""说明类"的文本作品，主要考查学生四种能力：提取信息的能力，整体把握的能力，形成解释的能力，作出评价或解决问题的能力。如要求学生阅读文本材料并完成相关考题。

试题题例：

选择题，在四个备选项中找出合乎文意的一项。——考查学生正确提取信息的能力。

简答题，第二自然段主要写什么？——考查学生整体把握内容的能力。

填空题，第二自然段的关键词语有＿＿＿＿＿＿＿＿＿＿＿＿，这些词语在表情达意方面的作用是＿＿＿＿＿＿＿＿＿＿＿＿。——考查学生作出解释的能力。

简述题，请写下阅读本文的感受。——考查学生作出评价的能力。

考查习作（写话）的能力。

这种试题形式也可多样：看图写话（习作）；给材料写话，开放式命题、半命题；想象作文等。要注意密切联系生活，使学生乐于表达，善于表达。如低年级写话试题：①星星　花瓣　小青蛙；②斑马线　信号灯　皮球。看到这些词语，你能想到什么？任选一组词语（每组三个词）写一段100字左右的话。这道题体现了命题综合化的理念，既是情景的构思与想象能力的考查，又是学生连句成段的写话能力的综合检测。

（2）非笔试测量评价

纸笔的综合性测量评价有其局限性，不能完全满足小学语文学习评价的需要，因而还应该有针对性地开展单项相关测试。如识字过关、写字评比、朗读比赛、口语交际展示、课外阅读交流，等等。

依据课程标准及阶段教学要求，将学生语文学习评价分为识字与写字、朗读、口语交际、综合实践、片段写作等项目，并针对不同学段目标要求确立相应的重点阶段性测试项目，注重夯实基础知识，形成基本技能。

各年级语文阶段性单项测试项目表

年级		必测项	选择项
一年级	上学期	拼音　识字　写字	朗读
	下学期	识字　写字　朗读	口语表达
二年级	上学期	识字　写字　朗读	口语交际
	下学期	识字　写字　朗读　口语交际	写话
三年级	上学期	识字　写字　朗读　积累　课外阅读	写片段
	下学期	写字　积累　朗读　课外阅读　写片段	识字
四年级	上学期	写字　朗读　积累　课外阅读　习作	识字　综合性学习
	下学期	写字　朗读　积累　课外阅读　习作	识字　综合性学习
五年级	上学期	识字　积累　课外阅读　综合性学习	口语交际　习作
	下学期	写字　积累　课外阅读　综合性学习	朗读　习作
六年级	上学期	写字　积累　课外阅读　综合性学习	口语交际　习作
	下学期	写字　积累　课外阅读　综合性学习	口语交际　习作

以上测评项目关注不同年级、不同学期间的衔接，形成了有机整体。列举一年级测评项目的对比如下：

一年级上、下学期单项测试比较

年级/学期	测试项目
一年级上学期	1. 能否准确地拼读汉语拼音音节。 2. 能否准确地认读教材中要求认的字。 3. 能否正确、整洁、美观地书写教材中要求写的字。 4. 测评课外认字。
一年级下学期	1. 能否准确地认读教材中要求认的字。 2. 能否正确、整洁、美观地书写教材中要求写的字。 3. 课外认字情况。 4. 是否能正确、流利、有感情地朗读学过的课文。 5. 测评学生是否乐于表达。

上表中对一年级两个学期单项测试的对比有以下几方面的变化：一是在写字测试部分，增加了看拼音写词语的内容。二是增加了朗读测试：从本学期学过的10篇课文中挑选10段，组成10份测试卷，由学生用抽签的方法进行选读。三是增加了口语表达测试：将学生随机分组并分别抽取一个讨论题目进行讨论，教师观察评定其口语表达能力。

单项测评，一律不打分，对照"等级"标准进行评判。比如，测拼音字母的正确发音，必须百分之百正确方可达标。测评达标才算"合格"，发给合格证书。此外还有

"良好""优秀""特长"的等级标准,如书法成绩突出者,可授予"小书法家"等荣誉称号。以下是语文单项测评标准及测评方案举例:

第二学段朗读单项测评标准

测评内容	1. 测评学生能否准确地拼读汉语拼音音节。 2. 测评学生能否准确地认读教材中汉语拼音部分要求认识的生字。
汉语拼音音节测评方法	1. 使用四年级以上各册语文教科书后的生字表,让学生认读生字上的音节。 2. 从生字表中的任何一行开始让学生认读。认读50个音节,统计认读的正确率。 3. 学生拼读时,教师不催促,不作提示,只对读错的音节做记号。如果学生开始拼错,后又自行纠正,应视为正确。 4. 测试个别进行。教师可亲自进行测试,也可培训几个高年级学生帮助测试。
生字测试方法	1. 用所学生字组成句子让学生认读。提供两套测试卷供教师选用。每套测试卷含汉语拼音部分所学的50个生字,少数几个未学过的字加注了拼音。 2. 拼读音节方法和认读生字均为50个。对学生的测试成绩以给"星"的方法进行评价。50个全部读对,给5颗星;读错1~5个,给4颗星。(认读生字中,相同的字只算一个;以下的星级评定以此类推) 3. 鼓励成绩不够理想的学生针对自己的薄弱环节进行复习。教师可根据他们自己选定的时间再作测试,有进步就给加"星"。

汉语拼音测评意见

测评内容	1. 测评学生能否准确地拼读汉语拼音音节。 2. 测评学生能否准确地认读教材中汉语拼音部分要求认识的生字。
汉语拼音音节测评方法	1. 使用四年级以上各册语文教科书后的生字表,让学生认读生字上的音节。 2. 从生字表中的任何一行开始让学生认读。认读50个音节,统计认读的正确率。 3. 学生拼读时,教师不催促,不作提示,只将读错的音节做上记号。如果学生开始拼错,后又自行纠正,应视为正确。 4. 测试个别进行。教师可亲自进行测试,也可培训几个高年级学生帮助测试。
生字测试方法	1. 用所学生字组成句子让学生认读。提供两套测试卷供教师选用。每套测试卷含汉语拼音部分所学的50个生字,少数几个未学过的字加注了拼音。 2. 拼读音节方法和认读生字均为50个。对学生的测试成绩以给"星"的方法进行评价。50个全部读对,给5颗星;读错1~5个,给4颗星。(认读生字中,相同的字只算一个;以下的星级评定以此类推) 3. 鼓励成绩不够理想的学生针对自己的薄弱环节进行复习。教师可根据他们自己选定的时间再作测试,有进步就给加"星"。

(注:此"汉语拼音测评意见"系教育部课程教材研究所为课改实验区提供的。)

(3)分析与运用

每次阶段性测评都必须进行成就的总结、问题的分析、对策的研究。首先要引导学生从阶段评价的结果中找到学习成就与经验;其次要引导学生善于发现问题和分析问题;第三要让学生针对问题提出自己的可行性方法和对策。

根据评价的发展性原则,在分析阶段性评价时,既要看结果,又要看过程,使阶段性评价分析呈现出学生学习的动态发展过程。同时要采取适当方式对学生进行表彰或奖励，如评定等级、评星级（红花）、授予称号，等等。

3．阶段性评价的关注点

（1）阶段性评价与学习目标的关系

如何把教师拟定的教学目标、评价目标变成学生的学习目标，是提高学生学习成绩、培养学生学习兴趣的关键。要使每一个学生都能得到最优发展，学生的学习目标就不能停留在起始阶段上设定，教师应该根据阶段性评价结果不断发现学生的进步，帮助学生不断调整学习目标，这样通过一个又一个目标的实现，不断强化学生的学习兴趣和学习品质，使学生朝着目标不断努力，促进学生自主发展。

（2）阶段性评价与即时性评价的关系

《课程标准》明确指出："语文课程评价的目的是为了考查学生实现课程目标的程度，检验和改进学生的学习和教师的教学，改善课程设计，完善教学过程。……有效地促进学生的发展。"因而，阶段性评价应与即时性评价相结合，以即时性评价促使学生保持良好的学习状态，以阶段性评价总结学生阶段学习的成果，并为下一阶段学习的改进提供依据。

（3）阶段性评价与终结性评价的关系

学生语文素养的提高离不开语文知识、技能的掌握，离不开语文能力的形成和发展。阶段性评价既关注学生语文知识技能的掌握，又关注学生语文能力的发展，而终结性评价则指向语文课程目标，主要考查学生学习语文所获得的以正确理解和运用祖国语文为核心的语文素养水平。对于终结性评价而言，阶段性评价是为了促进学生打好语文基础；对于阶段性评价而言，终结性评价则指向学生学习语文的终极目标，起积极的导向作用。

由此，我们将三种评价有机结合，并以一定权重比例进行整合：即时性评价占20％，阶段性评价占30％，终结性评价占50％，有效促进了学生语文学习效果的提高。

三、终结性评价

终结性评价又称结果评价，是在某一相对完整的课程实施结束后，以预先设定的课程目标为基准，对学生所学课程知识与能力、过程与方法、情感态度价值观等进行综合评价。终结性评价通常是在一个教程或者一个学期、一个学年、一个学段结束时进行，因此次数相对较少。期末考试、质量监测以及毕业会考等均属此类。

终结性评价具有目标导向和质量评判的特性。语文终结性评价目标应体现语文课程目标，评价目的是考查学生语文素养水平及语文课程目标达成度，一般要考查学生的语文基础知识、基本技能以及正确理解和运用祖国语文能力为核心的语文素养水平。语文终结性评价应对语文教学改革起积极的导向作用，为教师和学生确定后续教学起点和目标提供依据。

1. 终结性评价的内容框架

（1）语文终结性评价的内容应以考查语文能力为主

衡量一个人语文素养如何，听、说、读、写、思等基本能力无疑是重要指标，自然成为语文终结性评价的重要组成部分，而以语文基础知识为终结性评价内容的做法则是把语文学习目标引向学习语文知识，必须摒弃。教师们应该清楚地认识到：学习并掌握语文基础知识是为阅读和表达服务的，充其量只是学习过程中的基础性目标，并非学习语文的终极性目标。因此，作为以考查语文能力和水平为主要目的的终结性学业评价，是有别于即时性评价、阶段性评价（形成性或诊断性评价）的，它着重对"文本理解积累"和"语言表达运用"两个方面能力的考查，以体现终结性评价的本质属性和导向功能。当然，这并不意味着不对基础知识进行考查，而是把对基础知识的考查由直接转为间接——是通过对"积累与运用""阅读""写作"的考查以间接反映学生对语文知识的掌握情况，即终结性评价直接考查的语文知识的比例相对小于对语文能力、语文素养考查的比例。

（2）语文终结性评价内容对语文教学的必然影响

当前，在很大程度上考试就是教学的指挥棒。在教育实践中，存在考什么，教师就教什么；教什么，学生就学什么的现象。语文终结性评价若以考查语文基础知识为主，重知识轻能力，无疑会给老师、学生和家长以误导——那就是基础知识比阅读、写作重要得多，只要拼命训练基础知识，就能得高分。这极容易导致教师认为语文教学可以无视学生语文综合素养的形成与提高，最终使语文课程目标落空，语文教学异化为做语文习题，机械训练、题海战术之沉渣再泛滥四起、屡禁不止，等等。因此，我们要很好地研究如何发挥并利用好考试评价的正面作用。终结性评价应着眼于考查学生正确理解与运用语文的综合能力，着重考查学生"文本理解积累"和"语言表达运用"的能力。这种终结性评价可以将这样的评价理念传递给教师：语文课程并非只是语文知识，与其搞题海战术死记语文知识，不如扎扎实实多读、多写，不如着力于对学生听、说、读、写等语文综合能力的培养，从而正确引领语文课程改革，落实语文课程目标，促进学生语文素养的形成和发展。

（3）科学建构小学语文终结性评价内容框架

小学语文终结性评价内容应以语文课程基本理念、目标要求、教材教学以及学情状况等为依据，教师可从"听""说""读""写"等几方面建构评价内容框架。下面我们参照教育部语文学业水平测试内容框架，以福建省小学语文终结性评价内容框架为例，列举若干有关语文终结性评价的内容框架，与同行商榷。

"积累与运用"部分。主要考查学生语言材料的积累和运用水平：考查学生对字的音、形、义的掌握、运用及书写技能；考查理解常用词语、成语的基本意义及其在语言环境中的运用；考查对课文优美句段及课程标准推荐的古诗文的识记、理解。

"积累与运用"评价内容框架

一级指标	二级指标	三级指标	测试点（举例）	认知水平
字	读准字音	利用汉语拼音纠正地方音。	声母：zh, ch, sh, \z, c, s; n\l\r; f\h……	记忆
			韵母：ao\ou, i\ü, 前后鼻音等。	记忆
		读准多音字。	由义而变音：参考、人参、参差；纤绳、纤夫、纤维。	记忆
		分辨常见的误读。	字音相近：实验、试验。 形近的形声字：跳、眺、请、清。 其他误读：机械、膝盖。	记忆
	认清字形	掌握汉字特征识字。	组一组：白＋水＝泉…… 加一加：白、自、百…… 减一减：查、草、淋……	记忆
	理解字义	在词句中理解字义（包括字的基本意义和语境意义）。	加点字意思：负荆请罪（从多个解释条中选）。 看拼音组词：yáo（　）头、（　）远。 选字填空：在不同语境中选字填空。 选字补充成语…… 照样子，连字组词……	理解
词	理解词义	在语境中理解关键词的意义或作用；体会关键词语的感情色彩或表达效果。	带点词在句中的意思或作用； 补充成语或根据意思写成语； 在句子中画关键词，辨析词的感情色彩……	理解
	积累词汇	掌握、辨析和运用常用词汇。	在多个词中找出与带点词意思最近的词。 　　例如，坚固　坚强、坚硬、牢固、稳固。 写意思相反或相近的词。 读音节词填词语：chǎng kāi, bó lǎn, duàn liàn…… □□意志，□□胸怀，□□群书……	记忆
	运用词语	根据语境恰当用词。	用连线做词语搭配。 在语境中选词填空。 给对联填词：春__大地　__满人间。 ……	运用
句	积累	积累诗词、古诗文以及优美语句、格言、俗语等。	找出描写春天的诗句； 写出惜时的格言。	记忆
	理解	理解关键语句的意思，体会语句的思想感情。	在文中画出关键的或优美的语句； 体会句子的含义或思想感情。	理解
	运用	运用优美词句，使用标点符号。	创设语境让学生写出学过的诗词； 结合阅读，给语段添加标点符号。	运用

"阅读"部分。主要考查学生对叙事类、说明类、诗歌等文体阅读理解的四种能力：提取信息的能力、整体感知的能力、形成解释的能力、解决问题的能力。

阅读能力评价内容框架

一级指标	二级指标	三级指标	测试点（举例）	认知水平
提取信息	从文本中获取多元信息	理解词语或句子在文中的恰当意义。	设计客观题测量学生不同的阅读理解水平，如依 solo 理论设计客观多项选择题。	理解
		体验词语或句子的感情色彩。	让学生画出表现情感色彩的词句。	理解
		感受优美语言：感受语言的词汇美、形象美、意境美、节奏美，等等。	画出文中的优美语言或词句。	理解
整体感知	形成对文本内容整体感知、初步概括的能力	在语境中捕捉关键词句的能力。	在语段中画关键词句；表述关键句或重点句的作用。……	理解
		整体把握文本内容的能力。	概括句或句群（语段）的主要内容；概括主要内容或捕捉重要信息；领会语句或语段的含义；体会文本的思想感情。	综合
		理解文章表达顺序的能力。	理解句子之间或句群之间的内在联系；从文章内容或思想感情等角度把握文章的思路。	分析
形成解释	利用文本信息和个人经验对相关问题作出合理解释和推论的能力。	结合上下文的理解，解释相关问题；考查学生对词句表达效果的感受力；理解关键词句在文中表情达意作用的能力。	考查学生联系上下文理解和解释相关问题；画出表达效果最佳的词句；表述带点词句表情达意的作用。	理解
		领悟文章基本表达方法的能力。	从句式、语段、篇章结构以及内容详略取舍等方面领悟表达方法。	理解
		领会文章表达的思想感情。	感受文本情趣并作相关的解释；在阅读中学习观察与表达，如作者观察视角、顺序及表达情感、方法等；品味文化内涵并进行价值判断。	理解
解决问题	利用文本相关信息解决相应情境中问题的能力。	考查学生对文本情境的想象力。	对儿歌、童谣、古诗文及文章重点语段的想象与表达；对文章的"空白"处及开头、结尾处的想象与表达；对文本相关知识文化（已有知识和生活经验）的联想与表述，等等。	运用
		考查学生学习优美句段的能力。	仿写优美句段的能力。	运用
		考查学生处理信息解决相关问题的能力。	利用信息处理或解决相关问题。	运用

根据以上阅读能力评价框架，各年级教师可依据课程标准作适当的调整或补充，从而确定适合本学段或本年级的评价内容框架。例如：

小学语文第二学段阅读能力测试内容框架

一级指标	二级指标	三级指标	测试点或方式
提取信息	从文中获取单一或多元信息的能力。	正确理解词句的意思。	选择合乎文意的选项。
		感受生动、形象、优美的语言（词汇美、形象美、意境美、节奏美等）。	画出生动形象的语句；画出优美的语句。
整体感知	整体感知，初步概括主要内容的能力。	捕捉关键词句或重点句段。	从文中找出重点段或找出某段的关键词句。
		概括段落大意，把握文章主要内容。	提示关键词语，概括段落大意；提示段落大意，概括文章主要内容。
		体会文章的思想感情。	画出表现作者思想感情的语句。在教师的提示下，写出文章表达的思想感情。
形成解释	对文章内容、形式、思想情感等相关问题作出解释的能力。	结合上下文或生活经验理解词语意思。	联系上下文，用自己的话写出相关词语的意思
		体会词句表情达意的作用。	对比说明词语在表情达意方面的作用。
		能就文章内容和形式等作出相关解释。	文章为什么写这些内容？文中反复出现这个句子表达了怎样的思想感情？
解决问题	利用文本相关信息解决相关问题的能力。	运用逗号、句号等。	给文段补充标点符号。
		表达自己的阅读感受。	简答：你喜欢文中的谁，为什么？
		利用文本信息解决相关问题。	阅读短文，解决相关的问题。

习作（写话）部分。主要考查学生恰当运用语言文字、文从字顺地表达真情实感的能力，同时考查学生书写和使用标点符号的情况。第一学段：能写自己想说的话、想象中的事物以及对周围事物的认识和感想；第二学段：能够清楚地表达自己的见闻、感受和想象，注意表现新奇、有趣或印象深、受感动的内容；第三学段：能写简单纪实作文和想象作文，做到内容具体，情感真实，并根据需要分段表述。

习作（写话）部分能力评价内容框架

一级指标	二级指标	测试点（举例）	认知水平
写话	写想说的话 写听到的话	给出指定的情境，让学生写想说的话； 听几句连贯的话，并写下来。	运用
	写想象中的事	给一个情境图，让学生想象其中发生的事，并将想象的事写下来。	运用
	写对周围事物的认识和感想	观察事物或连环图，并将认识和感想写下来。	运用
写见闻	写听到的事	听一个小故事或听一个语段，并要求将听到的写下来。	运用
	写见到的事	提供一个情境（如单幅图），根据给定的情境写一件事或介绍一种物……	运用
	写所思所想和感受	根据现实场景与人物事实，表达自己的感受。	运用
写纪实、想象作文	写纪实作文	记学生亲历的事，有真情实感。	运用
	写想象作文	根据一定的场景展开想象或联想：想象情节、人物动作、神态以及心理活动等。	运用

2. 终结性评价的基本形式

（1）笔试。这是学生学业评价的主要形式，不管是过去、现在还是将来，都是如此。但是，终结性评价的笔试应以考查学生的语文综合能力为核心，不能以考查学生的语文基础知识为主，这是终结性考试评价的根本点。语文终结性考试一般从"积累与运用""阅读""习作（写话）"三个内容领域考查学生的语文综合能力，其中"积累与运用"侧重对学生语文知识掌握和运用能力的考查；"阅读"侧重对学生文本阅读理解能力的考查；"习作"侧重对学生表情达意能力的考查。三个内容领域所占的权重依据学生的年龄特征及知识与能力转化的相关性进行分配。

小学语文终结性评价内容权重分配

年级\内容	积累与运用	阅读	习作（写话）
一年级	65	20	15
二年级	55	25	20
三年级	40	35	25
四年级	35	35	30
五年级	30	35	35
六年级	25	35	40

以上权重分配的导向意义：学生年级越低，对语文基础知识的掌握要求就越高；学生年级越高，对文本阅读理解、语言表达运用的要求则越高。阅读是学习语文的根本途径和重要目标，教师从低年级到高年级应始终予以高度重视。

命题是笔试的关键。如何加强命题研究，切实提高命题的科学性、规范性呢？这个问题在"命题技术"部分做专题介绍，这里就不赘述了。

（2）面试。纸笔测试是有局限性的，语文课程有诸多目标要求是不可能用纸笔测试得以实现的。因而要由面试来完成相关目标内容的考查。如"听我读""听我说""听我背"等考查方式，就可以用来考查学生听、说、读、诵等技能。教师还可以开展讲故事（或演讲）、表演猜词游戏、儿歌或歌谣说唱、主题性对话展示、综合性学习成果评比、成长记录袋等活动，让学生在活动中充分表现自我，相互学习评价，从而促进他们的主动学习和发展。

（3）综合测评。构成语文素养的要素是多元的，既有显性的知识技能，也有思维、情感等隐性因素，因而，终结性评价还应有隐性素养综合测评设计。比如，在小学低年段的结业考试中，我们可以通过让学生表演课文中的某一童话故事等来检测学生对语文实践的情感、创造性思维以及综合运用语文的能力。

3. 终结性评价结果的分析

分析终结性评价结果，其关键是要分析评价结果是否真正体现了学生的以正确理解和运用祖国语文为核心的语文素养水平。如福建省连江县实验小学将教育部的三年级语文学业质量测试试卷（以下简称"全国卷"）和传统的语文期末试卷（以下简称"传统卷"）作对比测试实验，结果如下：

（1）测试内容的权重分配。对三年级学生的语文终结性评价在知识积累、阅读、习作等方面的能力考查中比重怎样分配才更科学？"全国卷"："积累与运用"为30％、"阅读"为40％、"习作"为30％；"传统卷"沿袭惯例："积累与运用"（多为对识记的考查）为50％、"阅读"为25％、"习作"为25％。测试结果：用两份试卷测试的学生的总体成绩相当，成绩近似正态分布，并且85分以上的学生人数多于60分以下的人数，较客观地反映了学生整体成绩的实际状况。但查看学生个体的两份试卷的成绩，却发现有66％的学生成绩落差明显。经过对这些学生的个别谈话和问卷调查，人们发现："传统卷成绩高于全国卷成绩"的学生，平时书面作业量大，每天都要做父母安排的课后练习或单元练习，课外阅读和习作时间得不到保障；而"全国卷成绩高于传统卷成绩"的学生，大部分喜欢看书，喜欢做探究型的作业。由此，我们认为全国卷的权重分配积极倡导知识向能力转化，其成绩更确切地反映了学生的语文素养水平；而传统卷由于知识积累部分的比重太大，其成绩在很大程度上体现的是语文知识的识记状况。在确保语文课程改革的正确导向方面，全国卷的权重分配优于传统卷。

（2）测试内容的形式。如何提高命题的效度和信度？从测试内容的形式上将全国卷与传统卷作对比分析，得出以下结论：①测试范围及测试量直接关系到考试的效度和信度。全国卷绝大多数采取四选一的单项选择题题型，有效地增加了测试量，扩大了测试范围；而传统卷的题量及测试范围相对较小。②命题标的单一、明确是提高效度的关键。全国卷考虑到三年级学生表达滞后于思维的情况，为了考查学生阅读理解的能力，采取单项选择题的形式可以避免学生因表达影响得分的现象；而传统卷则多用简答、填空等题型，既考查学生的阅读理解能力，又要求学生准确的书面表达，这不利于分析和评估学生的学习问题，也不利于为教学改革提供依据。③确立知识向能力转化的教学改革目标导向。全国卷侧重对学生语文能力素养水平的考查，能更确切地体现语文课程目标；传统卷则侧重对语文知识识记的考查，其分数只能更多地说明学生对语文知识掌握的情况，学生成绩会有"高分低能"之嫌，这与终结性评价的目的相悖，应予以摒弃。

四、综合运用评价方式的实践

对学生语文学习效果的评价方式是灵活的，需要综合运用。教师只有根据课程目标、教学目标和学生学习状况进行实践探究，才能掌握学习评价的有效方法。下面介绍有关学校进行的语文学习评价的实践研究及其成果。

1. 语文学习目标的管理与评价

学业评价该以怎样的定位在语文课程改革中彰显其应有的、独特的价值？福建省福安市实验小学近年在小学语文学习评价改革方面做了有益的尝试，有如下几点与大家分享。

（1）基本理念

①淡化甄别选拔，促进学生在原有基础上的发展

《课程标准》在"评价建议"中明确指出："语文课程评价的目的是为了考查学生实现课程目标的程度，检验和改进学生的学习和教师的教学，改善课程设计，完善教学过程。……有效地促进学生的发展。"这些建议指明了语文课程评价的方向，即评价的目的，要从甄别选拔走向促进学生的发展，特别是学生在原有基础上的发展，为学生的可持续发展铺就绿色通道。

②实行目标管理，重结果更重学习过程

《课程标准》在"评价建议"中强调："形成性评价和终结性评价都是必要的，应加强形成性评价，注意收集、积累能够反映学生语文学习与发展的资料，可采用成长记录袋等各种方式，记录学生的成长过程。"这些论述要求教师在实施评价时，必须将评价的重心从过分关注学生学习的结果走向注重学生学习的过程，通过关注"过程"达到促进"结果"提高的目的。由此，他们引进目标管理的基本理论，引导每位学生设置适合自己发展的学习行为目标层次，形成学生学习行动有目标、教师教学有依据、家长督导有凭借的有效管理新局面。

③注重自我反思，培养学生的自律学习能力

《课程标准》在"评价建议"中提出了这样的要求："语文课程评价要体现语文课程目标的整体性和综合性，全面考察学生的语文素养。应注意识字与写字、阅读、写作、口语交际和综合性学习五个方面的有机联系，注意知识与能力、过程与方法、情感态度与价值观的交融、整合，避免只从知识、技能方面进行评价。"依据课标要求，他们在评价内容、方式上，从狭窄、片面走向全面和综合，注重学生的自我反思，着力培养学生自律学习的能力。

④发挥评价功能，树立学生的学习信心

温家宝总理说过："信心比黄金更重要。"对于学习来说更是如此。美国著名成功人士、两任总统顾问——拿破仑·希尔有一套信心公式，这套公式从目标设定、行为实施等五个方面处处提到信心的作用，希尔称之为"自信秘诀"。可见信心对于成长中的学生的学习乃至今后的发展都有不可低估的作用。由此，人们充分发挥评价的特有功能，创造性地推出学生学习的信心公式：综合评价＋多方鼓励＋适度提醒＝信心；提醒教师要有"真诚的师爱＋科学的方法"，提醒学生要"做最好的自己"。目的只有一个：那就是借助评价这种特殊的方法，发挥其特有功能树立学生的信心，为学生一生的发展奠定坚实的基础。

（2）评价的内容体系

《课程标准》建议："按照不同学段的课程目标，抓住关键，突出重点，采用合适方式，提高评价效率。"人们根据不同学段设置了低、中、高三个学段语文学习行为量表。

①学习目标的设定

从静态和动态两个层面建构学生语文学习目标管理评价体系。

课标对每个学段都有明确的目标，评价体系建构当然要以课标为依据。综观课标对语文学习五领域的具体要求，人们结合学生的心理特征将其提炼为"五个一"：一手好字，一肚好诗文，一手好文章，一副好口才，一股探究劲。"一手好字"是针对课标识字写字的要求提出的；"一肚好诗文"是针对课标的阅读积累要求提出的；"一手好文章"是针对习作（写话）的要求提出的；"一股探究劲"是针对课标的综合性学习要求提出的。这就将课标五个领域的标准通俗化为静态层面的要求，让学生更有兴趣地记住它们，让家长、教师都能更明白本学段学习的目标所在，这对实行学习目标管理与评价是非常关键的。

福安市实验小学语文学科目标管理评价量表一（低年级）

项目	评价标准
一手好字	1. 我喜欢学习汉字，能用多种方法识字。
	2. 我能正确读写学过的汉字。
	3. 我的书写姿势美，字形漂亮。
一肚好诗文	1. 我喜欢阅读，能读好每一篇课文。
	2. 我能读懂课文，喜欢积累好词句。
	3. 我爱看课外书，喜欢和同学交流。
一手好文章	1. 我喜欢写话，乐于写出自己的所见所想。
	2. 我学会了按顺序观察图画和简单事物，会写几句连贯的话。
	3. 我学会了使用逗号、问号、句号和感叹号。
一副好口才	1. 我会用普通话和他人交流。
	2. 我喜欢交朋友，爱和朋友交流、讨论。
	3. 我会倾听别人发言，大方地表达自己的见解。
一股探究劲	1. 我爱提问题，喜欢和同学一起讨论问题。
	2. 我喜欢参加各种活动，乐于交流活动感受。
	3. 我爱大自然，喜欢用多种方式表达对自然的爱。

学生的学习行为习惯对学生的学习发展非常重要，它直接影响学生的学业成绩。关注学生日常学习的参与热情与状态，对提升学生语文素养具有重要的意义。他们将学生平时的学习过程的情况也纳入评价范畴，并称之为动态学习目标管理评价体系，主要包括"课堂参与、作业情况"两项常规行为要求和阶段性单元测试三个方面的内容。见下表：

福安实验小学语文学科目标管理评价量表二（低年级）

课堂参与	专心听讲，善于倾听，积极思考，踊跃发言									
作业完成	按要求保质保量地完成每天的作业									
阶段成绩	单元一	单元二	单元三	单元四	单元五	单元六	单元七	单元八	半期考	期末考

不管是静态评价还是动态评价，他们都力求从知识与技能、过程与方法、情感态度价值观三个维度来设置目标管理评价体系。

②评价方式

根据小学生的特点，他们采用了多层面多形式的评价方式，包括多元评价、多次评价、等级评价、个性评价，等等。评价表中有教师评价、学习小组评价、家长评价，还有学生的自我评价。改往常一学期一次的教师评价为一学期两次，并在评价表上设有教师建议一栏，教师可根据学生的阶段学习情况，因人而异地给学生以语言上的鼓励提醒。学生的自我评价则以反思的形式出现，自我反思是高年级学生必须具备的一种良好的学习习惯。教师借助评价表，可有效强化学生自我反思习惯的形成。利用小学生很在意同伴评价的这一心理特点，教师可针对学生在日常学习过程中的表现组织小组评价；建议家长评价以鼓励为主，即请家长在阅读该评价表之后给孩子一份真诚的鼓励，让家长在写寄语的同时了解到孩子学习达到的目标，了解到孩子的学习过程，以实现对孩子的有效监督、鼓励和指导。

福安市实验小学语文学科评价表（中年级）

姓名		班级		学号	
项目	评价标准	（上半学期）评价等级（下半学期）			
		优秀 良好 合格		优秀 良好 合格	
一手好字	1. 能主动识字，能熟练使用字典词典。				
	2. 有正确的书写姿势和良好的书写习惯。				
	3. 硬笔书写正确、端正、整洁，行款规范整齐；用毛笔可以临摹正楷字。				
一肚好诗文	1. 爱朗读，学会默读，会复述课文的大意。				
	2. 学会批注阅读，能借助重点词语理解所阅读的内容，体会文章的思想感情。				
	3. 坚持课外阅读，并能坚持积累好词、好句、好段。				
一手好文章	1. 能留心观察周围事物，并能养成写日记的习惯。				
	2. 喜欢习作，并能将平时积累的优美句段加以灵活运用，能把自己感兴趣的内容生动地加以描述。				
	3. 能正确使用标点，学会修改习作。				
一副好口才	1. 能用普通话与人交流，并认真倾听别人的意见。				
	2. 能听懂他人说话的内容，并能正确转述。				
	3. 能讲清自己的见闻感受，并努力打动别人。				
一股探究劲	1. 能多渠道学习语文，在生活中运用语文。				
	2. 能在老师的指导下参加各种趣味的语文活动。				
	3. 善于发现问题，收集整理资料，并组织参与讨论。				
课堂参与	能专心听讲，善于倾听，积极思维，踊跃发言。				
作业完成	能按要求保质保量地完成每天的作业。				
阶段成绩	第一单元 第二单元 第三单元 第四单元 期中成绩 第六单元 第七单元 第八单元 期末成绩				

家长寄语：

教师建议：

自我反思：

福安市实验小学语文学科评价表（高年级）

姓名			班级		学号			
项目	评价标准	（上半学期）评价等级（下半学期）						
		优秀	良好	合格	优秀	良好	合格	
一手好字	1. 有较强的识字能力，能熟练使用工具书。							
	2. 有正确的书写姿势和良好的书写习惯。							
	3. 使用硬笔、软笔书写正确、端正、整洁，行款规范整齐。							
一肚好诗文	1. 有较强的理解能力，能掌握一定的阅读方法，能把握文章的内容，知道文章的思想感情。							
	2. 乐于积累课外阅读和生活中的语言材料。							
	3. 坚持课外阅读，能多渠道收集整理信息。							
一手好文章	1. 对写作有浓厚的兴趣，乐于表达。							
	2. 能留心观察，积累素材，写出文从句顺的文章。							
	3. 能正确使用标点，学会修改习作。							
一副好口才	1. 乐于交流，敢于发表意见。							
	2. 会倾听，并能正确转述。							
	3. 善于表达，注重语言美。							
一股探究劲	1. 能多渠道地学习语文，在生活中运用语文。							
	2. 关注身边事，学会简单地参与研究活动。							
	3. 有较强的求知欲，善于查找、遴选、运用资料。							
课堂参与	能专心听讲，善于倾听，积极思维，踊跃发言。							
作业完成	能按要求保质保量地完成每天的作业。							
阶段成绩	第一单元	第二单元	第三单元	第四单元	期中成绩	第六单元	第七单元	第八单元	期末成绩

家长寄语：

教师建议：

自我反思（两份）：

此外，他们还附设"成长记录袋"的评价方式和"经典诵读与课外阅读、写字"的单项评价。课外阅读和经典诵读目前已成为语文学科的教学重点之一，对学生语文素养的提升、文化的积淀都有重要作用。为了促进学生课外阅读和经典诵读的开展，他们将这两项的考核也纳入语文学业评价体系，只不过是将课外阅读和经典诵读的评价独立出来，这样更便于一线教师操作。相关量表如下：

诵读之星评价表

经典诵读	上学期			下学期		
	优	良	及格	优	良	及格
古诗关						
美文关						
国学经典						

阅读之星评价表

课外阅读	上学期			下学期		
	优	良	及格	优	良	及格
阅读记录						
阅读抽查						
阅读书目						

（以上两表由学习组小组长组织组员来评定）

综合评定表

项目	星级评定
经典诵读	☆ ☆ ☆ ☆ ☆
课外阅读	☆ ☆ ☆ ☆ ☆

（该表由语文老师来评定）

奖　　状

　　经过一学期的努力，恭喜你荣获诵读之星____级和阅读之星____级，望今后继续努力，让自己成为一个儒雅博学的中华好儿郎！

福安市实验小学
年　　月　　日

成长记录袋目录

序号	收袋时间	材料名称及内容	学科	自我反思及评价
1				
2				
3				
……				
家长评价		小组评价		教师评价

（3）评价的成效与分析

小学语文学习目标管理评价实施以来，得到了广大家长和老师们的支持。从多方面反馈交流的信息来看，其主要成效表现为以下几点：

①能更客观全面地反映学生的语文素养

这份评价表与往常成绩报告册最大的不同是呈现了学生整个学期的学习状况，这并非是一张语文期末试卷可以代替的，也不是任何一次语文成绩可以说明的。这份评价表能够将每个学生整个学期的能力发展、学习成就、快乐体验全都体现出来，有效树立学生的学习自信，促进学生积极主动的发展与语文素养水平的不断提高。

②能为教师及时有效地调整教学提供依据

教师要在教育教学的全过程中采用多样的、开放的评价方式（如行为观察、情景测验、学生成长记录等），及时了解每个学生的优点、潜能、不足以及发展的需要，随时了解学生语文学习的诸多方面的信息，并借助这些信息，更好地营造教育氛围，有的放矢地改进教学，提高教学实效性。

③能让学生认识自己，发展自我意识

学习目标管理评价体系有目标、有评价、有反思、有激励，让学生越来越自信了，越来越有思想了。也许学生的目标还浅薄、反思还稚嫩、行为还随意，但学生的自律学习能力确实提高了，无论是自评还是他评，他们确实认识了自我，发展了自我，并有了为目标奋斗的思想意识。

④能更充分地发挥家长的督导作用

仅仅在学校对学生进行评价，那是不全面的，家校联系的教育才是教育的最佳状态。他们把家长纳入语文学习目标管理评价体系的主体。在实施过程中，这份评价表得到了家长们的认可，起到了统一教育目标、统一教育要求的作用。家长们认为，有了这份评价表，他们懂得了语文的成绩、水平不止是期末的一个分数，还应该从整个学期孩子的学习状态和过程来看。借助评价表，家长们也能对学校的语文教学有了更多的了解。因此，也能更有效地监控和配合学校的教育，共同促进孩子语文素养的提升。看看几份家长的感言："宝贝，这个学期你明显进步了，古诗20首你背得很好，希望你能持之以恒，以后你一定会更棒的！""你对学习语文很有兴趣，平时也能及时认真地完成作业。希望你更严格要求自己，特别是上课注意力要集中，阅读方面再加强些。""聪明的孩子，爸爸妈妈希望你拥有健康的体魄和良好的学习习惯，在家里和学校的表现一样好。""一分耕耘，一分收获。你的成绩见证了你的努力，继续吧，亲爱的孩子！"

评价很重要，但是如何让"评"更有"价"？他们在摸索中有了些许收获。其实不管是什么方式的评价，只要可以促进学生的发展，特别是促进学生的可持续发展，这样的评价就是好的评价。

2. 发展性评价的实践探究

学生是发展性评价的主体，教师要着重培养学生的自信心、自尊心，培养学生自我评价的能力，提高学生的自我约束力和自制力。针对语文学科的学生发展性评价有两个关注点：一是关注学生自身的语文基础及学习状况，二是关注学生语文实践的生长点及其目标达成度。下面介绍福州市鼓楼区温泉小学在学生发展性评价方面的有益探索。

（1）成长记录袋评价

首先要引导学生规划自己学习语文的阶段性发展目标，其次要引导学生依据目标，明确语文学习的内容和项目，并通过收集"成长记录袋"资料的方式落实学习行为。收集成长记录袋资料一般有"规定内容"和"自选内容"两方面，既能落实教学常规的统一要求，又能发挥学生的个性特长，实现其自主目标。

"规定内容"可结合教学要求提出可操作的项目，如让学生收集自己最满意的书写作业、习作（写话）、试卷和评价报告单等；"自选内容"可充分发挥学生学习的主动性和创造性，让学生收集学习成就资料，如背诵古诗的记载表、阅读的书目、手抄报、发表或交流的习作、获奖的证书、活动的照片以及课文朗诵录音、诗文配画等自我创作的作品。

"成长记录袋评价"的方法可以灵活多样，但必须有利于发挥其激励、互动、导向等功能，否则，很容易陷入形式化困境。主要的操作方法有：

互动交流：让同桌或4人小组开展小范围的交流、欣赏活动，促使学生获得"同伴互助"的愉悦。

成就展示：定期开展"成长记录袋"展示活动，让学生在展示自我中获得学习的成就感，增强学习自信心；在观摩他人的学习成就中发现自己的不足从而产生危机感，激发内在的学习动力。

树立榜样：设立"最佳进步奖""最佳成就奖""最佳创造奖"等奖项，通过学生小组推荐，家长、教师评选，树立典型榜样，不断赋予成长记录袋评价的意义和作用。

（2）单项评价，合作发展

教师在平时的语文教学中要关注学生的写字、朗读、背诵、口语、作文等多个单项能力的发展，对学生进行单项评价。首先要确立单项评价的目标，注意体现总体目标和个体差异性，引导学生确立适合自己发展的单项目标，让学生跳一跳可以摘到"果子"，这是发展性评价的关键。接着根据目标，指导学生分层次分阶段地开展学习活动，并通过各种有效的评价方式，促进学习达标。这里举几种常用的方法：

互评互赏。班级开展"黄金搭档""友好同桌"评选活动，促进学生之间的互动交流、彼此欣赏与借鉴；促进学生反思，使其体验语文学习的成就感。

闯关活动。如设计"背书闯关卡"，要求每个学生背诵课文都要过三关："自己试一试""同桌帮一帮""家长评一评"。

测试竞赛。教学过程中教师可以分阶段进行阅读、口语交际等单项测试，评出等级，并把"等级制"形象化为特殊标记，如五颗星、小红花等。单项语文竞赛对学生的语文学习会起到一种激励和促进作用。如开展诗词朗诵比赛等，对学生的背诵积累进行评价，并将评价过程及结果存入成长记录袋。

重试制度。建立单项测试的重试制度对学生学习达标会起促进作用。当学生学习不达标，或对自己的语文成绩不满意时，可允许申请重试，让学生充分发挥学习的自主性和积极性。在改进学习、修正错误的实践中，教师既要有效保护学生的自尊心，又要促进学生生动活泼地、主动地发展。

单项评价的具体操作不必是教师亲自"验收"。教师要充分发挥学生评价的主体作用，指导学生进行自评、互评，相互合作与学习。对单项评价进行登记汇总有利于促进学生主动发展。单项评价要处理好自评与他评的关系，自评是自我发展的核心，他评是为了促进自评。学生在自评与互评中合作交流，共同进步。要避免一种错误的观点，那就是把他评作为自评的检查与监督。

(3) 主题活动，整体推进

语文是极富趣味性的学科。开展丰富多彩的活动，让学生展示自己的学习成就，是语文学习的一种隐性评价。一方面，可以将学生在主题活动中的各种表现及活动产品作为评价学习的依据；另一方面，重视学生活动的过程体验与感受，肯定其活动的价值，营造体验成功的情境。主题活动为学生提供共同学习、共同发展的机会，也为评价提供多方面的有用信息。

①语文实践活动

学校、年段或班级要积极开展语文实践活动，让学生在活动中感受语文实践的意义，形成学习、运用语文的价值取向。如组织不同层次的多种活动，让学生参与活动，并扮演多种角色，或主持、或演讲、或调查、或收集资料等，培养学生综合运用语文的能力，从而不断提高学生自我评价的水平。

②开展竞赛

通过举办有益有趣的比赛活动，营造学生学习语文的良好氛围，这会对学生学习语文起到积极的价值导向作用。可经常开展的语文竞赛活动有：书法（包括硬笔字、毛笔字）、课文朗读、作文（包括科学小论文）及辩论会等，让学生把学习语文与成果展示有机结合起来，促进学生主动发展。

③展示特长

为了让每个学生都有自己语文展示的空间，学校举办"语文节"活动。学生在自主办黑板报、自编手抄报、自办诗歌朗诵会或故事会、自编自演课本剧等活动中，可将有关自己的摄像、录音、照片等作品收集起来，进行展示与珍藏。学生语文特长的展示无不蕴涵着对学习语文的自我评价与感受，充分体验和享受着学习与运用语文的快乐。

④激励评价

为了促进学生的语文学习，可变对语文学习结果的奖励为对语文学习过程的奖励。如设计奖状"我们一起长大的日子"，就是面向全体，奖励学生参与语文学习过程的积极状态和点滴进步。许多教师还专题探索对学生评价的语言，探究学生行为观察评价法，等等，把工夫用在对学生学习过程的评价上，收到了良好的教育效果。

以上提到的"成长记录袋评价""单项评价""主题活动"（隐性评价）等三种方法相辅相成，在教育实践中应灵活使用，争取最佳的评价效益，促进学生积极主动地发展。

五、命题程序与技术

《课程标准》明确指出，考试的目的不仅是为了考查学生达到学习目标的程度，更是为了检验和改进学生的语文学习和教师的教学，改善课程设计，完善教学过程，从而有效地促进学生的发展。实现考试目的的关键是命题的科学性。

1. 规范命题程序

为了扭转小学语文命题随意性、盲目性的现象，应以规范命题程序为抓手，把好每道关，力求命题的科学性。

命题的一般程序：明确考试目的（目标），确定考试内容项目，研制双向细目表，初步编写试题，试测调整与组卷，编写参考答案。

（1）明确考试评价的目的

要命题，必须明确考试目的。小学语文考试是基于标准的考试（如期末考或教学质量监测等），其目的是考查学生正确理解和运用祖国语言的能力，考查学生的语文素养水平，发挥考试评价诊断、反馈、导向、激励和改进等多种作用。

（2）确定考试内容的项目

要命题，必须确定考试内容。小学语文考试重在考查以学生正确理解和运用祖国语文的能力为核心的语文素养水平。依据考试评价的目的、课程内容标准、学生学习内容（含教材）等，确定考试评价内容体系，形式上可分为笔试、口试（包括观察、问卷）等。能够进行纸笔测试的目标列入笔试，如第三学段阅读的目标要求：在语境中正确理解词句的意思，把握文章的主要内容，揣摩文章的表达顺序等；不可将纸笔测试目标列入口试（面试），如口语交际、综合性学习以及"对学习汉字有浓厚的兴趣"、有感情地朗读、默读速度、阅读兴趣等目标要求。要注意课程标准明确的不考的内容，如"语法、修辞知识不作为考试内容"、不应考学生对古代诗词和浅易文言文的词法、句法等知识的掌握程度等。

教育部 2007 年对小学三年级学生的语文进行学业质量评价，在纸笔测试部分主要从"积累与运用""阅读""习作"三个板块考查学生的语文素养水平。其中"积累与运用"主要考查学生对字（包括拼音）词句等语言材料、课文内容（包括古诗词、名言警句）的积累运用能力；"阅读"主要考查学生在阅读情境下提取相关信息、把握整体、作出解释、作出评价等方面的能力;"习作"主要考查学生运用语言文字进行表达和交流的能力。这些规定与实践对于我们研究小学语文学业评价命题内容框架起到了积极的导向作用。至于具体的考试要点及题型,老师们还可从教材的课后练习及单元组的习题中得到启发。

(3) 研制双向细目表

为了使试题的取样更具教学内容、教学目标的代表性,更好地把握考试各项内容及各认知层次的题量比重、权重分配等,必须制订一份反映测验项目、学习水平的命题双向细目表。双向细目表是命题的具体方案,对于实现考试目的、提高考试效度有着积极的调控作用。当然,双向细目表还可在编写试题的过程中做一些微调,试题编写结束,还要检查、完善双向细目表,反思调整原因。双向细目表有多种表达样式。下面列举一种。

小学五年级上册期末考试双向细目表(阅读部分)

内容领域	能力点	总题序	能力表现描述	分值	题型	预估难度	难度	区分度	合计
阅读部分	说明类	…… …… ……							6
	叙事类	提取信息	19	提取相关信息	2	选择	0.9		6
		……							
		整体把握	22	把握主要内容	2	简答	0.8		4
		……							
		作出解释	24	找关键词句并说明表达效果	3	填空	0.7		12
		…… ……							
		作出评价	28	表达对人物的印象	4	简答	0.7		4
	诗歌	……							3
合计		15		35					35

(4) 初步编写试题

在试题的编制过程中,要始终强调目标意识,确保每道题目都能够真正地测量出预期的能力点。考虑到选题的空间,要求教师命制出等值题目的2~3倍,以便在预测后选择理想的题目。在命制阅读题时,特别要关注对阅读材料的筛选和改造,要充分考虑材料与学生的生活经验、认知水平，考虑材料的公平性、命题点等。

（5）试测调整与组卷

试测的目的是检验试题的科学性、验证预估难度，为调整试题提供依据（如果考虑到试卷保密等原因，试题编写之后，不可能找到相应的学生进行试测，可请非本部分题的命题老师来试测，接受质疑或咨询，以完善命题）。试测调整之后，对照双向细目表进行逐题查验，最后做好文字编排的把关工作。

（6）编写参考答案和评分标准

编写参考答案是对试题的再次检验：一方面对答题范围不确定的题目要进行适当调整；另一方面要充分考虑学生答题的多种可能性，以确定恰当的评分标准。

2. 提高命题技术

（1）把握试题质量的相关要素

①信度。简单地说，信度就是测量过程及其结果的可信程度。例如，作文评分较之选择题评分而言主观性大，难免出现误差，因而信度相对较低。为了提高评分的客观性，在制订评分标准、设计评分流程、调控评分过程等方面应作缜密思考，以提高作文评价的信度。此外，考虑到学生答题的偶然性，一般在测量学生的某种能力时，都要考虑设计一定的题量，如选择题的选项一般不少于4个；提取信息能力的考查题一般安排3~4道题等。减少答题的偶然性，自然就提高了测量的可信度。

②效度。效度是指测量的有效程度。这就要求命题的目标要明确、单一，否则，学生的答案就不可能充分说明所测的能力点了。例如，"看拼音写词语"这道题8分，学生被扣了5分，这种情况我们就无法判断是学生拼音能力的问题还是词语认写的问题。由于命题目标的不单一、不明确，测试的有效程度必然降低。教育部所出试卷在这方面作了很好的示范：第一题，"请找出下面读音错的一组词"；第二题，"请找出下面写错字的一组词"。这样的命题目标明确且单一，能够有效考查学生读音和认形的能力，试题的效度相对就高。考虑到中、低年级学生的表达能力往往低于思维能力，在题型设计上可尽量避免表达的干扰，以提高试题的效度。以下两题都是考查学生在语言环境下理解词语的能力，哪一种形式更有效呢？

一朵美丽异常的鲜花在云遮雾罩的沼泽地里盛开着，发出一缕缕沁人心脾的香气。

第一种形式：（简答题）写出句中"沁人心脾"一词的意思。

第二种形式：（选择题）句中"沁人心脾"一词的意思是（　）。

A. 指吸到新鲜空气使人感到舒适。

B. 指喝了清凉饮料使人感到舒适。

C. 指闻到鲜花发出的香气使人感到舒适。

D. 指鲜花盛开并散发出的香气。

显然，第一种形式就受制于学生的语言表达能力；第二种形式不受语言表达的影响，只要学生"心知其义"就能作出正确选择。因此，第二种形式的考查效度便高，其可信度自然也随之提高。

③难度。难度即试题的难易程度，是衡量试题质量的主要指标之一。测试的难度水平多高才合适，这取决于测试的目的、项目的形式和测试的性质。难度一般采用某题的通过率或平均得分率，用符号P表示。难度系数的计算方法有多种，如以全体被试得分率为难度系数（常用）、以全体被试失分率为难度系数、以被试两端组得分率的均值为难度系数。两端组被试得分率的均值计算公式：P＝（被试高分组得分率＋被试低分组得分率）÷2（注：得分居前的27％为高分组，得分居后的27％为低分组）。

如何控制试题的难度？首先，基于课程标准的考试，其目的不仅是为了考查学生达到目标的程度，更是为了检验和改进学生的学习和教师的教学，应该严格控制试题的难度，使绝大多数的学生都能够达到课程标准规定的目标要求。其次，命题还要给教师教语文和学生学语文以正确的导向，杜绝"题海战术"，实现课程标准倡导的"少做题，多读书，读好书，好读书，读整本的书"，真正提升学生的语文素养。由此，小学语文考试试题难度系数总体控制在0.8左右比较适宜，各学段应有所不同，如第一学段在0.9以上、第二学段在0.85以上、第三学段在0.8以上。难度控制，一靠经验，二靠试测，三靠实测。只有多次把预估难度与实测难度进行对比反思，总结经验，才能不断提高预估难度的准确性。

④区分度，就是试题区别被试水平能力的量度，常用D表示。通俗地说，在所要测试的特质上，被试对象水平高低是客观存在的。如果高水平的在测试中能得高分，而低水平的在测试中得低分，那么这试题的区分能力就强，反之试题的区分度就差。

区分度（D）通常用两端组得分率均差来计算，公式：D＝（被试高分组得分率－被试低分组得分率）÷2。

1965年，美国测验专家艾贝尔（R. L. Ebel）根据长期经验提出鉴别试题性能的区分度的相关参考值：

区分度值	试题性能鉴别
0.40以上	优良
0.30～0.39	合格
0.20～0.29	尚可，需修改
0.19以下	应淘汰

试题难度与区分度密切相关，太难、太易的题目，区分度都不很好，只有中等难度的试题区分度才比较好。基于课程标准的考试，不是以选拔为目的，试题的区分度要求不是很高，一般在0.20～0.39范围的都为"合格"。

（2）命题的相关要求及案例

①合理分配题型

试题题型主要分为两大类：客观题和主观题。客观题主要包括选择题、判断题、填空题、匹配题等；主观题主要包括简答题、写作等。客观题和主观题的功能不同，各有优势亦各有劣势。比如，客观题在考察较低能力层次时优势明显，而且评分误差小。但是，反馈的信息单一，难以体现学生的思维过程和思维丰富性，有时答题靠技巧，反映的不一定是学生真实的能力。另外，客观题，尤其是选择题对命题技术要求非常高。主观题在考察较高能力层次时优势明显，能够反映学生的思维丰富性和思维结构层次，反馈的信息比较丰富，更有利于从学生的答案中获取改进教与学的信息，命题也相对容易。但是，主观题评分误差大。因此，命题时要合理分配、趋利避害。

一般地说，积累与运用部分以客观题为主、主观题为辅；阅读部分以主观题为主、客观题为辅；习作部分主要是主观题；从儿童的年龄特征考虑，低年级的多些客观题，随着年级升高，主观题的量也要相应增加。

②选择题命题要领

选择题包括总题题干、小题题干和备选项三部分。

如总题题干表述："选择题。下列每一题都有四个备选答案，请你选择一个你认为最恰当的，把序号填在[　]里。"小题题干表述："下列四组词语中，读音都正确的一组是[　]。"备选项目设计注意事项与表述：单选题的备选项为4个，多选题为5个（小学一般不出多选题），备选项编写要有一定的迷惑性，其中正确答案一定要准确无争议，这样才能提高试题的效度和区分度。以上题干的备选项目如下：

A. 眷恋 juànliàn　驯服 xúnfú　B. 攥着 zuàn zhe　缝纫 féngrèn　C. 腼腆 miǎn diǎn　沏茶 qīchá　D. 日寇 rìkòu　打蔫 dǎyān

③命制阅读题

命制阅读题首先要选择和改造阅读材料，阅读材料的选择有五个基本要求：一是适合学生阅读的；学生没阅读过的；文质兼美；没有性别、民族、种族、地域、文化等歧视；篇幅适中。二是以课程标准第三学段"默读一般读物每分钟不少于300字"的要求，考虑试卷的阅读量。三是有代表性。四是根据课程标准各学段阅读目标提示，第一学段是以故事、童话为主，第二学段是一篇叙事性文章、一篇说明性文章，第三学段是在第二学段的基础上再增加一篇诗歌；有设题点。五是情境材料再好，没有设题点也不行，必要时可以对情境材料进行改写。但是，改写材料不能改变原意，还必须注明作者、出处、"有改动"等字样，名家名篇等不可改写。

根据课程标准的目标要求，借鉴国内外对学生阅读能力测量研究的成果，确定考查学生的四种阅读基本能力：提取信息的能力、整体把握的能力、形成解释的能力、作出评价的能力。下面列举五年级上册语文期末试卷的部分阅读试题加以说明。

阅读情境材料一：题目《吃袜子的蚂蚁》，作者：[美]爱玛瑞·东尼克，彭嵩嵩编译，选自2009年8月25日《环球时报》，原文有改动。（原文略）

一、选择题。下列每一题都有四个备选答案，请选择一个你认为最恰当的，把序号填在[　]里。

1. 关于"食袜蚁",下列说法正确的一项是[ ]。

A. "我"的脚和袜子都是被一种叫"食袜蚁"的蚂蚁给咬的

B. 沃柏小姐曾经被一种叫"食袜蚁"的蚂蚁咬过

C. "我"和沃柏小姐都被一种叫"食袜蚁"的蚂蚁咬过

D. "食袜蚁"其实是沃柏小姐创作的美丽谎言

(此题考查学生提取信息的能力)

2. "我"不肯让贝尔小姐、斯图尔特先生脱鞋子的原因是[ ]。

A. "我"袜子上的破洞   B. "我"脚上的伤口

C. "我"的同情心   D. "我"的自尊心

(此题考查学生作出解释的能力,即解释事件的原因)

二、填空题。认真读短文,想想文章的叙述顺序,并填空。

脚被蚁咬→_____→_____→受益终身

(此题考查学生整体把握的能力,即抓住要点概括内容)

三、简答题。

1. 你认为第⑥自然段画的句子"沃柏小姐扶我从办公桌上下来,蹲下身,笑容可掬地望着我说"的关键词是哪些?请用"△"标注出来,并说明理由。理由:_____。

(此题考查学生作出解释的能力,即能够抓住关键词,推想意思,体会其表达效果)

2. 短文出现的人物有"我"、"跳绳"的同学、"贝尔小姐""斯图尔特先生"和"沃柏小姐"。你喜欢谁?为什么?

(此题考查学生作出评价的能力)

④习作评分参考编写技术

目前习作评分有两种方法:一是整体印象分,二是分项累计分。二者各有利弊,最好是综合参考。习作评分参考一般分两阶段进行,第一阶段由命题者根据题目要求、结合年级目标,分档描述各档习作具体的、操作性强的参考标准,并给出赋分范围;第二阶段由阅卷者根据命题者的参考标准,浏览学生答卷,分别找出各档的习作样例(在这个过程中,也可能根据学生答卷的实际情况对参考标准作出必要的修正、调适),然后进行评分。这样,命题者与阅卷者、参考标准与答卷样例互相配合,尽可能使习作评分最接近习作的真实水平,避免误差。五年级习作评分参考案例:

习作内容评分参考:第一档(25~27分)相当于"优秀",第二档(21~24分)相当于"良好",第三档(16~20分)相当于"合格",第四档(11~15分)和第五档(0~10分)相当于"不合格"。每一档要具体描述评价标准的区分点。(样例略)

书写卷面分评分参考:满3分。字迹工整,书写规范,卷面整洁,得3分;字迹比较工整,书写比较规范,卷面比较整洁,得2分;字迹比较潦草,涂涂改改,得1分;实在潦草、乱涂乱画,得0分(因自觉修改而造成卷面不整洁的,不影响书写得分)。

六、质量分析与改进

考试评价的质量分析一般包括命题质量分析和教学质量分析两个方面。

1. 命题质量分析

考试是对命题质量的检验。评卷结束后要及时收集或整理相关数据，如计算每道题的实际难度值、区分度，为今后命题积累经验；要对三个领域的命题效度作具体分析，研究题目之间的相关性，对试题的效度和信度作具体比照，并总结命题成功经验，分析相关问题和对策，尤其是要把充分体现学生语文素养的试题作为范例，积极推广，扩大命题改革的积极导向作用；要研究各年级各考察领域的权重分配，把教学改革与考试评价改革有机结合起来，促进语文课程改革；要分析难度区分度低的试题，提出改进方法，或进行尝试性修正与再测，找出原因和改进对策。最后还要总体考察命题对语文教学改革的正面作用与负面影响，不断修正命题方向，不断促进语文教学改革，促进学生语文素养的发展和提高。

2. 教学质量分析

命题的目的是促进教学改革，促进学习改进，促进学生语文素养的发展。考试结束后，我们就应该从学生的答卷中查找教学改革的成果，查找教学存在的实际问题，并总结推广经验、反思教学问题、提出问题对策等。主要从以下几方面进行总结与反思：

（1）学生积累与运用的成功案例、主要问题以及教学改革、学习改进等；

（2）学生语感形成与发展状况分析，对语感好与语感差的个例作对比性研究与跟踪，并有期待性的目标追求与行动；

（3）把加强语文实践与促进学生理解和运用语文的能力紧密联系起来，积极探究有效的学习路径，促进学生有效学习；

（4）从客观题分析学生的能力层次，反思教学，加强策略研究，促进有效教学提高的与语言运用中的收集、处理和运用信息有关的过程。

答卷是学生留下的思维过程或思维结果；阅卷是老师根据这个结果对照参考答案和评分要点来评判学生的考试成绩（分数）；任课教师（或研究者）根据这个结果分析学生的学习情况，收集有利于改进教和学的信息。

由于客观题反映的信息有限，我们从客观题上基本看不到学生的思维过程，所以，试卷分析主要是从学生的主观题答案中收集信息，揣摩学生的答题"智力步骤"、分析学生的思维状况以及教师教学的问题等，从而为改进学生的学和教师的教提出建设性意见和建议。举个例子，在五年级的阅读能力测试中，有两道主观题：①故事中兔子拉拉、鼹鼠落落、野猪笨笨给你留下了怎样的印象？你是从文中哪些地方体会出来的？请选择其中一个人物写一写。②你觉得故事中的乌鸦教授是一个怎样的人？请举例子支持自己的观点。受试的54位学生中有50位的答案都"似曾相识"的惊人一致，即用"助人为乐""为他人着想"等品质来赞扬野猪笨笨、乌鸦教授,用"自私"评判兔子拉拉、鼹鼠落落等,而对"人物"生动可爱的形象都视而不见。由此反思:语文教学是不是应该加强在启发学生独特感受文本等方面的实践?

总之,质量分析应该为我们带来更多的思考:应该想想如何更好地命题,不断提高命题技术?如何深化语文教学改革,进一步提高教学质量?如何总结有效的学习方法,加强语文实践,提高学习有效性?等等。

专题四　课外活动指导

语文学科是一门实践性较强的学科，应该注重培养学生的语文实践能力，而这种能力的培养，不能仅仅依靠封闭的、静态的、单一的课程体系，而是要注重创设开放而富有活力的语文课程，使得语文课程的建设面向学生、面向未来，从而更好地为学生语文能力的提高发挥积极作用。语文课外活动理念的生成与发展，正是在这样一种趋势和时代背景下被提出和被重视的。

一、语文课外活动的内涵、特征与意义

现代语文教育的新理念是实现学生从语文学习过程中获得质的变化，并且解决长期以来语文学习中质变与量变难以协调发展和相互转化的问题，这是语文教育中的关键所在。在实现这一理念的过程中，不少语文教育专家和语文教师都通过实践总结出了很好的经验，其中最主要的一点就是要扩大和延伸语文教育的空间，充分利用丰富的社会生活资源，把课堂教学和语文活动结合起来[①]，将形式多样的语文课外活动作为语文课堂教学的有益补充加以灵活运用。而在笔者看来，认识事物是利用和改造事物的基础，要有效发挥语文课外活动的积极意义，必须首先对语文课外活动的基本内涵、基本特征和意义有一个深刻的把握。

1. 语文课外活动的内涵

课外活动是指在课堂教学之外，由学校组织指导或由校外教育机关组织指导的，用以补充课堂教学、实现教育方针要求的一种教育活动，是根据受教育者的需要和教育教学的需要，在教育者的直接或间接指导下，来实现教育目的的一种活动。课外活动又可以分为校内活动和校外活动，二者的区别在于组织指导的主体不同。校内活动是由学校领导、教师组织指导的活动；校外活动是由校外教育机关组织指导的活动。这里应注意的是，校内活动并不仅仅限于学校范围之内，也可以是在校外组织活动，它与校外活动的区别只是在组织和领导方面的不同。在概念的解读上，我们把校内活动和校外活动统称为课外活动，但在本书的写作过程中，笔者所针对的课外活动主要是指由教师组织和领导的活动。

在我国古代，已经出现了课外活动这一教育形式。《学记》中记载："大学之教也，时教必有正业，退息必有居学。"所谓"正业"指的就是课堂教学，"居学"就是指课

[①] 李江山．课外语文活动是现代语文教育的重要环节［J］．宁夏大学学报（人文社会科学版），2003，（4）：122.

堂教学以外的活动，即受教育者在课堂学习之外，还要进行与课堂学习有关的课外活动。这样，才能使受教育者"安礼""乐学"，从而实现"安其学而亲其师""乐其友而信其道"，"虽离师辅而不反"的目的。

随着社会发展的需要，个别教学被以班级授课制为基础的课堂教学代替。课堂教学能够大规模地培养人才，适应社会和生产发展的要求。但是，它又具有一定的局限性，不利于从实际出发、因材施教，不利于受教育者个人天性的充分发展。因此，作为课堂教学这一组织形式的必要补充形式——课外活动便应运而生，并在长期的发展和实践中，不断地完善和积累经验，日趋成熟。课外活动与课堂教学是一个完整的教育系统，课外活动是课堂教学的必要补充，二者相互作用、相辅相成，对完成教育任务、实现教育目的具有同样重要的作用。它对解决受教育者的全面发展与因材施教、一般发展与特殊发展、间接经验与直接经验等矛盾具有重要的意义。

20 世纪 90 年代以来，随着信息革命和知识经济的崛起，世界各国都在寻求教育改革，而课程的改革又是教育改革的核心内容。从各国语文教学改革的情况看，注重课外活动的开展，培养学生的反思能力和创新意识，丰富学生的个性，是当今国际范围内语文教学改革的重要取向。[①] 从上述课外活动的内涵解读中，我们隐约可以将语文课外活动定义为："在正常的语文课堂教学之外，为实现语文教育的基本目标，促进学生语文素养及其他各方面素养的提升，由相关人员计划、组织和指导开展的动态性的学习活动。"语文课外活动的出现，是语文教学的一次大的改革与突破，是语文学科课程实施素质教育，全面提升学生语文素质的有力举措。[②]

2. 语文课外活动的特征

教育形式的差异使得语文课外活动具有了鲜明的特点，这些特点有的是任何教育活动都具有的共性特征，也有语文课外活动所独自具有的个性化特征。

(1) 语文课外活动具有目的性。目的性是任何教育活动都具备的基本特征，语文课外活动也同样如此。语文教育的终极目标是培养学生正确理解和运用祖国语言文字的能力，它需要通过语文课堂教学和课外活动两条渠道共同完成。语文课外活动的目的在于巩固并发展学生的课堂所学知识，发展其言语实践能力。因此，尽管语文课外活动的内容丰富多彩，形式千姿百态，但确定活动内容和选择活动形式都必须围绕语文教学目标进行，都必须突出培养学生语文能力这一宗旨。

(2) 语文课外活动具有计划性。语文课外活动是有计划的教学行为，它与语文课堂教学的区别主要在于：课堂教学是以教科书为活动凭借，以教室为活动空间，以课时为活动时限的教学活动形式，在这一时空范围内，其活动表现形式由师生双方共同构成；而语文课外活动的内容则在教科书以外，活动的时空范围也在课堂以外，活动

---

① 刘正伟. 比较与审视：国际视野中的语文课外活动 [J]. 中学语文教学，2002，(11)：58.
② 张海红. 浅说语文课外活动 [J]. 新课程研究，2007，(8)：172.

的表现形式由学生独立完成，教师的活动方式在于场外监控。语文课外活动的计划性要求活动前教师要建立活动目标，分析活动任务，选择活动方式与媒体，确定活动时间、地点与范围，确定检测形式与评价系统，使课外活动与课堂教学相配合。一个单元、一册课本、一个学期、一个学段，每次课外活动都成为实现语文教育目标的一个组成部分。

(3) 语文课外活动具有实践性。语文课外活动是学生将课堂所学语文知识运用于实际生活的模拟实践。在课外活动中，学生是活动的主体，活动的各个环节都强调学生的主动参与和具体操作。从活动的筹备、组织、展开到结束，都包含着用脑、用眼、用口、用手的心理过程，即心智操作的实践过程。无论心得交流、书法展览、作文比赛，还是演讲与辩论，或诗文朗诵与戏剧表演，每一项活动都是学生对在课堂上所学的语文知识在课外的操作实践。而在这个过程中，语文课外活动课程的实践性得到彰显，学生的实践能力得到提升。

(4) 语文课外活动具有趣味性。趣味性是语文课外活动区别于其他类型语文课程的一种重要特征，也是确保学生积极参与语文课外活动并取得较好效果的重要前提。丰富多彩的活动内容与生动活泼的活动形式对激发学生积极主动地参与活动具有强烈的吸引力。有计划地确定活动的起点的行为，能够使课外活动在学生语文认知的理解水平或掌握水平上进行，这样才能确保每个学生都顺利参与这些活动。成功的实践经历可以增强学生再实践的信心，进一步增强他们主动参与的兴趣[①]。

(5) 语文课外活动具有多元性。相较于课堂教学的单一性，语文课外活动的多元性特征表现得比较明显。语文课外活动的多元性表现在两个方面：其一是随着时代和教育的发展，语文课外活动的类型呈现出多元化的特征，文学社、吟诗颂词会、各类知识竞赛、拓展阅读等形式各异的课外活动，使得学校、教师和学生在组织和开展语文课外活动的时候选择的空间越来越大，选择的可能性越来越多；其二是随着人们对教育规律认识的不断深化，语文课外活动的内容呈现多元化的特征，语文课外活动的内容往往已经不再单纯是课堂教学内容的延伸，其内容上的自我创生性越来越明显，活动实施的目标也越来越综合化。

3. 语文课外活动的意义

语文课外活动的基本特征及其在教育体系和课程体系中的重要地位，决定了它在整个教育活动中的影响是广泛而深刻的。作为一条十分重要的教育途径，它在受教育者的身心发展中有着重要的意义和作用。就语文学科而言，语文课外活动的意义同样是十分明显的。

首先，语文课外活动的开展，有助于学生知识的巩固与获得。"纸上得来终觉浅，绝知此事要躬行。"现代教育的发展使得学生获取知识的手段多集中于课堂教学，而在

---

① 薛晓嫘．语文课外活动的性质、特征与设计原则 [J]．新疆教育学院学报，2000，(4)：55—56.

这种途径下获取的知识是一种间接性的知识，由于经验与体验的缺乏，学生对此类知识的印象很难深刻化。而在语文课外活动中，学生不仅可以通过实践加深对原有间接性知识的印象，起到巩固知识的作用，同时又可以通过实践亲自获得直接性知识，从而在很大程度上丰富自己的知识体系。

其次，语文课外活动的开展，有助于学生多方面能力的提升。学生语文能力的提高是语文课外活动的最大受益者。对于学生来说，有生活才有体验，有体验才有感受，学生的感受与体验越深刻、越独特，感性积累才越丰富，思维才越灵活，写文章才能越活跃。同样，也只有通过语文课外活动，学生才能积累更多的知识体验，储备更多的表象材料[1]，这些基本的积累真是学生语文能力提升的必备条件。与此同时，课外活动是一种不同于课堂教学的学习形式，在这种学习过程中，学习者的多元能力得到锻炼与提升，如课外体育活动可以发展受教育者的体力；受教育者通过创造美、鉴赏美、感受美等活动，可以发展其审美能力；对课外活动的探索可以提升学习者的创新能力、实践能力和团队合作能力等。

最后，语文课外活动的开展，有助于拓展学生的学习空间。众所周知，语文是一门综合性很强的学科，"大语文"的思想与理念正逐步成为语文教育教学过程中的主导性思想。如果教师没有"大语文"的思想，仅仅依靠课堂教学，语文教育的有效性势必很难保证。同样，如果学生不能做到广闻博览，仅仅凭课堂老师的传授也难以真正学好语文。许多语文教师都懂得：语文知识得法于课内，语文能力形成得益于课外。只有不断拓宽学生学习语文的空间，在扎实搞好语文课堂教学的同时，重视语文的课外活动，才能真正找到教好语文的源头活水[2]。而语文课外活动的开展，正是为学生提供了一种更为广阔的学习空间与平台。在这个空间与平台上，学生的学习积极性得到提升，学习能力得到锻炼，语文教育的源头活水得到保障。

二、语文课外活动的分类及指导

课外活动是语文教学的重要组成部分，它不但可以培养和提高学生的听说读写能力，丰富学生知识，开阔学生视野，还可以激发学生的学习兴趣，发挥学生的特长，发展学生的个性。课外活动还能使学生从小接触社会，使之学会做人、学会学习、学会生活。因此，开展丰富多彩的语文课外活动，实施素质教育，是每一个语文教师从事语文教学活动中一个至关重要的问题[3]。就语文课外活动设计的初衷来看，它的出现旨在通过一个更为宽广的平台提升学生的语文能力与素养，而学生自我的积极性与主动性是语文课外活动取得良好效果的关键。但是，我们知道，小学生的生理、心理尚处于发育初期，能力的缺陷使得他们在参与语文课外活动的时候，特别是当活动出

---

[1] 张宏达. 开展语文课外活动的意义和途径[J]. 基础教育研究，2000，(3)：32—33.
[2] 张士文. 语文课外活动拓宽学生学习空间[J]. 语文教学与研究，2004，(6)：23.
[3] 支铁锋. 语文课外活动举隅[J]. 陕西教育，2007，(1)：127.

现意外情境的时候往往会不知所措，在这样的情况下，教师的主动干预就显得极为重要了。此外，语文课外活动不是一种无目的、无组织、无纪律的活动，这种特征也必然呼唤着教师在课外活动的过程中给予学生一定的指导与帮助。

语文课外活动的指导同样是一项有规律可循的工作。结合自身的工作，借鉴现有的相关研究，我们认为，指导语文课外活动，应该遵循三个方面的基本原则：

首先，语文课外活动的指导，应以培养学生的参与兴趣为基本目标。每个学生都有自己的兴趣和特长，有的学生爱好书法，有的学生喜欢朗诵，还有的学生擅长办刊物，等等。而学生这些多种多样的兴趣和爱好，都可能在课外活动这块天地中得到发展。我们把课外活动称做"第二课堂"，这种提法把课外活动纳入有目的、有计划、有组织、有指导的活动之中。课堂教学毕竟有限，还需不断更新和补充，课堂上学到的语文知识，必须在课外实践中加以检验。让学生自觉地进行这项活动，必须激发学生学好语文的自信心，让学生正确认识语文活动的重要意义，这是指导学生开展语文课外活动的最基本目标。

其次，语文课外活动的指导，应以创建良好的语言环境为基本思路，提升学生的语文技能，发展学生的爱好和兴趣。俗话说："近朱者赤，近墨者黑。"环境对人的影响可见一斑。历史上的孟母"三迁"，对"亚圣"孟子的成长起到了不小的作用，也为环境育人的重要意义提供了最好的佐证。就语文教学的现状看，为什么现在的学生很难消除错别字，很大程度上就是因为不良的社会环境影响：现在的电影、电视、广告、招牌等，错别字屡见不鲜，这些影响很难从学生的头脑里根除。而小学生由于各方面能力的局限，难以自主寻找和创设良好的语言环境，这对语文课外活动积极效应的取得造成了极大的不利影响。由此看来，净化语言环境，给学生创造一个良好的语言环境，让学生时时得到熏陶，受到感染，就成了教师指导学生开展语文课外实践活动过程中极为重要的内容与思路。

再次，语文课外活动指导，应以强化校内外的合作为基本策略。指导课外语文活动要注意校内和校外的关系，即注意把学校和家庭、社会联结起来，通力协作，共同完成课外活动的指导任务。学生能力的提高，从来都不单纯是校内教和学的关系，还要受到学校以外的环境的影响。第一，学生学习语文并非自学校教育开始，出校也不是语文学习的结束；第二，入学后的语文学习也远不限于校内，它还广泛存在于家庭和社会之中，家庭和社会起配合强化的作用；第三，相对来说，家庭和社会处于较稳定的状态，而学生对于家庭的依存关系，要比成人大得多，这又进一步表明了学校和家庭、社会联结的必要性[①]。总之，现代教育越来越强调教育生态圈内各种因素的通力合作。因此，教师在对学生的语文课外活动的指导过程中，强化校内外的合作应该是一种基本的策略。

---

① 陈秀梅. 得法于课内，得益于课外——怎样组织与开展课外语文活动[J]. 青海教育，2003，(4)：18.

最后，语文课外活动的指导，应以尊重学生的主体地位为基本前提。现代教育的发展越来越注重对学生主体地位的尊重，将课堂还给学生，发挥学生的主动性、创造性已经成为教育改革的最强音。在这样的背景下，教师指导语文课外活动时，就应该对自己的角色和行为有一个清晰的定位。也就是说，教师在这个过程中应该始终将对学生主体地位的尊重作为自己指导行为的基本出发点，认清自己的指导行为是一种辅助性的行为，是一种有限的干预行为，不是对课外活动的大包大揽，不是代替学生做，而是更好地引导学生做。只有如此，才能更好地发挥课外活动的育人功能。

正如前文所言，随着社会与教育的发展以及语文学科自身的变迁，语文课外活动的形式与内容同样已经发生了很大的变化，一个明显的标志就是课外活动形式的多样性。在语文教学的实践中，广大语文教师充分发挥自身的积极性与主动性，创造和更新了类型多样的语文课外活动，这些活动有的带有历史印痕，有的则完全是时代的产物，如文学社组织、娱乐游戏活动的开展、知识竞赛活动、课外阅读、演课本剧、办小报以及形式各异的综合实践活动[①]等，都是如今常见的语文课外活动类型。不同类型的语文课外活动既有共性，又有个性。教师在指导的过程中需要抓大放小、求同存异，辩证地采用针对性的措施，以便使得类型不同的课外活动最终都能够取得令人满意的效果。

1. 文学社的组织与指导

文学社是广泛活跃于各类大、中、小学校的学生社团。长期以来，文学社引导着以学生为主体的一切与文学相关联的阅读、研究、创作等活动，成为学生校园文学活动最有力的支持。文学社团的活动为培养学生的综合素质，提高学生的语文素养和思想道德修养，提供了一个别样的园地。搞好这个园地的工作，是语文教育领域贯彻"以人为本"教育理念的一个重要方面[②]。作为一种以正式组织存在的学生文学社，教师在对其的指导过程中，必然也会存在着与众不同的策略。在本部分中，笔者将结合相关案例，展示对学生文学社指导的基本策略。

（1）建立健全规章制度

没有规矩，不成方圆。科学合理的规章制度是文学社发挥积极作用的基本前提。文学社虽是学生自己的组织，但它作为一种正式存在的组织，其正常运行离不开制度上的保障。在小学和初中阶段，学生的自我管理和约束能力有限，相关制度的制定能力也比较一般。因此，教师在指导文学社活动的时候，首先应该与学生一起商讨并制定合理的规章制度，作为文学社运行的前提和基础。规章制度的制定，一方面要依据文学社自身的特征，另一方面要结合学校、教师和学生的实际情况，做到科学、有效。

---

① 许水娇.语文课外活动的三种方式[J].江西教育，2001，(9)：46.
② 王霜玲.浅探学生文学社组织的指导[J].文学教育，2008，(7)：118.

案例1

某学校文学社章程

第一章：总则

第一条，本文学社是所有文学爱好者共同的交流平台，以丰富校园文化生活，提高写作能力为宗旨，开展的活动符合学校各种规章制度。

第二条，本文学社是一个正规组织，禁止有人恶意诋毁本社。

第二章：宗旨与发展

第三条，文学社名称为"冬青文学社"。

第四条，文学社的宗旨是"启发学生对文学的兴趣，培养学生的人文素质"。

第五条，文学社的发展方向是"将文学坚持到底"。

第三章：活动方式与范围

第六条，文学社的范围与方式。

1. 每个月向社员和非社员征集文学类作品，将优秀作品向校刊或杂志社推荐发表。

2. 在主管单位的同意下，举办较大规模的校内外社团交流活动。

3. 在校内外为文学社期刊联系赞助商。

4. 与其他学校文学社保持交往和联系。

5. 在学校同意的前提下，可以举行校外活动，积极向外扩大影响。

第四章：组织结构，负责人权限

第七条，文学社设社长1名；副社长2名，宣传部、文字部、文艺部、财务外联部，各部设部长1名、干事4名。

第八条，文学社负责人权限。

社长：负责全面工作。

副社长：协助社长主持全面工作。

组长或部长：主持所属部门工作。

第九条，文学社部门机构权限。

宣传部：主要负责文学社宣传，海报展板设计的工作。

财务外联部：负责文学社社费收取工作，为文学社联系赞助商。

文艺部：负责文学社的文艺策划。

文字部：负责稿件。

第五章：负责人产生程序

第十条，以投票式公开民主推选产生。

第六章：权利与义务

第十一条，社员权利。

1. 社员有发言权和表决权。

2. 社员有选举权与被选举权。

3. 社员有参加社内各项活动的资格。

4. 社员将得到社内的宣传资料与期刊信息登陆免费权。

第十二条，管理人员权利。

1. 有执行建议与修改本章程的权利。

2. 对社员违纪现象，管理人员讨论决定并上报学校批准，有权利处罚。

3. 有权利对本社所有的工作进行监督。

第七章：社员义务

1. 能够自觉遵守本社的各项原则，服从管理人员的决议，履行应尽的义务。

2. 积极参加本社开展的各项活动。

3. 具有集体荣誉感，热爱本社。

4. 团结友爱、互帮互助，努力提高自身素质。

第十三条，管理人员义务。

详细回答对其提出的质疑，虚心接受社员提出的批评与合理的建议。

第八章：社员管理

1. 对文学感兴趣的全体学生，愿意遵守本章程，都可以参加，即为文学社社员。

2. 社员入社需要交纳2元钱社费。

3. 填写文学社登记表，正式入档。

第十四条，社员管理。

1. 文学社建立社员档案，记录社员在社的基本情况。

2. 社员必须接受并完成社团交办的各项任务。

3. 社员必须参加文学社统一组织的各项活动，有事必须请假，经社长或副社长同意有效，无故缺席达三次者，视为自动退社，确有原因不能及时请假者，事后补假。

4. 社员投稿严禁抄袭，一经发现记以社内处分。

5. 社员有促进社团团结发展、维护社团荣誉和尊严的义务。

(2) 明确组织指导思想

要组织和指导好校园文学社团，就必须有一个明确的指导思想。文学社活动应该始终牢牢抓住素质教育这个根本，活动的最终目标就是要提高学生的文学素养，并进一步提升其作为"人"的综合素质。只有具有正确的指导思想，文学社团才能不断发展壮大，才能确保正确的发展方向，才能获得理想的成果。

案例2

某小学L文学社指导思想

作为我校的办学特色之一，作为语文课堂的有益补充，L文学社通过丰富多彩的阅读写作活动，引导学生多读多写、亲近文学、热爱文学，积极投身文学活动，提高文学鉴赏能力与审美能力，激发想象力与创造力，增强语言和文字表达能力，从而全面提高语文素养和文学品位,树立高尚情操,发展健康个性,培养健全人格,为全面推进素质教育作出应有的贡献。L文学社将通过丰富的课余活动,真正培养学生的语文综合能力。

(3) 积极拓展活动空间

文学社团活动能否开展得好,还有一个活动空间的问题必须解决。中小学生一般都是缺乏自主拓展和创造能力的未成年人,他们的学习活动往往只会局限在一个相对狭小的范围之中,而文学社自身的性质和组织特征却要求学生在一个相对开放和广阔的空间中学习、历练和提升,只有如此,文学社的积极作用才能得到更好的发挥。因此,作为文学社的组织指导者,一方面,要积极宣传,为社团争取必要的重视和关注,我们需要明白,学校领导对文学社团活动的重视,是社团发展强有力的支持。另一方面,文学社活动的成果也具有扩大学校影响,提高学校声誉的作用。因此,指导文学社,就必须让文学社以有声有色的活动展示自身的优势,从而取得更强大的支持,拓展活动空间。在重视文学社的学校,文学社的活动不仅有专用的活动场地,而且活动经费也宽裕,甚至作为活动课程正式排入了课表,这样,文学社的发展空间就宽松了,文学社促进学生语文素养提升的积极作用也就表现得更加明显了。

(4) 配备常务指导教师

有了健全的规章制度、科学的指导思想和充足的发展空间,文学社的活动就容易组织起来,文学社的发展也就能够步入正规化、科学化的途径。但是,文学社正常运行的确保,组织、管理和指导工作的进行,还需要倾注管理者的心血,配备常务指导老师是提高文学社活动质量的必然途径。通常来讲,一般学校的文学社指导教师,都是由语文教师兼任,这种配备方式通常能够确保文学社的活动紧密结合学校的语文教学。但是,随着社会和教育的发展,对文学社指导教师的素质要求越来越高,专业的文学社指导教师开始逐渐在学校中出现,并成为一种流行趋势。不论何种性质和来源,作为文学社的常务指导老师,都需要在工作中沉下心来,耐得住寂寞,做到诲人不倦、甘为人梯。因为要指导好文学社,就必须举办各种专题讲座,还要辅导学生进行课外写作,引导学生自觉主动地开展活动,帮助学生编辑出版好社刊社报,所有这些都需要指导者花费大量的时间,付出无穷的精力。一般学校虽然都给文学社的指导老师计算了一定的工作量,但组织指导工作烦琐、耗时,如果指导老师对名利得失斤斤计较,缺乏无私的奉献精神和崇高的敬业精神,那么文学社的指导工作就难以取得实效。与此同时,随着文学社的发展和学生语文素养的提升,指导教师自身的能力发展也被提上日程,这个时候就更加需要教师的责任意识,需要他们通过不断地自主学习,提升自己各方面的能力与素养。

案例3

A小学Y文学社指导教师岗位细则[①]

文学社指导教师主要由特聘人员、学校内外爱心志愿者和学校全体语文教师组成。其中学校全体语文教师是办好文学社的主要依靠对象，他们将在文学社的集中活动和分散活动中起主导作用。文学社指导教师的主要职责是：

一、严格遵守和执行《义务教育法》和《教师法》，自觉加强师德修养，处处为人师表。

二、认真钻研《小学语文新课程标准》，落实好常规教学，合理安排学生的习作练习，注意改进教学方法，激起学生对文学的热情和创作欲望，指导和帮助学生提高写作能力。

三、坚持"作文先做人"的思想，确立"美心出美文，美文育美心"的理念，要注重加强对学生进行思想品德教育，培养学生良好的行为习惯和高尚的品德修养。

四、多方面关心爱护学生，与学生建立良好的合作关系，努力成为学生值得信赖的人，使学生"亲其师，信其道"，提高工作效益。

五、培养学生良好的阅读与写作习惯，从基础抓起，切实有效地做好观察、思考、判断、表达等方面的培养工作。

六、使用普通话教学，指导学生写"端正字、正确字、规范字"。

七、自觉执行文学社的工作计划。充分发挥自身特长，按要求完成分配的任务。在集中指导时，力求使指导活动生动有趣，让文学社成为文学爱好者的乐园。

八、积极参与并组织文学社的实践活动，如参观、访问、联谊、征文、表演、竞赛等，丰富会员生活，活跃校园气氛。鼓励并指导学生积极向会刊、博客以及公开发行的报纸杂志投稿。

九、主动参与文学社的组织与管理，及时反馈与文学社有关的各类情况，献计献策，关心文学社的整体发展。

（5）指导开展多元活动

通常来讲，文学社创办的宗旨在于提升学生的文学素养，但是，学生文学素养的最终提升，还是需要通过形式各异的活动才能最终实现。鉴于此，教师对文学社的指导，最重要的还是在于对活动开展的组织与引导之上。就中小学生的特点来说，他们尚处于成长的初级阶段，自主和管理学习的能力比较欠缺，这一时期教师对活动的组织与引导可能力度要大一些。随着学生年龄和能力的增长，教师的干预可以适度减少。文学社的活动一般可以分为个人活动和集体活动两大类，教师一方面要注意对活动形式的设计，使之尽可能符合学生的需要和特点；另一方面要时刻注意活动过程中可能出现的问题，并予以及时的解决。

---

① 案例参见：http://yswxs.blog.163.com/blog/static/110493083200912272545259/.

案例4

X小学文学社活动形式与内容[1]

文学社的活动主要分集体和个人活动两种形式。集体活动时间一般定在每周三下午。内容主要有3项：

1. 由指导老师讲授写作知识，引导学生赏析名家名篇。我们曾先后开展过鲁迅作品欣赏会、三国古典名著小说阅读指导、中国古典诗词赏析、作文技巧漫谈、如何写好杂感杂谈一类的作文等讲座，还举办过专题影评讲座，发动社员学写影评，征集优秀影评习作，专门汇编《影评专辑》。

2. 配合语文教学，组织、指导学生参加各种征文竞赛和影评活动，踊跃向报纸杂志投稿。文学社社员积极写作、投稿，一年来被全国中学生刊物选用的习作近30多篇，在县、市级征文中获奖20多次，学校里组织的各种征文、演讲比赛的奖项，基本由文学社会员囊括。

3. 在指导老师的组织下，我们带领学生参观访问，游览考察，做社会调查，积累写作素材。我们利用课余时间，开展丰富多彩的阅读写作活动，既走出去，又请进来。"走"到革命烈士陵园，"走"到乡镇企业，"走"到文化遗址，"走"到陈云同志故居，"走"到江南水乡……

（6）注意掌控组织规模

文学是人类文明的自觉兴奋点，学生对于文学社的热情通常来讲都会比较高。文学社团既然是校园群众性组织，其群众性特征自然就应该受到足够的重视。但群众性不等于无组织性、无纪律性和任意性，不代表每一个学生都能参加，文学社的进入还得有一些基本条件。条件的设置既不能太严，以防挫伤自愿者的积极性；也不宜太宽，防止社团泛化、组织涣散。在组织活动中，既要注意调动普遍的积极性，又要注意培养"尖子"，发现文学新苗；既要抓好普及，又要注意提高，点面兼顾，这是办好校园文学社团的一条基本原则。总之，在对文学社的指导过程中，指导教师需要依据组织发展的基本原则，控制文学社发展的速度与规模，以确保文学社的发展更加科学、合理和有序。

2. 语文综合实践活动的组织与指导

综合实践活动课程是在整个世界教育人格化以及我国教育人本化的背景下，在基础教育课程改革的浪潮下应运而生的。卡内基基金会前主席波伊尔在他的《基础学校》一书中说到："孩子们随时随地都在学习，孩子们在公园里追逐鸽子时、在观看浮云时、看着小蚂蚁在路边匆匆爬行时都是在学习。"[2] 综合实践活动课程的提出与实施正是给予了孩子们这种学习的方式、机会与空间。也正如钟启泉所提出的，所谓"综合

---

[1] 查先惕．中学生文学社的组织与指导[J]．上海教育，1998，(8)：55．
[2] 李树培．综合实践活动课程学生评价研究[D]．上海：华东师范大学，2005.9．

实践活动",就是超越了传统的课程教学制度——"学科、课堂、评分"的束缚,使学生置身于活生生的现实的(乃至虚拟的)学习环境之中,综合地习得现实社会及未来社会所需要的种种知识、能力、态度的一种课程编制(生成)模式。①

《九年义务教育课程计划(实验稿)》中首次明确提出了设置综合实践活动课程的描述,这是小学语文教材改革发展历史上的一次重要突破。对语文综合实践活动课程的科学认识,是做好语文综合实践活动指导工作的重要前提与基础。语文综合实践活动课程的提出,是倡导语文综合性学习精神的一种具体体现,为当今时代的语文教学注入了新鲜的生机和活力,对于推动我国语文教育教学改革工作的进展具有十分积极的促进作用。语文综合实践活动,是指以培养学生主动求知、勇于探索、勇于创新、勇于实践的能力为目的,通过对语文知识的综合运用,培养学生的听说读写能力、语文课程与其他各学科的相互沟通、书本学习与实践活动的紧密结合等途径,实现学生自主学习、历练学生多元才能的目的。

语文综合实践活动突出强调学生的自主精神。因此,其学习内容和形式主要是自主选择确定,具体表现为:由学生自行设计和组织活动,特别注重探索和研究过程,强调观察周围事物,亲身体验包括自然、生活、社会在内的各个方面,做到有所感受、有所发现,这是开展语文综合实践活动的基础②,也是搞好语文综合实践活动指导的重要切入点和依据。

语文综合实践活动的课程实施过程是教师指导学生自主实践的学习过程。教师的有效指导是实现语文综合实践活动课程价值的基本保证。学生自主性的实践学习总是与教师的有效指导相伴随的。美国心理学家罗杰斯倡导的"非指导性教学",并不是排斥教师指导在学生学习与发展过程中的作用,而是认为教师主导或指导是学生自主学习、自主发展的前提。把教师主导或指导排斥在学生自主学习与自主发展之外,并不是"非指导性教学"的本质。

语文综合实践活动不是教师"教"出来的,而是学生"做"出来的,学生始终是语文综合实践活动的主体。但学生在"做"的过程中,离不开教师的指导。在综合实践活动实施过程中,教师与学生的关系是指导与被指导的关系,这种关系的存在必然要求教师在语文综合实践活动的实施中创生出一种新的师生关系,实施一种新的指导思路。在笔者看来,对语文综合实践活动的指导,是有章可循并充满独特意蕴的。在实际操作中,教师可以从以下几个方面入手:

(1)善于激发动机,培养兴趣

由于知识经验、综合学力和社会阅历的局限,学生往往认识不到综合实践活动对自我成长的价值和意义。因而,激发学生参与综合实践活动的动机,培养学生参与实

---

① 钟启泉.综合实践活动:含义、价值及其误区[J].教育研究,2002,(6).
② 陈玉秋.语文课程与教学论[M].桂林:广西师范大学出版社,2004:350.

践活动的兴趣，是教师指导语文综合实践活动的基本内容。教师在指导学生开展综合实践活动学习的过程中，不应只是简单地布置活动主题和活动任务，而应首先使学生明确开展综合实践活动以及相关主题的目的，明确综合实践活动对个人成长的意义所在。意义不明确，学生在活动中往往处于被动、执行的状态，随着实践活动的深入，学生的持续活动兴趣会逐步降低。目的不明确，学生在活动中往往会处于盲目的状态，只有那些具有个别化、具体化和情境化的活动目的，才能引导学生持续地以不同方式开展活动[①]。

(2) 善于总结规律，明确规范

综合实践活动的开展，尽管不是中小学语文教育教学领域中的新兴事物，但是将语文综合实践活动作为一种明确的教育行为提出，还是教育发展的最新成果之一。面对这种崭新的教学思路，在实践中总结规律、加深认识是不可回避的重要问题。一般来讲，语文综合实践活动的基本指导规律应该涵盖以下几个要点：选定主题，突出主体性；深入研究，强调综合性；表现成果，凸显多样性[②]。需要特别指出的是，教师对学生综合实践活动的指导，不应以传授知识为主要方式。学生活动兴趣和活动主题的多样性，决定了教师对学生的指导不可能以传授知识为主要任务，相反，教师应以引导学生的活动过程，指导活动中问题解决的方法，建立综合实践活动实施过程中的基本操作规范为主要任务。这种操作规范可以通过文字的形式加以记录，一方面可以让学生对综合实践活动的主题与内容有一个深刻的把握，另一方面也有助于活动的记录、备案和后期的检查评估。

案例 5

小学中高年级语文综合实践活动操作流程及规范
——以某小学四年级桥梁知识竞赛为例

我国是世界上最文明的国家之一，在祖国大地上，保留着我们祖先的许多发明和创造。桥梁知识竞猜，旨在通过介绍我国古今桥梁的名称、种类、造型、价值来丰富学生有关桥梁的知识，开阔眼界，唤起民族自豪感，激发学生的爱国情怀与创造精神。

活动目标：

1. 了解中国古今桥梁的种类、特点。
2. 培养学生收集材料的能力。
3. 激发学生对桥梁和建筑的兴趣。

活动准备：

1. 各种不同类型的桥梁图片、一张中国政区图、投影片（中国现代桥梁）及录像片段。

---

① 郭元祥．综合实践活动呼唤教师的有效指导［J］．教育科学研究，2006，(8)：27．
② 唐莉．开展综合实践活动的指导理念［J］．教学与管理，2003，(6)：30．

2. 学生每人收集一张有关桥梁的图片或照片，并尽可能多地了解一些有关中国古今桥梁的知识。

活动过程：

1. 以桥激趣，鼓励学生说出自己知道的有关桥梁。

2. 以小组为单位，就同学们收集的有关桥梁的照片和图片，开展小组桥梁座谈会，注意尽可能地让小组全体成员都有发言的机会。

（要求：说出图片是在哪里拍摄的；图片中的桥的名称及特点；每组推选三名同学上台介绍图片中的桥梁）

3. 介绍古今的桥，如赵州桥——平安桥——永济桥；泸定桥——南京长江大桥——南浦大桥——杨浦大桥。

4. 桥梁知识竞赛。

比赛规则：

（1）每组选一名同学上台比赛。

（2）比赛时间为60秒，先看一段录像，然后回答问题。

（3）答对一题得两颗五角星，组员帮助回答得一颗五角星。

试题参考：

（1）迄今为止，我国历史上最古老的石拱桥是哪座桥？它坐落在哪个省？由谁设计？距今有多少年？

（2）揭开全国抗日战争序幕的是哪座桥？这座桥有什么特点？你能把这座桥的桥名融合在一个历史事件的名称里吗？

（3）南京长江大桥雄跨在我国哪条大河上？它是一座怎样的桥？上层可同时并行几辆大卡车？下层可同时并行几列火车？

（4）列举出我国现有的几座石拱桥。

（5）南浦大桥的斜拉桥是什么颜色的？有几对？有几根？

5. 结束。（评出优胜组，颁发奖品以资鼓励）

（3）善于突破创造，丰富形式

语文学科区别于其他学科最为明显的特征就是语文学科的"广"。可以说，语文知识体现在生活的角角落落，这样一种状况为语文综合实践活动的开展提供了一个极为广阔的平台。时代在发展，语文的教育教学活动也必然随之改变，在这个过程中，教师要真正有效地指导综合实践活动，就必须常怀突破创新的精神，善于在形式和内容上推陈出新，此举一方面可以融时代因素于语文综合实践活动，使得活动和学习的开展彰显出明显的时代特征，以便更好地吸引学生的参与兴趣；另一方面也可不断丰富和完善语文综合实践活动的案例体系，不断通过实践加深对综合实践活动课程的理解与把握，从而更好地通过这一崭新的课程来培养更优秀的人才。

在小学语文综合实践活动中，我们通常可以考虑如下一些常用的形式：儿歌活动系列、绕口令活动系列、谜语活动系列、诗歌活动系列、成语活动系列、歇后语活动系列、儿童故事活动系列、寓言活动系列、拼贴活动系列、读报读书活动系列、小导游活动系列、广告宣传活动系列、打电话活动系列、环保活动系列、字词游戏系列、色彩活动系列、趣味复习活动系列、摄影影视活动系列、童话剧活动系列等。下面这个案例，可以作为中小学语文教师设计综合实践活动的参考。

案例6

"世界何时铸剑为犁"语文综合实践活动[①]

我们热爱和平，我们不喜欢战争，但在这个世界上，枪声、炮声、爆炸声，远远多于鞭炮声和礼炮声。我们渴望和平，但战争离我们并不遥远。就在刚刚过去的20世纪，全世界发生的大小战争总共不下400次！世界何时才能铸剑为犁，和平永驻？

一、活动实施过程

1. 发布活动信息

2006年9月8日，下课前几分钟，布置学生回去预习人教版八年级语文上册第一单元"综合性学习、写作、口语交际"的内容，让学生查找书本里有关战争的资料，向父母了解有关海南解放战争的历史。

2. 划分活动小组

向学生介绍本次活动的方案，让班里的49个学生自愿分成三个小组参加三项活动。

第一组开展第一项活动：古今战争知多少？学生重点了解人类历史上发生过哪些大规模的战争，重点探究第二次世界大战。

第二组开展第二项活动：记住历史，珍惜和平。重点了解海南、白沙解放战争的历史。

第三组开展第三项活动：文艺作品与战争。让学生查找古今描写战争的诗词、关于战争的成语、有关战争的古今名言、文学作品中塑造的人物形象。

要求各组长要合理安排本组的成员，尤其是第三组的同学要分工合理。

3. 收集资料信息

带学生到电脑室上语文课，让他们利用网络查找资料。在他们查找的过程中，播放《弹起我心爱的土琵琶》《歌唱祖国》《我的祖国》《小路》《喀秋莎》等战争歌曲给学生听。要求学生把查找到的资料从网上抄下来，每个学生最少抄一种内容。

4. 组织编辑手抄报

布置学生把在电脑室抄的资料交给组长，各组组长组织本组同学出手抄报。

二、活动成果展示

1. 学生成果展示

---

① 资料参见：http://blog.cersp.com/index/article/view/7409055.jspx?blogUserId=1001593。

这节课我带学生到多媒体教室展示他们这次实践活动的学习成果，课前我先用数码相机把他们的手抄报拍下来并上传到自己的博客上，还给每一组的手抄报写下了鼓励性的、独特的评语。当学生看到自己的劳动成果被展示时，当学生看到图文并茂的手抄报时，他们发出连连的惊叹声，成功的喜悦溢满心头。

第一组版头：世界战争知多少。内容有世界历史上战争的次数、两次世界大战分别经历的时间、参战国家、参战人数、死亡人数、受伤人数，等等。

第二组版头：世界何时和平。主要内容有陈玲莎同学的《战史回眸：用木船解放海南岛——世界战争史上的奇迹》一文；刘晓杰、陈婷的《海南战役情况》一文；胡天成的《临高角》（临高角是海南解放战争的登陆点）一文；唐檬的《红色娘子军》一文；王威的《白沙起义纪念碑》一文；韦春晓的《白沙起义》一文。

第三组由于成员多，收集的资料比较多，所以他们出了两张手抄报，版头是：世界何时铸剑为犁。主要内容有潘妙兰的《我看保尔·柯察金》一文；梁鹏的《战争歌曲回归》一文；韦海燕的《战争名言》一文；兰剑的《战争成语》一文；李诗玲的《战争诗词》一文；庞李妹的《松花江上》一文；符刘健的《萨达姆的自白》一文，等等。

2. 教师展示成果

教师通过多媒体课件播放《弹起我心爱的土琵琶》《我的祖国》等战争歌曲，播放《铁道游击队》《历史的天空》《地道战》等战争影片片段，展示描写战争的诗词、关于战争的成语、有关战争的古今名言，以及《英雄儿女》《珍珠港》《红河谷》《东史太郎日记》等战争文学作品中塑造的人物形象。

三、教师课后反思

开展这样的语文实践活动，使语文教学从课堂逐步延伸到课外，让学生在实践中理解、消化、生成自己的知识，是一个比较好的举措，确实体现了新课程的理念。教师善于引导学生，虽然学生的动手操作作业不是很完美，版面和色彩显得单一、粗糙了些，但从设计的角度看，我们还是能看出学生艺术创作的独特性。同时，他们的设想比较新颖，能够很好地把握手抄报的基本要求。而且这是学生自己的动手实践，更显得真实，更能突出学生的自主探究精神。布鲁姆在《教育评价》一书中说："为综合目标努力的教师已不再是教书匠。他们更像是辅导者、指导者或与徒弟一起工作的师傅。教师也可以成为读者或评论家，他们想要的就是独特的作品。"老师在教学中要心中有爱、教中有情，这样的课才可以走进学生的心中。我相信只要学生经过这样的实践，一定会在更大程度上激发学习兴趣，提高全面素养！

（4）善于突出重点，管理全程

综合实践活动课程是基于学生的直接经验，密切联系学生的自身生活和社会生活实际，体现对知识的综合运用的实践性课程，具有自己独特的功能和价值。它倡导学生自主选择、小组合作，强调通过观察、实验、调查、探究获得知识。因此，教师在对综合实践活动进行指导的时候,也要注意语文综合实践活动的基本特征,做到突出重点,管理全程。综合实践活动的指导重点在于:第一,重点关注对学生问题意识的培养,综合实践活动要注意回归学生生活,激发学生的兴趣,注意在方法上引导学生,教会学生主动发现问题、提出问题和研究问题;第二,重点关注学生对过程性材料的收集与整理,培养学生通过多元途径收集资料的能力与习惯,指导学生通过科学的方法对收集到的材料进行整理和加工;第三,重点关注学生在活动中的反思与总结,引导学生多角度、多元化地反思与评价自己的活动,关注学生在活动之中的体验,指导学生科学地认识自己的研究成果①。此外,应该指出,对于中小学生,特别是小学生来说,教师在综合实践活动之中的指导作用应该是一种全程的指导,这个全程指导包括选题的指导、活动方案制订的指导、活动实施的指导以及活动结果处理的指导②。在每个具体过程中,教师的指导作用需要依据现实情况而有所侧重和不同。

(5)善于把握时机,适时适度

对于教师来说,语文综合实践活动的指导不是一种无目的、无针对性的指导,也不是一种一成不变的指导,要真正提升综合实践活动指导的有效性,教师必须善于把握时机,适时适度,真正做到适时指导、适度指导和适当指导。适时指导,是在综合实践活动过程的不同阶段,针对不同的目的和任务,指导教师履行不同的指导职责,发出有效的指导行为,落实方法,遵循规范。适度指导是说教师的指导并不是事无巨细的告诉,更不是越俎代庖,而是要善于发现学生在活动过程中的困惑和困难,既不放任自流,也不包办代替,留给学生自主思考、独立实践的空间,充分信任学生的潜能。教师要把握好指导的"度",提高综合实践活动课程实施的有效性,必须处理好教师与学生的关系,一方面要突出学生的主体地位、兴趣、爱好和需要,另一方面要加强指导的针对性和实效性。适当指导,是指教师的指导方式的多样性与指导任务的切合。在学生活动的各个环节,教师要根据活动的阶段性任务和活动内容,适当采取专题讲座、方法讲解、操作示范、案例剖析、分析综合以及总结评价等方式对学生进行指导③。

3. 课外阅读活动的指导

课外阅读是语文教育教学活动的重要组成部分,也是学生提升语文素养、拓展语文知识的基本手段,然而,随着现代出版业的迅速发展,学校内外的阅读材料越来越多,鱼目混珠者不在少数。在这样的情况下,如何对学生的课外阅读提供有效的指导,从而提升语文课外阅读的有效性,俨然已经成为语文教师面临的一个重要课题。在笔者看来,指导中小学生的语文课外阅读,应该着重关注以下几个方面:

---

① 潘诗求. 浅谈综合实践活动教师指导的几个关注点[J]. 厦门教育学院学报,2010,(3):77—79.
② 马超. 综合实践活动过程中教师指导作用的定位与思考[J]. 中学教学参考,2010,(3):98—99.
③ 郭元祥. 综合实践活动呼唤教师的有效指导[J]. 教育科学研究,2006,(8):27—29.

(1) 充分了解学生课外阅读的动机

要想对学生实施有效的指导,关键是了解学生的阅读动机,并在此基础上采用适当的强化措施,引导学生的课外阅读沿着正确的方向进行。学习动机是发动、维持个体的学习活动,并使之朝向一定目标的内部动力机制。学生学习动机的指向和水平直接影响其学习行为和学业成就。当学生不存在智力障碍与知识缺陷时,学习动机的有无与强度对学习的影响至关重要。同样,在学生的课外阅读行为中,学习动机的作用非常重要,良好、积极的阅读动机可以激发学生的阅读活动,指导他们选择正确的读物,并维持他们的注意力,保证其阅读行为的持久、顺利进行。从教学实际观察中可知,学生的课外阅读动机大体表现为两类:内在动机和外在动机。前者多出于内部目的,如有的学生的课外阅读行为是由自己决定的,他们对阅读内容本身感兴趣,阅读的目的就是理解并掌握这些内容,体验其中的乐趣;有的学生有很强的自我效能感,他们对自己的阅读能力很有信心,认为进行课外阅读是在发挥和释放自己的潜能。后者多出于外部目的,如有的学生进行课外阅读是为了增加知识,以便在同学面前炫耀,提高自己在班级中的地位,同时,保持与同学知识面的一致性,避免一起讨论问题时因为无知而出现尴尬的局面;有的学生是为了应付考试,提高考试成绩,以便赢得同学的尊重,得到老师、家长的认可和赞扬。教师了解了这些情况,就可以因材施教、有的放矢地针对不同的阅读动机,选择适当的外部强化方式进行指导[1]。

(2) 科学选择课外阅读的内容

指导学生开展课外阅读所要面临的一个重要问题就是对阅读材料的选择。对于这一点,教师应从学生的需要出发,兼顾教学要求,综合思考和科学选择课外阅读的基本内容。首先,课外阅读的材料要能够满足学生的心理需求。学生的心理需求具有年龄特征。以往,教师对学生的心理需求了解不够,总认为学生对那些我们认为益处不大、趣味不高甚至有些无聊的读物感兴趣,教师有必要引导,从而将自己感兴趣的读物交给学生。于是,就有了几十年长盛不衰的"读书教育活动",学生读的是教师们小时候读的畅销书,其中虽然不乏经典,但却远离今天学生的兴趣,不能满足学生的心理需求。其次,课外阅读材料要能够满足学生的时尚需要。很多时尚图书有充分的流行因素,其中包括正义的感召、美好的幻想、过人的机智及天真的童趣等。对这种时尚阅读,教师要引导学生积极亲身体验,使其能真正产生发自内心的动机和兴趣。但时尚图书如同一柄双刃剑,有些可能为学生撑起一方想象的天空,有些可能导致学生心理扭曲。有些作品内容、艺术手法稚嫩、粗糙、牵强,荒谬之处甚多,没有把握好少儿图书应具备的最基本的伦理底线,这样的书应予以禁止[2]。当然,选择课外阅读材料,也不能一味考虑学生的因素,还需要统筹结合学校语文教育教学的基本理念、

---

[1] 万国琴. 小学语文课外阅读指导策略研究 [D]. 上海:华东师范大学,2006:21.
[2] 史建国. 新课程背景下指导学生课外阅读的策略 [J]. 教育科学研究,2007,(2):51—52.

思路和进度,从而确保语文课外阅读达到服务语文教学和提升学生语文素养的双重功效。

案例 7

小学生课外阅读推荐书目

1. 《上下五千年》,林汉达等著
2. 《世界五千年》,曹余章等著
3. 《宝葫芦的秘密》,张天翼著
4. 《中国古代寓言故事》,魏金枝编
5. 《郑渊洁童话故事选》
6. 《杨红缨童话系列》
7. 《新编安徒生童话》,杜戈立编译
8. 《格林童话》
9. 《伊索寓言》
10. 《夏洛的网》,E.B. 怀特著,任溶溶译
11. 《鼠的遐思》(又名:《杨柳风》),格雷厄姆著,王惠平译
12. 《火狐狸》(又名:《狐狸列那的故事》),玛特·埃·季诺夫人著
13. 《彼得·潘》,詹姆斯·巴利著
14. 《小王子》,圣埃克苏佩里著,周克希译
15. 《长袜子皮皮》,阿·林格伦著
16. 《骑鹅旅行记》,拉格洛夫著,苏霆译
17. 《木偶奇遇记》,科洛迪著,任溶溶译
18. 《小约翰》,弗雷德里克·凡·伊登著,胡剑虹译
19. 《海鸥乔纳森》,里查德·巴赫著,郭晖译
20. 《八十天环游地球》,儒勒·凡尔纳著
21. 《大科学家小讲台》,谢希德等
22. 《我们身边的事物》,米·伊林著
23. 《动物素描》,布封著
24. 《寄小读者》,冰心著

(3) 积极有效地进行阅读引导

对于学生的课外阅读,尽管首先应强调学生的自主性,但是,这种自主性的强调并非否定教师的指导。课外阅读的有效性必须以教师及时有效的引导为前提,特别是在当前阅读材料极大丰富而中小学生自我把握能力又相对较差的情况下,教师的及时引导就显得极为重要了。下面这个案例,或许正是教师在课外阅读中需要进行及时引导的重要佐证。

案例 8

课外阅读中教师的引导

2008年上学期，有一段时间，我所教的一个班级特别流行史蒂芬·金的恐怖小说。在一次读书交流会上，一位学生提到他最喜欢史蒂芬·金的恐怖小说。他认为，阅读时小说中恐怖的氛围仿佛能渗入每一个毛孔。这种说法马上就得到了其他"粉丝"的热烈响应。对于这些个性化的理解，教师当然是要尊重的，但更重要的是多与学生交流，引导学生对此形成正确的看法。学生在阅读这类小说时，如果把注意力都放在这些恐怖刺激的情节上，对他们的成长显然是不利的，但是也不能制止他们阅读这些作品。于是，我就引导学生，告诉他们小说要写得吸引人是有一定技巧的，我们在阅读当中要注意学习这些技巧，并学习将它运用到写作当中。这样，学生在阅读作品时就由感官的刺激转向深沉的思索。这既丰富了学生的知识，引导学生形成正确的审美观，又培养了学生口头和书面表达的能力[①]。

知道了课外阅读对于语文课程的重要性，有了高质量的书以后，关键在于要让学生有时间去读书，有质量地读书。

①精选作业，控制作业量，保证学生的课外阅读时间

尽管课外阅读历来都被看成语文课程的重要组成部分，但在实际操作过程中，却往往因为缺少即时效果而被视为鸡肋。受教育的"实利主义"影响，学生的课外阅读时间被大量的作业挤占，导致他们缺少足够的时间读书。因此，要真正将课外阅读落到实处，使学生从中受益，就要求教师在日常的教学过程中精心选择和设计作业，减少作业量，让学生有足够的时间进行课外阅读。

②自由选读和指定阅读相结合

以往学校开展课外阅读的效果往往不尽如人意，原因之一是在阅读内容选择上盲目随意。"开卷有益"并非是无所指的，尤其是对于判断力和价值观尚未形成的学生们而言。兴趣当然是最好的老师，但阅读作为课程的一部分，光凭兴趣恐怕是不行的。有鉴于此，学校在开展课外阅读时，可采用自由选读和指定阅读相结合的办法，这样，既能满足学生自己的阅读趣味，又保证了学生的阅读质量。

③有效地进行课外阅读指导

开展课外阅读的效果不尽如人意的原因之二，是学生在阅读过程中缺乏有效的指导。学生即便有时间读书，多因缺少有效的指导而变得效率低下。教师要对学生的阅读作出有效的指导，首先是要读过这些书，取得发言权和指导权。其次，人们常说，语文是"得法于课堂，得益于课外"。所谓的"法"，阅读技巧而已。技巧有"细""粗"之分。"细"，多用于精读，诸如理解词语、句子的方法，乃至篇章结构、谋篇布局的优劣得失，等等；"粗"，多用于略读，亦即"不求甚解"的读。诸如所读之书的

---

① 刘君. 语文教师应重视学生课外阅读有效性指导[J]. 中国校外教育，2010，(3)：104.

大致内容、作者的立意、主要人物，等等。课堂教学指导学生的是精读之法，课外阅读则需指导学生略读之法。目前，在课外阅读中较为常见的阅读要求，多为让学生摘抄、积累所谓的"好词好句"，写一篇读后感之类，看似目的明确，容易操作，学生亦有所收益，实则价值不大。这并不是说一定不能这样做，我们只是觉得有些"抓小放大"和过于功利。再说，离开了特定的语境，很多"好词好句"也就失去了意义。何况，课外阅读本就是个性化的阅读，形式自然不必划一。至于课外阅读要指导什么，以及如何指导，则"前人之述备矣"，具体可参阅叶圣陶先生的《略读的指导》一文，这里不再赘述。

④建立起课内外的有机联系

《课程标准》指出："课文阅读与课外阅读要紧密结合。"所谓的"紧密结合"，是指要不断通过比较和联系的方法，帮助学生理解所读内容。所谓的联系，是指在日常的教学活动中，教师应尽可能地在课文内容（或主题）与学生的课外阅读内容（或主题）间，或者是在阅读方法上建立起有机的联系。所谓的比较，是指就同一主题不同文章中的各个要素作出比较。由此，通过以此证彼或以彼证此，帮助学生加深对作品主题的理解。

⑤搭建交流平台，创设良好的课外阅读氛围

众所周知，良好的学习环境有助于学生更好地学习。课外阅读开展以后，重要的是要让学生感受到阅读带来的快乐。一般来说，组织班级（年级）读书交流会是一种较为常见的做法：先引导学生阅读教师或同学推荐的一本书，一至二周后，教师可利用拓展课或主题班会，组织学生对所读的书展开讨论。讨论的具体内容和要求可随着学生的年龄增加而不同，比如，对于小学低年级的学生而言，可以是向同学介绍一本自己喜欢的书，可以是讲一个和所读之书有关的小故事等；对于中高年级的学生，则可采用交流读后感的方式等；对于高中学生来说，可以主题讨论为主，进而形成文字。

⑥建立反馈和评价机制

课外阅读如果缺少了反馈和评价机制，则很可能流于形式而达不到预期的效果。我们提倡课外阅读、课内交流的目的，在于使教师能及时了解学生的阅读情况，对其进行有针对性地指导，切实提高学生的阅读质量和效益。同时，学生在课内交流中的表现，以及完成相关学习任务的态度与质量，则可作为学生的平时学习成绩，记录在"成长记录册"中。

（4）追求课外阅读的理想方式

课外阅读的方式选择直接决定了学生课外阅读效率和效果的高低。因此，对学生课外阅读的指导，最为根本的是对学生阅读方法的指导。第一，采用开放式的阅读方式。课外阅读是个性化的学习和生活方式，是依据学生的爱好和兴趣而维系的独立的读书活动。孩子对课外读物感兴趣，自然会废寝忘食。如果孩子翻阅了几页不能进入阅读，说明读物不是孩子想读的。了解了这一点，教师对学生的阅读方式就要宽容一些，可采用开列书目与孩子自由选择相结合的开放的阅读方式，确保阅读材料对学生的吸引力。第二，减轻学生的阅读负担。教师一般都要求学生结合课外阅读做相应的摘抄，写读后感；教师还往往把课外阅读视为"课内阅读"的补充、提高学生写作水平的途径，其实这很功利，也会在无形之中增加学生的负担。在课外阅读中，教师可以提倡摘抄、写读后感，但最好不要强求。引导和保持学生的阅读热情，才是课外阅读指导首要的也是最重要的任务。第三，注重学生阅读习惯的养成。习惯的形成可以有两种途径，一是强制，结果是习惯形成了，同时主体也形成了强烈的反叛心理或过度的奴性心理；二是暗示，可以养成习惯，还能使主体对暗示源产生亲近感。理想的阅读习惯主要是乐意阅读、有效阅读、享受阅读，是学生在自我需求的基础上，在教师的协助下自主形成的，这种习惯的形成，不仅对语文课外阅读的实际效用有所保障，同时对于学生一生的发展，也将是一笔宝贵财富。

三、对语文课外活动的评价

语文课外活动强调学生的主体性、学习与生活的不可分割性，习得场所是自然与社会，相应而生的对学习主体的学业评价绝对不可能是方便的定量评价、直接的结果评价、惯性的认知评价以及传统的外在评价所能囊括与决定的。如何针对语文课外活动的特点设计科学合理的评价手段，这正是目前语文课外活动指导过程中教师需要重点考虑的内容。

1. 语文课外活动评价的基本理念

教育评价是对教育活动的价值所作的系统性调查，是事实描述和价值判断的过程。新课程改革对学校教育评价提出了新的理念与要求，这些理念与要求是设计语文综合实践活动课程评价的理论基础。总体而言，新课程强调的学校教育评价新理念呈现出如下特征：从评价的职能看，注重形成性评价，强调从"选拔适合教育的儿童"转向"创造适合儿童的教育"，注重让评价成为促进儿童发展的一种有效手段；从评价主体上看，注重评价的民主性，突出自我评价的作用；从评价内容上看，注重评价的全面性，强调对基本知识、操作技能、认知能力、情感、态度、价值观等因素的全面评价；从评价方法上看，注重定量评价与定性评价的结合，突出强调定性评价的作用；从评价过程上看，注重评价的可适性，强调正视、尊重评价对象之间客观存在的水平差异，针对不同的对象选择合适的评价类型；从评价结论上看，注重评价的公正性、公平性和伦理性，评价结论的提出要慎重、全面，充分考虑学生的自尊心[①]。上述理念是我们开展语文课外活动评价的基本依据。

2. 语文课外活动评价的基本方法

在上述评价理念的指引下，我们可以在语文综合实践活动中采用如下的评价方法：

---

① 纪明泽. 新课程背景下的学校教育评价改革[J]. 基础教育，2006，(11)：30—31.

（1）档案袋评价法

语文课外活动课程是一门质性课程，它在实施过程中充满了复杂的教育与课程现象，能与之相适应的评价方法也必须主要是质性的，要对学生原始自然的状态进行朴素、细致地记录调查。档案袋评价方式是质性评价的一种典范，它兴起于20世纪80年代，由美国最先将其引入教育评价领域。对于什么是档案袋评价，学者Sheila的观点具有代表性。她认为，档案袋具有两个层面的含义：实体层面的理解与哲学层面的理解。从实体层面来看，档案袋包括三个方面的描述：①"有目的的收集"；②学生作品和记录；③一段时间内的进步。从哲学层面看，也包括三个方面：①"合作的过程"；②收集、检查和使用信息的过程；③反思和促进教学的过程[1]。Sheila认为，档案袋评定是一个标识学生能力表现变化的机会，是一个连续的带有指导意义的评估过程，是一个学生思考、评估自我价值的过程，具有开放性、共享性与反思性。

这种定义下的档案袋评定正是语文课外活动评价所需要的。在上述理念下，语文课外活动中的学生档案袋评价应是一个多方主体参与合作，有目地收集整理各类资料，以档案袋的形式记录学生成长过程，挖掘学生多方能力，见证学生进步，对学生发展过程以及状态进行评价的一种方式。比尔·约翰逊把档案袋分为最佳成果型、精选型和过程型[2]，依据不同的评价主体及评价目的，进行综合实践活动课程评价的学生档案袋不一定是一种类型的档案袋，可以是各类档案袋形式的一种结合。

下面的这个案例，展示了档案袋评价的基本流程与要素。

案例9

学生参与设计制作剪纸艺术活动的档案袋评价[3]

第一步：教师提出档案袋任务

艺术起源于何时？在我国哪里最兴旺？你想尝试一下吗？我们将在近期学习剪纸艺术。为保留你对有关剪纸艺术的研究成果或在学习中创作的优秀作品，同时记载你在剪纸技艺方面的进步，我们要求你将近期的剪纸作品，包括你的第一份作品、修改过的作品以及其他得意之作、研究报告等挑选出来，收集在你的综合实践活动档案袋中。

一个月后，你将被邀请参加一个有关"剪纸艺术"的展览，届时你的代表作或作品或研究成果将展现在观众面前。

第二步：师生讨论制定档案袋评定准则

根据档案袋任务，每个同学确定自己的课题，如在"剪纸艺术"这个主题下，有的同学对剪纸艺术在民间的传播感兴趣，还有的同学想采访民间剪纸艺术家，一部分

---

[1] Sheila W. Valencia（1998）. Literacy portfolios in action ［M］. Harcourt Brace College Publishers. 22—25.
[2] 丁朝逄. 新课程评价的理念与方法［M］. 北京：人民教育出版社，2003：172.
[3] 黄春青，李万涛. 综合实践活动课程评价：档案袋评定办法［EB/OL］. http：//202.201.48.18/jiaoky/html/ZXGL/26.php.

同学想学习"喜"字的剪法,还有一部分同学想尝试剪一些小动物等。如果是几人参与的集体项目一定要明确各自的分工。面对具体的任务,师生从每个人参与课题的态度、承担任务的多少、完成的质量、研究过程的科学性等方面制定档案袋评定准则。该准则采用星级评定法,以促进学生的上进心。例如,"剪纸艺术"制作组档案袋评定准则。

评价准则	可以获得的星级
每周至少选一件作品进档案袋,该作品可以是教师布置的,也可以是自选的。	一星
每周至少选一件作品进档案袋,该作品可以是教师布置的,也可以是自选的;至少有一件作品展示了初稿、同学或教师的修改意见、修改稿或定稿等。	二星
每周至少选一件作品进档案袋,该作品可以是教师布置的,也可以是自选的;至少有一件作品展示了初稿、同学或教师的修改意见、修改稿或定稿等;至少对某件得意之作的设计构思、创作过程及得意之处进行了说明。	三星
每周至少选一件作品进档案袋,该作品可以是教师布置的,也可以是自选的;至少有一件作品展示了初稿、同学或教师的修改意见、修改稿或定稿等;至少对一件得意之作的设计构思、创作过程及得意之处进行了说明;后期作品与前期作品比较,造型美观、典雅、色彩协调。	四星
每周至少选一件作品进档案袋,该作品可以是教师布置的,也可以是自选的;至少有一件作品展示了初稿、同学或教师的修改意见、修改稿或定稿等;至少对一件得意之作的设计构思、创作过程及得意之处进行了说明;后期作品与前期作品比较,造型美观、典雅、色彩协调;至少有一件作品参加了剪纸艺术作品展览。	五星

第三步:筛选与说明

一个课题或一件作品,从选题到重要步骤或疑难问题,到最后选入档案袋,学生需要对此进行说明。"说明"能够展示学生思维发展的过程,使自己和他人都能捕捉到他本人"进步的痕迹";而作品筛选,则是学生依据评定标准对自己作品的概括性评价,这个过程包含了比较、鉴赏、选择等思维程序,是学生认识自我、构建批判性思维必不可少的一步。

第四步:展示、评定与反思

档案袋评定包含了学生的自评、他评以及学生作品(包括研究性论文、调研报告或制作等)的修订过程、自我反思过程,这在档案袋中必须有所体现。如有条件,最好能给学生展示的机会。

第五步:完成评价,装入档案袋

可建立如下表格:

课题名称		
档案袋任务（教师完成）		
档案袋评定准则	一星	
	二星	
	三星	
	四星	
	五星	
本人承担部分或独立完成		
自评和课题说明		
小组或教师评语、建议		
反思或感悟		
成果形式及拟评星级		

（2）互动交往评价法

①谈话评价法

谈话是师生之间除了课堂交往外最常见的一种交往方式。通过谈话，教师可以了解学生的真实感受与想法，以及学生发展的动力与需要。将谈话评价运用于语文课外活动课程中对学生的评价，可以对其他评价方式进行一种信息补充，同时可以对活动中受到阻碍或是遇到困难的个人或小组进行问题诊断，能够成为了解学生活动兴趣、热情以及态度的良好途径。教师可以单独与表现特别的学生进行谈话，也可以与整个活动小组进行谈话，谈话可以是正式的或非正式的。下面这个案例就是对谈话评价法的一种具体应用。

案例10

谈话评价在语文课外活动中的使用

合理的仪表着装是小学语文教育中的一个扩展内容。为了让学生们对理想的仪表着装有一个比较深刻的理解，我设计了"理想的仪表"综合实践活动，并将全班分为"学生组""教师组""社会组"三个活动小组，让他们通过自己的观察体会理想的仪表是怎样的。"理想的教师仪表"小组完成了大量的前期工作，他们在校园门口拍摄老师进校的情况之后，要邀请其他班的同学帮忙完成最后一项工作——根据录像中老师的仪表做调查表。结果几个孩子空手而归，我心里很急，但我知道这时候自己不能将情绪表露出来，这些问题一定要让小组成员自己想办法解决。我就让他们说说自己是怎么去邀请别人来帮忙的，看看其中有什么原因使得他们不能如愿以偿。和学生谈话之后，我总结可能有下列原因：见到别的不认识的同学胆怯，不敢上前请求；跟别人提要求时没有说清楚干什么；请别人帮忙时不够有礼貌，等等。通过谈话，我对小组活动中出现的问题及时进行了诊断，对于小组工作的改进起到了关键作用，同时也对这个活动过程中各个小组成员的表现有了一定程度的掌握。[1]

②苏格拉底式研讨评定

苏格拉底式研讨是芝加哥哲学研究所所长莫蒂默·阿德勒的工作成果。他认为教育起码必须坚持三个目标："知识的获取""智力技能（学习技能）的发展"和"思想与价值理解的扩展"。在阿德勒看来，最后一个目标则要通过"苏格拉底式提问法和积极的参与"，要使用书本（而非教科书）和一些其他的艺术作品以及通过"从事艺术活动"来完成。阿德勒是从重构课堂与教学的初衷提出这种教育方式的。但后来这种方式被用于教育评价，成为质性评价的一种方式。作为一种评价方式，它将学生的"班级参与"及"课堂研讨"作为对学生评定的一个部分，[2] 一般应用于对综合实践活动课程中学生研究性学习的评价。就语文课外活动来说，课外活动所倡导的研究性学习本来就旨在培养学生的探索精神，深化学生思维，让学生从一个不善于思考的人向一个有思想的人转变。苏格拉底研讨式评定正好可以对学生这方面的发展进行评价。同时，这种评价强调师生之间在课堂中的一种交往行为，教师以引导者、观察者的角色出现，在引导学生向思想深处挖掘的过程中，完成对学生的表现评定。

③同伴互评

同伴互评是一种良好的促进学生主体性发展的学生参与评价的方式。通常来说，语文课外活动的开展一部分由学生独立完成，还有一部分是需要以小组合作的形式完成的。因此，每一个学生的活动表现、发展状态，作为与其合作的同伴是具有发言权的。同伴互评可以采用一对一、一对多、小组之间互评的形式。同伴互评中，一部分学生表现活跃，起着主导作用；一部分学生表现平平，不太活跃，沉默寡言，常常会被忽视，所以教师也是需要给予一定指引的，协调小组成员的参与度，激励部分学生的积极性。

（3）主体单向评价法

①观察评价法

所谓观察是指教师在日常教学及与学生交往过程中针对学生的学习行为、活动表现、情感态度所展开的正式的或非正式的观察活动。[3] 课外活动课程是一种动态的课程，学生的各方面表现可能是稍纵即逝的，这些表现如果要等活动结束之后再进行统一评价，很多时候都是难以实现的，这就需要教师在活动的过程中注重通过自己的客观观察和主观思考，对学生参与课外活动的过程进行及时的评价。对参与语文课外活动的学生进行观察，教师可采用定性观察与定量观察相结合，既在观察中描述记录学生的行为，又要作详细的观察计划与安排，进行量化观察。教师可以深入学生活动当中，进行参与式观察，在相互交往、接触中去倾听、去感觉、去观看；也可以作为旁

---

[1] 本案例部分取自李树培老师在上海东方小学做的实验。
[2] 凡勇昆.苏格拉底式问题研讨评价法评析——涉足一种新的学生评定领域[J].现代教育论丛，2008，(4).
[3] 蔡敏.当代学生课业评价[M].上海：上海教育出版社，2006：68.

观者或是局外人来获取相关信息。美国教育测量专家沙拉维亚和耶赛荻克给予了观察的四个维度,即从学生行为持续的时间、引发行为需要的时间、行为出现的频率以及行为呈现的强度方面对学生进行观察。比如,在小学语文综合实践活动中,由于小学生自身学习和探究能力的有限性,小组合作学习是一种常用的方式。对小组"合作交流"情况的观察,可设计如下观察表:

案例 11

小组合作交流观察表[1]

组别 评价内容	组1			组2			组3			组4		
	优	良	加油	优	良	加油	优	良	加油	优	良	加油
主动和同学配合												
乐于助人												
认真倾听别人观点												
对小组活动作出贡献												
说明(文字描述学生表现)												

②自我反思法

自我反思是学生自我评价的一种方式,尽管小学生的自我意识尚没有完全形成,其自我反思能力也比较有限,但是对于他们,特别是小学高年级的学生,语文教师在指导学生开展课外活动的时候,同样需要注重引导学生针对活动进行总结与反思。只有如此,才能真正实现学生自身作为综合实践活动课程主人的基本理念。学生进行自我反思可以从如下几个方面展开:

选择参照体系。学生可以选择外部参照物进行比较,如活动小组中的其他成员,在能力相近的前提下,反思别人为什么比自己做得好。学生还可以以自己为参照物,进行自我发展的横向与纵向参照。横向参照是在同一时间断面上,自己在其他不同活动中的行为表现,纵向参照是个人的过去以及发展过程。

形成一份自我剖析的图标或是自我反思报告,包括对自我发展的肯定、否定、自我纠正的途径以及后期发展规划等。

③作品分析法

作品分析是学生通过审视个人作品进行自我评价的一个机会。这些作品包括小论文、调查报告、实验报告、小发明,对于文章、书籍、音乐以及电影的评论,项目计划、活动方案、手工作品、艺术创作(画、雕塑、陶艺等)以及技能展示等。学生对自我作品的分析就是学生梳理知识、提高能力、找出关键因素、端正态度以及形成价值观的过程。作品分析应以学生为主体,教师在学生自我分析的基础上给予一定评价,

---

[1] 田慧生. 综合实践活动课程的理论探索与实践反思[M]. 北京:教育科学出版社,2007:272.

这种评价是一种激励与建议式的。学生进行作品分析时，可以结合档案袋，将作品形成过程展示出来：从设计、草稿、半成品、失败多次的不成熟品一直到最终成果作一个过程展示。对于小学语文课外活动来说，学生常见的作品形式主要包括小论文、调查报告、影评书评、小制作、艺术创作等，这些作品不仅包含着学生的心血、智慧和成长，同样也是活动结束之后对学生进行综合性评价的一种重要凭借和突破口。

④逸事记录评价方法[1]

在语文课外活动过程中，时时刻刻可能会发生种种有意义的事件，这些事件也象征着学生的成长与进步。教师基于观察，对影响学生活动展开与能力发展的有效事件进行真实记录，并依据这些记录对学生进行客观评价，这就是逸事记录评价方法的基本思路。逸事记录评价实质上是一种描述性的评价方式，教师通过描述真实情境中学生的实际行为，可以发现学生的本质性特征。这种方法可以弥补一些其他评价方法的不足，使得评价真正深入学生生活的每一个角落。有效事件不一定指向学生的进步或是优秀表现，也可以是学生的不平常行为、反常行为或是言行不一的表现。

案例 12

诗歌写作活动的逸事评价

诗歌写作与朗诵是中小学语文课程中比较常见的综合实践活动类型，我今年春天也在班级中组织了一次。3月4日上午，第一节课即将开始，一个小朋友问可否让他在班上读一下自己写的一首有关春天的诗。他读诗的声音很低，读的过程中两眼紧盯着纸面，并反复后移着右脚，手还不时地拉自己的衣领。当他读完后，另一个小朋友（坐在后排）说："没听清，能不能再大声读一遍？"读诗的小朋友说："行了！"便急忙坐下了。

教师解释："这位小同学喜欢写小说与诗，说明他有了一定的创作能力，但在众人面前，他还是显得胆怯与紧张，他拒绝再读，看来他是紧张的缘故。"教师课后对此活动进行一定的记录与描述，并将其作为评价学生的重要材料和依据。

四、语文课外活动指导教师的技能需求及历练途径

随着时代的发展，语文课外活动的形式、内容、价值诉求等领域均已发生了重大转变，这种转变使得语文课外活动的指导变得越来越富有挑战性。对于语文教师来说，要胜任课外活动的指导工作，必须具备一定的技能。总体来讲，课外活动指导教师需要具备敏锐的观察能力、对语文教育理念的理解能力、一定的组织能力、创新能力和言语表达能力。

上述几个方面的能力，是教师做好语文课外活动指导的工具性基础。但是，这些能力对于教师来说并非是与生俱来的，教师应该着重通过以下三个方面的途径来提升

---

[1] 黄光扬. 新课程与学生学习评价[M]. 福州：福建教育出版社，2005：179.

自己的上述能力，以便成为一名合格的课外活动指导教师。

1. 指导教师的自主学习

教师的自主学习是提升其专业素养的根本，也是教师课外活动指导能力提升的重要策略。基础教育课程改革强调学生积极主动的学习态度，提倡自主学习方式，也同样要求教师努力适应课程改革的需要，继续学习，提高自身的素养与技能。尽管外部的条件也在一定程度上能够促进教师的专业发展，但是，"外在的因素很难强迫教师去学习，去转变和发展"[1]，由此，教师的自主学习便成为了教师技能提升的最基本要素。对于语文课外活动指导来说，教师需要学习的基本内容至少应该包括：教育评价的基本理论、语文新课程的基本理念、课外活动的基本规律、当代中小学生的基本特点、课外活动组织与管理的基本技巧等。

2. 指导教师的相关培训

随着终身教育理念在学校中的落实，形式各异的培训活动逐渐成为促进教师专业素质提升、实现教师专业发展的最基本途径。伊洛特等人曾经从不同团体的利益出发总结了教师培训的三种观点，即政府中心观点、学校中心观点和教师中心观点[2]。不论何种类型的培训，对于教师专业技能的提升都能够起到一定的积极作用。但是，就培训的实际效果来看，通常来说，越是聚焦于某一实际问题的微观型培训，其效果往往越具有实际意义。因此，为适应新课程改革的需要，针对语文课外活动的特点和语文学科的学科特点，各级政府和学校需要组织专门的主题性培训，以切实提升教师的课外活动指导技能。在语文课外活动领域表现出色的学校和单位，可以组织相关人员编写以经验介绍为主题的读本，从而实现资源共享，为我国的中小学语文课外活动提供一定的借鉴。

3. 指导教师的自我反思

教师的专业成长是伴随教师一生的过程，就其途径来看，可以包括两大基本方面：一是外在的影响，指的是对教师进行有计划、有组织的培训和提高；二是教师内在因素的影响，指的是教师的自我反思与完善。其中，后一方面，即教师的自我反思被认为是教师专业发展的决定性因素。早在1989年，著名教育学家和心理学家波斯纳就提出了一个著名的教师成长公式："经验＋反思＝成长"，这充分表明教师的成长与发展需要持续不断地反思已获得的教学经验。语文课外活动尽管由来已久，但是随着时代和教育的发展变化，语文课外活动在组织与实施的过程中势必会不断出现前所未有的新问题。面对这些问题，教师需要不断在实践中总结和反思，不断在问题的解决中积累经验，只有如此，才能成长为一名合格的课外活动指导教师。

---

[1] 何更生. 语文教学论 [M]. 合肥：安徽人民出版社，2007：257.

[2] Erant（1989）. The International Encyclopedia of Teaching and Teacher Education [M]. Edited by Michael J. Dunkin. Pergamon Press.

专题五 教学研究

一、备课

备课，简单说就是教师上课前的准备工作。备课也有狭义和广义之分。从狭义来讲，是指针对即将进行的授课内容备课；从广义上讲，也可以指教师的自我成长和专业发展。具体而言，就是教师在上课前研究教材、选择教学内容、制订教学目标、思考教学方法策略、设计教学流程、制作相关课件教具、设置练习作业，并把这些内容记录下来形成教案的过程。教案是备课的重要标志性成果。

当下的备课对于许多教师而言是一种负担，他们认为备课就是写教案迎接检查。一部分老师经常做两手准备，教案写下来是给领导看的，上课则另外用一套，或者没有教案根据经验来讲；还有的老师把备课简单地视为上网找资料，一找名师教案，二查上课课件，依样画葫芦。其实，备课不只是教学过程的精心预设，它更是教师对所教知识内化、具体化和生动化的预设，是基于学生的状况对教学资源开发、整合与利用的过程，是教师自我成长、专业发展的必经之路。

怎样备课才能达到促进学生、教师共同发展呢？由于篇幅所限，我们只撷取备课过程中的部分内容跟大家进行交流。

1. 做一个优秀的读者——备课成功的前提

备课的基本内容包括：研究课程标准、研究教材、研究学生、研究例题和习题、设计好检测手段与巩固强化内容、研究教学的教育素材、研究教法和学法指导、制定教案、授课后及时反思自己的教学行为等。

语文教师的备课是语文学科的特点决定的，研究教材是备课成功的前提。因为，在语文备课中，80%以上的教学内容都是一篇篇文章，其余还有将近10%是写文章。这些内容要求我们必须学会阅读，首先让自己成为一名优秀的读者。下面的案例中，老师之所以找到了一种新颖的教学思路，甚至是更为符合学生学习规律的教学思路，其根本原因就在于对文本的解读。实际上，我们总是希望能够在最短的时间内找到最佳的教学方案，这种想法使我们在备课中有太多的浮躁与急功近利，从而导致我们忽略了备课的前提，那就是让自己首先成为一名优秀的读者。

案例1

《观潮》是一篇老课文了，每次教学我都抓住"奇观"引导学生思考"奇"在哪里。然而，每次孩子一遇到哪里"奇"这个问题时，都提不起兴趣来。

这学期又要讲这一课，我拿出课文，反复地读，希望能解决一直以来的困惑。当我的目光再回到课题时，眼中一亮，"观"字是不是关键所在呢？围绕"观"字，我把注意力集中到观潮的人上：第二段就写观潮的人，一是来得早，二是来得多；第三段写"人声鼎沸""沸腾"；第四段没有写；第五段只有一句话似乎有对人的描写，即"看看堤下……"。对人的描写，不也是从侧面突出景色的"奇"吗？不过，我还是跳不出过去的思路，几乎要否定自己的新看法。我沉下心，再一次走进文本去品味。当我把自己当成一名观潮的游客时，我的心仿佛带我到了钱塘江边——

"早一点儿去呀，选择一个好位置"，于是，清晨的雾还没有散，我们便来到江边，可还是有来得更早的人，那里"早已"人山人海。站在那里，我开始了急切地等待。

潮怎么还不来呀！已经是下午一点多钟了，我们足足等了半天！潮来了，虽然只是她的声音，也足以令盼望的人喜形于色了，于是人声鼎沸，相互传递着这个消息。潮来了，虽然只是有如一根银线，也足以令期待的人兴奋不已了，于是人群沸腾了，压制不住激动的心情叫喊出来了！

潮很快到人们眼前了，此时，心里只有震撼。在大自然的威力下，人是那样渺小，那样的微不足道。我们看呆了，看傻了，看痴了……直到潮去了好一阵，我们才回过神来，看看堤下，水已经涨了两丈来高了。江潮已去，心潮难平。难怪潘阆的词里写"别来几向梦中看，梦觉尚心寒"。

此时，我方才觉得读懂了文章。文章中有人情物理，细想来，写景之文虽状摹山水风光如画，却无不有一人在，即一切景语皆情语。如果以景观景，因为隔了一层文字，我们未必真正如见如闻，即使用媒体帮助，也不如亲眼所见来得真切。但是，以情观景，情绪间的相互感染却是可以实现的，因为我们都曾经有相仿的经历、相仿的情感体验。当体验到文字中的情绪时，我们就仿佛可见此种情绪下的情景，感受真切了。反思之前的种种教学，问题就出在"奇"字上，因为教师对此文通篇的感受就只有一个字，这确实不假，但是这一个字是隐藏在若干次感受之后的。没有前面若干次的体验，即使对我们成人来讲，悟这个字也是难的，更何况是四年级的孩子呢？更何况我们的这个"奇"字，只是缘自我们对文章主旨结构理所当然地理解呢！我们觉得第一段是中心段，这个"奇观"便是全篇的统领了，这种认识避免了我们沿着一条也许并不错误但却遍布荆棘的迂回的路走下去！

从上面案例可以看出，能够读出些什么往往决定了我们能够教些什么，或者说是游刃有余地教些什么。作为教师，假使我们对文本的解读仅是一知半解，那么无论我们教什么，也都是一知半解，就更遑论重点了。举个例子来说，人教版四年级上册的《为中华之崛起而读书》，大家都知道是写少年周恩来总理立志的事情。可是，如果教师按照写事的文章来讲，只是把立志的来龙去脉读懂，只知道有这么回事——少年周恩来说过"为中华之崛起而读书"这句话，这篇文章就是没有读懂。这篇文章其实是一篇写人的文章，通过这件事写出了少年周恩来的博大胸怀、远大抱负，只有这样一个少年形象立在我们心目中了，文章才算读出了眉目。再比如，四年级下册的《中彩那天》一文，其实是一篇借事说理的文章，如果读这篇文章我们只是把重点放在父亲是怎样的一个人上，文章就是没有读懂。"南辕北辙"这个成语大家都知道，我们没有读懂文本，这只能使我们离目标越行越远。有时候，我们读懂了一些，但是距离完全读懂还有距离，这样，我们教给学生的也只是片面的不完整的。我们此时就不仅难驾驭课堂上出现的学生个性的理解，更难以提升学生的理解。比如，《景阳冈》一文中的武松，我们如果只读出其机敏勇敢而读不出他的谨慎细致，那这个武松就单薄了许多。

做优秀的读者首先要耐下性子反复读书，只读一遍两遍是无法读懂什么的。古人讲"书读百遍，其义自见"，讲"故书不厌百回读，熟读深思子自知"，就是这样的道理。于永正老师读《圆明园的毁灭》时说："初读《圆明园的毁灭》，觉得课文不怎么样，读着读着，读出味来了！这时心头一热，很激动。第二自然段写什么？原来是写圆明园的布局呀！这布局写得多巧妙啊！一个'众星拱月'作了形象的概括，这是'鸟瞰'。……"没有反复地读、反复地思考，是无法做到"心头一热"的。

反复读，还包括反复朗读。朗读可以帮助我们理解内容，帮助我们体会情感。全国著名特级教师贾志敏老师甚至能够把自己教过的每一篇课文背诵下来，难怪他能够自如地驾驭每一堂课。

另外，我们还应该多读赏析类文章。作为教师，必须清楚如何赏析文章，当我们的头脑中装着百八十篇赏析时，我们拿过一篇课文便能够按照赏析类文章的标准进行阅读。我们的教学参考中虽然也有课文解析，但是分析内容、分析情感的居多，讲表达方式的少。另外，教学参考主要是为教学服务，相对写得比较浅，很多时候不能够满足我们的阅读需要。像王崧舟老师备《长相思》时，研读了几乎所有能找到的对《长相思》的评鉴文字，写下了1万字的评鉴笔记。有时，我们可以通过各种报纸、杂志借鉴其他教师对文章的理解分析，针对同一篇课文，全省许多老师的分析理解，尤其是名师的赏析文章。我们可以把这些老师的理解综合起来进行比较体会，这样对我们的帮助更大。

2. 学生在哪里可能出现问题——合理的预设与生成

作为课程实施的重要组成部分，备课是教师完成课程任务、实现课程目标的具体步骤之一，是将理想的课程和文本的课程，通过教师个人的理解，落实到课堂教学之中，最终转变为学生习得的课程的过程。备课中合理的预设与生成，关键在于了解学生，其意义主要在于以下几个方面：

（1）促进学生全面、健康、和谐、可持续发展，是我们的教育目的之一。

（2）只有围绕学生的学展开的教学计划才是具有真正意义的计划。

（3）课程教学实施的最终目的是学生的全面发展。

从这个角度讲，一节成功的课的基础就在于我们是否充分考虑了学生的情况，只有依据学生的学习需要进行备课才是真正实效地备课。了解学生的需要，首先要从学生的生理心理发展规律出发，要求教师最好从学生的角度来看待问题。

其次，要找到学生的最近发展区，设计学生"跳一跳"可以解决的问题。问题过浅则无法激发学生的兴趣；问题过深学生找不到头绪，也会丧失兴趣；只有问题指向学生的最近发展区，才能激发学生主动探究的欲望。

最后，对于较难达成的目标，要进行细致地预设，搭设必要的阶梯。

我们应该认识到，合理预设的过程就是深入研究学生的过程。为此，必须坚持以下几个基本原则：

①牢固树立以学生为主体的原则。在预设中要根据教材内容、学生情况，尽可能多地创设学生自主学习探究的环节，不断培养学生的主体精神。

②允许学生存在差异的原则。作为教师要做到尊重差异，努力为每一名学生创设适合的学习氛围、学习内容。

③动态发展性原则。学生作为生命体是不断发展的，必然会经历不成熟到成熟的过程。作为教师要相信孩子身上是存在潜力的，之所以石像会变为真人，是因为皮格马利翁对石像自始至终都怀着一种信念，那就是石像是我一生的爱人。当我们也怀着同样的期待去面对我们的学生时，课堂的生成必然会与预设不断地接近。

案例2

《荷花》（人教版三上）教学片段

《荷花》一文，文质兼美，轻轻读来，一幅生动、优美的荷花图宛如在眼前。发现其美，品味其美，是教学的重中之重，教师在课堂上何不以"找美"为题，展开谈论呢？因此，我在备课时设计了让学生寻找美的环节。可是，教学过程中的情况却和我想象的并不一样。

师：同学们已经能够准确、流利地朗读课文了，叶圣陶老爷爷笔下的荷花美不美？

生（齐）：美。

师：荷花美在哪儿呢？自己再读读书，找找看。（生读书2分钟）

师：谁来说说荷花美在哪儿呢？

（生没人举手，沉默不语）

师：（稍有些急躁）大家想一想，荷花哪里美呢？和同桌先说说。

（生和同桌自由讨论）

师：好，现在谁来说说看，这么美的荷花和荷叶，哪里美呢？

（几只小手犹豫着举起）

生："白荷花在这些大圆盘之间冒出来。有的才展开两三片花瓣儿。有的花瓣儿全展开了，露出嫩黄色的小莲蓬。有的还是花骨朵儿，看起来饱胀得马上要破裂似的。"荷花什么样的都有，我觉得很美。

师：这是荷花的——形态美。还有谁再来说说？（板书：形态美）

生："白荷花、嫩黄色"我觉得荷花的颜色也很美。

师：说得真好，对，这几处描写了荷花的颜色美。还有吗？（板书：颜色美）

师：作者就是通过这两处来写荷花之美的，所以作者把这一池荷花比做一大幅活的画。谁来说说，为什么是活的画呢？活的画什么样？

（以后的教学，无论教师再怎样引导，学生也只是置若罔闻、不知所云）

思索：为何教师的课前预设与学生的生成相距甚远呢？课后，我不禁思考起这个问题。明明是一篇文质兼美的小文，每每读来，洁白的荷花，碧绿的池塘，好像就在眼前。闭上眼睛再想，那浮动的水波、嬉戏于莲叶间的小鱼、湛蓝的天空中飘动的云朵都历历在目，真的宛如一幅活的画。怎么学生读此文时就感觉呆板、枯燥，拘泥于课文的一字一句，全没有了这些生趣了呢？我不禁反复问着自己："美从何处寻？"

这位年轻教师的困惑是许多老师在教学实践中都反复出现过的，为什么预设总不能和课堂的生成一致呢？怎么才能让自己的预设更加充分，尽量与课堂上的生成达成一致呢？我们还是从上面的案例谈起。老师备课的基础来自于对课文的把握，在阅读《荷花》时，荷花的美的确是文章表现的重点，感受荷花的美自然成为我们教学的重点。在备课过程中，要将对这一重点内容的处理转化成具体的教学环节，此时，我们首先考虑的应是什么呢？

《荷花》是三年级的课文，这个年龄段的学生独立阅读能力还不强，还不能够通过准确的语言进行事理分析，从这个角度来看，教学中老师提出的问题显得过难了。让三年级的孩子画出自己感觉美的句子并不难，让他们进一步分析美在哪里就难了；三年级的孩子读出相关的语句并不难，让他们概括出"形态""颜色"就难了。小学生的阅读基本上停留在感性阅读阶段，过于理性的分析只会让他们产生畏难情绪，从而远离文本，甚至原本已经产生的情感体验也会受到抑制。教师在后来的分析中也进一步谈到："美是用心去感受的，不是简单的发现、概括就能了悟的。在课堂上，我企图让学生通过分析文字、提炼文字进而感受到美，孰不知在这个过程中学生的关注点是在文字上而非感受。"这是案例中课堂气氛沉闷、学生学习兴趣不高的根本原因。

在《荷花》的教学过程中，如果教师让学生在朗读感受的基础上，假设自己就是一朵荷花，想象自己在荷花池中仿佛看见了什么，听见了什么，这一内容既源于课文，又符合三年级孩子特点，更需要联系实际思考表达。这就将着眼点落在了学生的最近发展区，学生在语言实践中自然会感受到荷花的美了。

现在，让我们回来看《荷花》一课教学中的问题：美从何处寻呢？如果我们把这个目标定得较难达成的话，备课时是否可以这样进行预设——首先把课文读通顺，在没有任何功利的色彩下让孩子回归阅读本身，感受文字中荷花的美；接下来，通过各种形式的朗读使学生进入文字描绘的情境中，让他们在情境中感受美；最后，引导学生通过联想拓展对荷花的美的体验，通过移情换位体验美。上面只是一个粗略的框架，还需要更精细地预设，尤其是教师的语言非常关键。对于三年级初涉阅读的孩子来说，教师的语言好比阅读的催化剂和润滑油，恰当地渲染可以使阅读过程变得更加自然美妙。

3. 可操作的方法策略在哪里——走向成功之路

恰当巧妙的教学方法与策略是一节课走向成功的桥梁。教学方法和策略从哪里来？这个案例告诉我们，好的方法一定来自于教学实践。关键在于我们是不是具有方法策略意识，能不能够提炼并运用。

我们认为，问题意识是方法和策略产生的源头。我们在日常教学中经常会遇到各种各样的问题，大多数问题并没有引起我们足够的重视，甚至被我们忽略。其中，有一些问题是经常在我们的课堂上出现的，甚至是不断出现的，比如，易读错字的正音问题，学生无法概括文章内容的问题，等等。案例中"茎"的读音，老师在备课时有设计，而且在教学中也多次强调，然而学生在阅读时仍然出现问题。小而言之，这似乎只是这一节课、一篇课文的问题，实际上却在很多课文的教学中出现。放过去，类似的问题可能会继续出现。抓住了，就可以举一反三，解决今后可能会出现的很多问题。案例中的老师及时将这个问题拿到团队中来，通过集体备课进行思考研究。正是教师的这种问题意识催生了一系列教学方法的产生。

团队智慧是孕育方法策略的温床。对于我们相当一部分老师来说，问题产生后如何处理是一件头疼的事情。很多时候我们羞于启齿，或不知向谁求教。这时，如果我们充分发挥团队的力量，往往可以将问题轻松转化。有时，几个人的思考碰撞在一起就会产生智慧的火花。有时，一种方法解决不了的问题，大家集思广益，往往可以通过多个方法组合成完整的教学策略，从而达到良好的教学效果。因此，我们利用集体备课的时间把大家的问题亮出来，重点解决其中的一两个，日积月累，解决的问题就会越来越多，方法策略也便集腋成裘、聚沙成塔了。

方法策略还来自我们的虚心学习，这要求我们要善于从教学实践中提炼。我们经常可以听到本地区甚至来自全国的名优教师的课堂教学，在这些优秀教师的课堂教学中，存在着大量的可以供我们学习借鉴的方法策略。比如，蒋军晶老师在第六届全国青年教师阅读教学大赛中执教《月光曲》一课，采取的导入策略就非常值得我们借鉴：通过听写词语，既检查了学生掌握生字的情况，又借助这些词语梳理了文章的主要内容，打了一套效率极高的组合拳。于永正老师教学的《我的伯父鲁迅先生》一课，抓住了"我"的感受一段反复回扣，既起到了积累语言的作用，又使学生对鲁迅先生的了解逐渐深入、情感不断升华。

案例3

"怎么又错了？"小张皱着眉头，看得出她有些着急了。"茎"这个字从学词时就强调，读通顺课文时还在强调，现在已经进入精读了，怎么还出错？

坐在后面听课的学年组长郭老师也发现了这个问题，并马上记录了下来。

当天中午，照例是集体教研反思的时间。在研讨中，郭老师提出了这个问题：对于像"茎"这样的学生习惯性读错的字，有什么好办法正音呢？

"我在教学中尝试这样做，效果还不错。"汤老师率先说道："遇到这样的字，我通常不等学生初读，而是直接告诉学生课文中这个字的读音。这样先入为主，学生就不容易出错了。"

"这招可以叫做'先入为主'正音法！"学年里负责教学策略整理的小哲见缝插针。遇到好办法马上提炼出来，已经成为老师们的一种习惯。

"这是个好办法。我也试过，但有时还不起作用，怎么办呢？"小岳又提出了质疑。

"那还可以进行扩词。让学生用这个字组词，这样既可以扩大学生的词汇储备，又可以在读词的过程中巩固正确的读音。"张老师也提出了自己的意见。

"对，除了组词，还可以把这个字所在的句子多读两遍。这是在语言环境里识记。"徐老师接着说道。

参加研讨的王主任接过来说："如果这个字在生活中比较常见，我们还可以用造句的方法在语言实践的过程中帮助学生巩固字音。"

"哈，现在已经有四招了：'先入为主'法、扩充组词法、回文读句法、实践运用法。这样一来，正音就更没有问题了。"小哲高兴地指着组内的教研记录说道。

"嗯，这四招有时得综合在一起才能真正起到作用。我看，这招就叫'正音组合拳'吧！"刘校长给这招起了个有趣的名字，一下子把大家都逗乐了。

回到班级，老师们都在自己的课堂上实践了这一招。两天后的集体备课，张老师说起自己又讲了一遍《爬山虎的脚》，用了"正音组合拳"这招，效果很不错。只有一个孩子在回答问题时读错，并且孩子自己意识到错误及时进行了改正。大家纷纷说起这一招，都觉得在教学实践中运用，效果确实很明显。

"我又给这个'组合拳'补充了一招，"鞠老师说，"昨天上课，我灵机一动，觉得让孩子把这个字的读音在书上标出来，效果岂不是更好？结果，在初读课文时班里几乎就没有读错的。"

"这真是好办法！这个字在本课出现了好多回，每标注一次拼音就是加强一次记忆。"小李一边说一边在备课记录中写下了这一招。

"这一招刘校长已经发在学校的教学论坛里了，你们知道吗？"经常参与论坛讨论的小哲向大家发布最新消息，"这可是咱们组的成果哟！"

从上面的案例可以看出，从某种意义上来说，备课并不是教学前的事情。实际上，我们总是不断地循环着我们的教学内容。这其中，还有相当一部分内容是接近的。如果我们在日常教学中能够时刻唤醒自己的"方法和策略"意识，那么我们的"招儿"也就越来越多，越用越灵活。

4. 大脑联网——有效的集体备课

通过集体备课，老师们互利互惠、相得益彰，使教学过程真正达到最优化，既发展了学生，又成就了教师。有效的集体备课就如同将许多智慧的头脑连接在一起，形成一种特殊的网络，进而产生 1+1>2 的效果。如何使集体备课更加有实效、有效率呢？

首先要做好前期的准备工作。其中最重要的一点是要求每一位参加备课的老师必须提前熟悉备课内容，进行个人备课。也就是说，每一个参与备课的老师都要带着自己的思考来备课。另外，一个年级组的老师在备课时应该有明确分工，如集体备课主持人、主备人、备课记录人等。主备人要提前将参考预案等相应材料发给每个参与备课的人。

其次是细化集体备课的流程。语文备课时，第一要务是参与备课者轮流大声朗诵教材，所有参与人认真倾听，找出容易读错的字、词，难读的句子，必要时，停下来研讨朗读时感情的处理等问题。然后是分析教材，我们应该把主要的时间放在这个环节，因为读懂文本是进行教学预设的前提与基础。既然是集体备课，我们不妨请主备人首先从概括文本的主要内容开始，对文本进行细致地品读。在这个过程中，参与备课的老师要不断地提出疑问，围绕文章的主旨不轻易放过一句话一个词。要避免以教学参考为唯一标准的解读，要鼓励参与的老师提出不同的意见，交流不同的理解。

接下来，在分析备课内容"教学价值"的基础上确立教学目标。针对教学目标，主备人针对实现每一个教学目标的教学方法和策略围绕教学设计进行解读。其他参与备课者提出补充、修正或不同看法，力争达成共识，或提出多种可行方案，但每一种方案应经过大家集体讨论认可方可采用。记录人应重点做好相应记录。

根据以上成果，大家共同确定整体教学结构设计及教学基本流程，并明确每个教学环节的设计意图。最后，大家对主备人提出的板书设计、细节策略、课件应用、教具学具应用、练习设计、作业设计等进行讨论。最后，由备课人负责将讨论形成的最终设计整理备案，以供共享。

还应该注意集体智慧与个性思考的结合。每个班级有每个班级不同的情况，每个老师也具有各自的特点。因此，集体备课后，参与备课的所有教师要根据集体备课的研讨成果进行个性化、精细化地教学设计，并写出详略得当的教案。

二、教案书写

教案，是指为了实现一定阶段的预期的课程目标，运用系统观点和方法，遵循教学过程的基本规律，对教学活动进行系统地规划和安排。简言之，就是对教学活动的设想与计划。编写教案是对一次授课的教学过程的设想与计划。

1. 教案的作用及写好教案的意义

（1）教学活动的依据

写好教案是保证教学取得成功、提高教学质量的基本条件。教学过程是由教师的教和学生的学所组成的双边活动过程。教学取得成功，提高教学质量包括两个方面：一方面是指教学大纲规定的、学生必须掌握的基础知识和技能、技巧，教师要引导学生深刻透彻地理解，并能牢固地记忆和熟练地掌握；另一方面要求学生在掌握规定的基础知识、技能、技巧的基础上，发挥学习的积极性和创造性，把所掌握的基础知识类推到有关问题中，去理解、分析、解决新的问题。要实现这样的目的，就要在授课前充分了解学生的认知规律和身心发展规律，并根据语文教学过程的具体特点，设计出合乎客观规律的教学方案，遵循教学规律有的放矢地进行教学。如果不认真书写教案，教学过程中必然目标模糊、心中无数、随心所欲而不可能取得好的教学效果。

(2) 有利于教学水平的提高

认真编写教案是提高教学水平的重要途径。教师编写教案是一个研究课程标准、教材、教学内容、学生及教法等因素的综合过程。在这个过程中，教师不仅要研究语文的知识体系、学生学习语文的状况（接受水平、心理特点和思维规律），而且要按照课程标准的要求，分析教材的编写意图和教材特点，分析教材的知识结构、体系和深广度，特别是要以整体为背景，分析各部分教材的特点，明确教材的要求和重点难点，分析知识的价值功能，设计教学过程，确定教学方法。

教学水平的提高，在很大程度上取决于对教材的钻研。教师只有在教案编写过程中下工夫刻苦钻研、铢积寸累、持之以恒，教学水平才会不断提高。

(3) 有助于提高教学研究能力

编写教案是开展教学研究、提高教学研究能力的过程。教学过程从某种意义上讲是通过合理的方式把以教材为主体的知识传授给学生并达到培养其能力、发展其智力的目的。如何做到合理地传授知识是编写教案的关键，这就需要教师在编写教案时，认真研究语文本身的知识系统和结构，深入研究学生的心理特征、学业水平及其认知规律，优选与教材内容和学生特点相适应的教学方法进行施教。因此，认真编写好教案，对于提高教师的教学水平无疑是很有价值的。

2. 教案的书写应遵循的原则

教学是一种创造性劳动。写一份优秀教案是设计者教育思想、智慧、动机、经验、个性和教学艺术性的综合体现。因此，教师在写教案时，应遵循以下原则：

(1) 科学性

科学性，就是指教师要认真贯彻课标要求，按教材内在规律，结合学生实际来确定教学目标、重点、难点，设计教学过程时要避免出现知识性错误。那种远离课标，脱离教材完整性、系统性，随心所欲另搞一套教案的做法是绝对不可取的。一份好教案首先要依标合本，具有科学性。

(2) 系统性

任何一份教案都具有一定的独立性，但又都具有一定的连续性。把相对的独立通过前后的联系统一起来，体现迁移及交错，才有助于形成良好的认知结构。

传授任何一部分知识，它总要有相应的基础，即所谓的知识生长点，同时也会为以后的学习打下基础。这就要求教师在整体的、联系的观点的指导下来处理这一局部内容。这就是备课时应坚持的系统性原则。

（3）创新性

教材是死的，不能随意更改。但教法是活的，课怎么上全凭教师的智慧和才干。尽管教师备课时要学习大量的参考资料，充分利用教学资源，听取名家的指点，吸取同行的经验，但课总还要自己亲自去上，这就决定了教案要自己来写。教师备课要经历一个过程：将知识从课本内容变成胸中有案，再落到纸上，形成书面教案，继而到课堂实际讲授。这一过程的关键在于教师要能"学百家，树一宗"：在自己钻研教材的基础上，广泛地涉猎多种教学参考资料，向有经验的教师请教，要汲取其精华，剔除其糟粕，对别人的经验要经过一番独立思考、消化吸收，然后结合个人教学体会，巧妙构思，精心安排，从而写出自己的教案。

（4）差异性

由于每位教师的知识、经验、特长等方面的不同，个性也是千差万别的，而教学工作又是一项创造性的工作，因此写出的教案也就各有各的特点。

（5）艺术性

艺术性就是构思巧妙，让学生在课堂上不仅能学到知识，而且能得到艺术的熏陶和快乐的体验。教案要成为一篇独具特色的"课堂教学散文"或者课本剧，其开头——经过——结尾，就要层层递进、扣人心弦，达到立体的教学效果。教师的说、谈、问、讲等课堂语言要字斟句酌，该说的一个字不少说，不该说的一个字也不要多说，要做到恰当地表述。

（6）可操作性

教师在写教案时，一定要从实际出发，要结合教学环境等因素充分考虑教案的可行性和可操作性。该简就简，该繁就繁，要简繁得当，利于教学活动的进行。

（7）变化性

由于我们的教学面对的是一个个活生生的有思维能力的学生，又由于每个人的思维能力不同，因而对问题的理解程度不同，常常会提出不同的问题和看法，而教师又不可能事先都估计到。因此，教师在备课时，应充分估计学生在学习时可能提出的问题，确定好教学重点、难点和学生可能出现的疑点。学生能在什么地方提出问题，大多会出现什么问题，怎样引导等，针对这些，教师要考虑几种教学方案。如果教学过程中出现打乱教案的现象，也不要紧张，要沉着应对、因势利导。事实上，一个单元或一节课的教学目标是在一定的教学过程中逐步完成的，一旦出现偏离教学目标或教学计划的现象也不要忙乱，这可以在整个教学进度中去调整。

3. 教案的内容

教案的内容一般包括授课班级与授课时间；课题或教学内容；课的类型；教学三维目标与要求；教学重点、难点；教学（学习）方法；教具准备；教学过程安排及时间分配；板书设计；教后记。其中，教学过程一般有复习、引入、新授、练习、小结、作业布置等。教学过程中还经常安排自学、质疑、讨论、反馈、操作、演示等环节。

4. 怎样编写好教案

（1）确定教学目标

教师首先要在钻研课程标准、教材的基础上，掌握教材中的概念或原理在深度、广度方面的要求，掌握教材的基本思想，确定本节课的三维目标。

课时教学目标要订得具体、明确，便于执行。教学过程是一个完整的系统，制订教学目标时要以课程标准的要求、教材内容、学生素质、教学手段等实际情况为出发点，考虑其可能性。

另外，目标的设置与陈述应当从学生的角度出发，要从结果性目标和体验性目标相结合的角度确立知识与技能、过程与方法、情感态度与价值观三维一体的目标体系，要选择合理的目标定位，根据学生的"最近发展区"制订明确、具体、可操作性强的当前行为目标，切忌大、空、不切实际。

在教学实践中，教学目标往往被忽视，导致教师走进课堂也不明确这节课结束后要达到什么目标，只是完成教案流程了事，不管学生所得多少。

同时，教学目标是教师备课的必经之路。教师在无数次翻教材、写教案时，学会了用相同的句式、相同的套话去陈述，在无数次的重复当中，阐述教学目标慢慢变成了一个不需要思考的"条件反射"，成了可以跳过的摆设，成了"八股"式备课秀。

为了避免出现以上的情况，我们建议教师在阐述教学目标时运用行为目标的ABCD陈述方法。

①A即Audience，意指"学习者"，它是目标陈述句中的主语。教学目标描述的是学生的行为，而不是教师的行为。规范的行为目标开头应是"学生"。

②B即Behavior，意为"行为"，要说明通过学习后，学习者应该能做什么，是目标陈述句中的谓语和宾语。新课改强调用具体的行为动词来陈述课堂教学目标，以增强教学目标的可观察性和可测性，可采用"说出""填入""运用""解释""归纳"等能直接反映学生活动的动词。

③C即Condition，意为"条件"，要说明的是学生行为是在什么条件下产生的，是目标陈述句中的状语。条件是影响学生学习结果的特定的限制或范围，如"借助工具书"等。

④D即Degree，意为"程度"，即明确上述行为的标准，是指学生对目标达到的最低表现水平，用来评价学生的学习表现或学习结果所达到的程度，如"能流畅地背诵全诗""每分钟能阅读多少字"等。

教学目标例句："提供一篇文章，学生能将文章中的叙述现实与产生联想的句子正确分类。"

（2）确定教学重点、难点

在钻研整个教材的基础上，明确本节课的内容在整个教材中的地位及重点和难点。所谓重点，是指关键性的知识，学生理解了它，其他问题就可迎刃而解。因此，不是说教材重点才重要，其他知识不重要。所谓难点是相对的，是指学生常常容易误解和不容易理解的部分。对于不同水平的学生来说，有不同的难点。以下几类知识常常是学习的难点，如：

①概念抽象、学生又缺乏感性认识的知识。

②思维定式带来的负迁移。

③现象复杂、文字概括性强的知识。

④根据课程标准要求，不能或不必作深入阐述的知识。

⑤内容和方法相似，但又有实质区别的知识。

（3）确定教法，选择学法

教师要根据教学原则和教材特点，结合学生的具体情况和学校设备条件来组织教材、考虑教法，初步构思整个教学过程。教材的组织是多种多样的，同一教材可以有不同的组织结构。但不论是哪一种结构都必须围绕中心内容，根据教材的内在联系贯穿重点，确定讲解的层次和步骤。同时，在选择学法上，还必须充分考虑如何集中学生的注意力、启发学生的积极思维。

备学法指导应包括以下几项内容：

①学法指导的内容

制订学习计划的方法：确定学习目标，分配学习时间，选择学习方法。

五环节常规学习方法：预习方法、听课方法、复习方法、作业方法、小结方法。

学科学习方法：以各科教师特点为内容的学习方法，如词语学习的方法、阅读的方法、习作的方法等。

②学法指导的原则

体现自主性：不强制灌输，而重在引导点悟。

体现针对性：不主观臆想，掌握学情，有的放矢。

体现操作性：不烦琐笼统抽象，操作方法具体明确。

体现差异性：不搞一刀切，区分对象分类指导。

体现巩固性：不一蹴而就，立足反复强化，长期训练。

（4）设计教学程序及时间安排

对于上课时如何复习旧知识引入新课题，新授课的内容如何展开，强调哪些重点内容，如何讲解难点，最后的巩固小结应如何进行等程序及其各部分所用的时间问题，都应在编写教案前给予充分的考虑。

（5）做好教学准备

为创设情境，保证教学效果，教师要根据现有条件，恰当地选用教具，合理运用现代化教学手段，并根据教学活动的需要布置（检查）学生准备相应的学具，以切实保证课堂教学的实际效果。要注重信息技术与学科教学的整合。

（6）仔细撰写教学过程

教学过程是教案的核心部分。教师在设计过程中要重点突出以下几个方面：

①导入环节

导入环节主要是通过教师巧妙地"导"，创设情境，让学生全身心地"入"，要求通过恰当内容或简短语言，尽快把学生有效地引入问题情境，激发学生的学习兴趣和求知欲望。

导入的起点要以学生的接受能力为标准，关键要看导入设计是否让学生尽快入境，是否服务于教学内容和重点，教案中应设计出要创设的情境、导入的语言及提出的问题。

如《乡下人家》一课的导入：

同学们，当我们远离喧嚣的都市，步入乡村，在乡间的小路上，你会闻到瓜果的芳香；在夜晚的池塘边，你会听到青蛙的歌唱；在辽阔的草地上，你会看到成群的牛羊……同学们，我们今天共同走进乡下人家，一起感受田园的诗情画意吧！（板书课题）

②问题设计

问题的设计要具体、明确、适宜，要有启发性、层次性、条理性、探究性，有一定的思考价值和思维广度，即发散性、开放性，忌"满堂问"或"以问代讲"。设计的主要问题要明确地反映在教案上，以防止提问的随意性。此外，教师还应创设一定的问题情境，引导学生自己发现问题、提出问题及筛选问题。教案中要突出引导的方法。教案中预设的问题应该从以下几方面进行设计：

一是牵一发而动全身的问题。例如：

《小珊迪》一课可以提出一个贯穿全课的问题："小珊迪是个怎样的人？"

《观潮》一课也可以提出一个贯穿全课的问题："为什么说钱塘江大潮是'天下奇观'？"

二是能绷起思维神经的问题。例如：

《卖木雕的少年》一课以"'遗憾'为切入点"，先体会"我的遗憾"，再理解"少年的遗憾"。"我的遗憾"很好理解，少年遗憾着"我"的遗憾又是为何呢？这些问题能够让学生绷起思维神经，然后教师再恰当地出示中非友好互助的资料，所有问题便迎刃而解。

三是徘徊于知识十字路口的问题。例如：

在《落花生》一课的教学中，引导学生展开辩论，"是做像落花生这样的人还是做像苹果、梨这样的人？"然后引导学生深入读文，理解不论做什么样的人，都应该做对社会有用的人。

另外，还应该设计具备思维导向路标的问题、能扩展思维时空的问题、能迸发创新思维火花的问题。

③学生获取知识的过程

教学设计要把落脚点放在引导学生参与学习过程上，对学生在获取知识的过程中可能出现的问题、困难要有充分的估计和对策。教案中应突出师生活动的内容、形式、时间、空间的安排以及对重、难点的处理，要重点体现教法和学法。

④练习设计

要根据具体教学内容精心设计练习。练习的内容要精，要有针对性和适当的梯度。教师应根据学生的实际情况设计不同层次的练习，要紧紧围绕教学重点、难点，使练习真正起到巩固、深化学生知识的作用。同时，还要设计具有实效性、开放性、体验性的多样化的课堂练习。

⑤课堂巩固

布置作业：教师要针对当天所学的内容，精选习题，布置的作业量应以班级内中等水平的学生为参考标准。

板书设计：板书设计即关于预设的板书内容在黑板上最终形成的结构状态。通常指主体板书，有时也包括预设的辅助板书（如语文知识要点、文章结构层次等），但不包括教学中的临时板书。

教师的教学活动是极富个性的创造性劳动，其个性特征最突出地体现在每节课的板书设计中。所以教师备课时要在充分研读教材的基础上，为每一节课设计出具有如下特点的板书方案。

一是严密的逻辑性，板书顺序是逻辑推理的高度概括再现；

二是概括性，高度凝练概括本课的主要教学内容；

三是符合审美要求，板书设计要符合审美规律，给人以明确清晰、美观大方的良好审美感受；

四是结构的完整性，即对一个知识点的表述要全面完整；

五是创新性，即使在讲同一内容时，不同的人由于文化背景、思维方式、表达方式、习惯等因素的差异作用，板书都会体现出自己的特点，即个性化。因此，板书设计可以借鉴、参考，但绝不能照搬照抄。

主体板书安排在中间的主要区域，左右两端安排辅助板书或临时板书。

一般情况下，板书按课时设计。如果有课题的统一板书设计，也可附列于课时的结尾。

例如，某教师在教学《观潮》一课时在听写的词语中总结出板书，并形成一首小诗，让学生诵读，不但总结概括了文章的内容，而且加深了学生对课文内容的理解和体会。

听写的词语：

闷雷滚动　浪潮翻滚　漫天涌来
白色城墙　横贯江面　横卧江面
万马奔腾　恰似雷霆　蛟龙倒海
山崩地裂　惊心动魄　震撼心灵

总结的板书：
闷雷滚动浪潮涌，
白色城墙江面横。
万马奔腾似蛟龙，
山崩地裂撼心灵。
⑥教学反思

新课程认为，教师不仅是课堂的实施者，更是反思的实践者，学会反思是每个教师职业成长的必经之路。因此，我们积极倡导教师写课后反思，而怎样写以及写什么等问题是每一个教师都非常关注的问题。在写教学反思时，我们可以围绕以下具体问题进行。

一是教材的创造性使用。如教材对有的生活场景的选择、问题情境的创设并不是很贴近学生的生活，不能引起学生共鸣。因此，我们在创造性地使用教材的同时还可以在反思中加以记录。

二是教学的不足之处。如小组学习有没有流于形式，有没有关注学生的情感、态度、价值观的发展等内容。针对问题，我们找到了哪些解决办法和教学新思路，从而写出改进策略和教学的新方案。

三是学生的独到见解。上课时学生提出了哪些有价值的问题。

四是学生的学习是否与教案设计相统一。

写课后反思追求"短"——短小精悍，"平"——平中见奇，"快"——快捷及时。

5. 书写教案要注意的几个问题

（1）提高对书写教案的认识

教案不但要写而且还要认真地写，因为它是备课的一个重要部分。教师的教案犹如一名士兵的战刀必不可少。教师好像一个导演，如果想做一个优秀的导演，导演好整个课堂，我们该有一个好的剧本。同时，我们对于剧本的操作、角色的配置都该有预见性，而这个"预见性"就应该反映在教案里。

教案也是促进我们自己反思的一个过程，我们到底成功在哪里，失败在哪里呢？没有教案，我们不知道，就好像我们做了事情，但是我们不知道是如何做的一样。可能有的老师会问："年纪大的老师，有经验的老师，他们是不是可以不用备课呢？"研读许多特级教师成长的过程，最后发现他们不管什么时候，都在认真地备课。

教学是个复杂的过程，有很多的变量，今天对一个人管用的激励方法第二天不一定还有用，对一个人有效的激励方法不一定对第二个人有用。时代在变，我们的学生也在变，凭经验办事情的方法已经行不通。很多老师，他们有很多的教学经验，可是当让他们写一点东西的时候，他们发现自己不能写了，为什么呢？这与不写教案还是有关系的。

(2) 教案向学案方向转变的探索

所谓学案就是教师依据课程标准和学生的认知水平，为指导学生进行主动的知识建构而编制的学习方案，是引导学生一步步认识知识、理解知识、感悟知识、运用知识的学习提纲，而学案教学就是学生利用教师提供的学案主动地融入学习过程中去的一种课堂组织方式，具备下列两个优点：

第一，能够体现分层教学因人施教的素质教育理念。在课前设计的学案中，教师根据不同基础和水平的学生，设置分层的学习目标、分层的达标练习。在学案教学的课堂中则有分层的问题、分层的反馈和分层的评价，学生可根据自己的实际状况在不同的速度、不同的目标要求下展开自己独特的学习过程，最终达到各有所得、全面发展的目的。

第二，体现了新课程理念在重视知识与技能目标的同时，更凸显了学生的学习过程与方法。学案教学通过对知识与技能、过程与方法、情感态度与价值观三维教学目标的具体落实，完整地体现了新课程理念。学案教学从时间和空间上为学生创造了全程参与学习过程的机会，并给予他们必要的学法引导，而知识和能力则是学生在亲身经历学习过程中所遗留下的深深印迹，并转变为学生进一步学习所必需的基础和必不可少的智力因素。因为有了亲身经历，学生便真正体验到了获取知识后的甘甜和喜悦，真实地感悟到了学科中蕴涵的理性美与人文美，而所有这些又可化作学生学习过程中的非智力因素，成为促进学生不断追求新知、不断克服学习上的种种困难的原动力。

(3) 教案要有详有略

对教案的详与略要正确理解。详案也不是事无巨细，越详越好，大段的叙述文字，照抄教科书上的内容，致使一节课的教案长达十几页，这不仅耗时费力，应用性也不强。简案也不是越简越好，除了罗列几个标题以外，教学过程的导入、练习、板书、提问什么也不设计也是不合适的。通常，教案应简明扼要，不应写得过详，一个充满教学经验的教案是简短而实在的。教案的详略处理可以从以下几方面考虑：

①教学中最值得探究的地方应该详写；

②教学中最具个性化的内容应该详写；

③教学的具体步骤和细节可以略写。

在这里，我们以《观潮》一课的教案为例，进行详案与简案的比较。

《观潮》一课的教学简案：

深入学习课文第3、4段，体会钱塘江大潮。

(1) 课文是怎样把钱塘江大潮这一"天下奇观"写具体的？可以边读边画出你喜欢的、感受深的语句，还可以在旁边作批注。

(2) 小组内交流，边读边想象。

(3) 全班交流，深入体会。

《观潮》一课的教学详案：

2. 深入学习课文第3、4段，体会钱塘江大潮。

（1）教师：潮来时的壮观景象，课文中也有描写，现在请你认真默读课文第3、4自然段，看看课文是怎样把钱塘江大潮这一"天下奇观"写具体的？可以边读边画出你喜欢的、感受深的语句，还可以在旁边作批注。

（学生边默读，边画批）

（2）学生在小组内交流，边读边想象，把感受到的通过朗读表现出来。

（3）学生全班交流，深入体会。

教师要引导学生体会以下内容：

①午后一点左右，从远处传来隆隆的响声，好像闷雷在滚动。顿时人声鼎沸，有人告诉我们说："潮来了！"我们踮着脚往东望去，江面还是风平浪静，看不出有什么变化。过了一会儿，响声越来越大，只见东边水天相接的地方出现了一条白线，人群又沸腾起来。

（引导学生重点体会：人声鼎沸）

教师：怎么沸腾的，能表演一下吗？

预设学生表演：跳着叫着，挥手喊着："潮来了，潮来了。"

教师：刚才的场面可以用一个词语来形容：人声鼎沸。这个词用来形容人们说话的声音就好像开了锅的水一样。

②那条白线很快地向我们移来，逐渐拉长，变粗，横贯江面。再近些，只见白浪翻滚，形成一道两丈多高的白色城墙。

（引导学生重点体会：横贯江面、形成一道两丈多高的白色城墙两处）

教师：同学们，这时你们的心情怎么样？激动，读出这种感受，读到这儿，你仿佛看到了什么？

面对这么壮观的潮水，你还有什么样的心情？吃惊、惊喜……

（引导学生体会两丈多高的白色城墙，引入范仲淹的诗句：海面雷霆聚，江心瀑布横）

③比较句子

A. 浪潮越来越近，犹如白色战马飞奔而来。

B. 浪潮越来越近，犹如千万匹白色战马飞奔而来。

C. 浪潮越来越近，犹如千万匹白色战马齐头并进，浩浩荡荡地飞奔而来。

（小组讨论：体会潮来时声音之大，形态之壮观）

（4）教案要不断补充完善

教案撰写不是一次性劳动，初稿完成后，还需要不断充实完善。

一是因为初稿往往有顾此失彼之处。

二是教材研究与教学实施常有灵感产生，出现新的闪光点要及时补充进去。

三是需要用新材料与新信息对教案进行补充。

四是备课不是一次性劳动，对一节课的备课也不是一次有效，过期作废，需要从局部与整体联系的角度补充不足。

五是从集中备课或教研组活动中获得提示、补充。充实完善不是推翻重来，所以可以利用备注栏，也可以用一页纸黏在一角，对照研读。

三、观课

新课程背景下，课堂教学的理念和行为都是新型的，人们对课堂教学的重要性也有了崭新的认识。苏联教育家苏霍姆林斯基指出："课——这是教学和教育过程的主要阵地，教师在课堂上每天实施着对学生的教养、教育，使学生全面发展。"研究课堂教学最有效的手段是观课。观课是推动课程改革，促进教师专业发展的有效途径，明确了观课的作用，有利于认识评课的实质，推动课堂教学的发展，提高课堂教学的时效性。

1. 什么是观课

观课是一种观察的过程，而观察是一种伴随着思考的知觉过程。对课堂教学活动的评价主要采取观察法，即是以凭借观察获得的最直观的材料为依据进行评价分析和推论判断。所以，观课是一般教师或者研究者以自身的多种感官及相关的辅助工具（记事本、评价表、录音录像设备等）直接或间接地从课堂情境中获取相关的信息资料，是从感性到理性的一种学习、评价及研究的教育教学方法。

2. 观课应遵循的原则

（1）目的性

大凡观课者都是有一定目的，或是基于学习式研究或是基于问题式研究，其目的性很强很明显。所谓目的性是指针对一定的教学现象和教学问题的。为什么观课？观课要解决什么问题？这是观课者首先应该明确的目的和任务。在观课活动中，观课者通常都带着明确的目的或任务来观课，根据自己的研究目的从事观察活动。如基于问题的研究，观课者观课的主要目的是要了解上课教师对三维目标的把握是否到位；重点、难点是否突出；教学手段的应用与教学设计是否符合语文课程标准及年段的要求；教学效果是否贴近学生实际，能否为教学服务。基于问题进行研究，观课者方能带着问题观课。

基于学习的研究，观课者的主要目的是对执教者的课堂教学进行研究，对执教者的教学风格、教学手段及教学策略进行揣摩分析，学习成功的教学方法及教学策略，进而提高自己的教学能力、发展自己的研究能力，促进自己的专业发展。

（2）理论性

科学的观课离不开理论的指导。观课者借助语文课程标准、教材内容和学生实际，用心理学、教育学的理论去分析执教者的课堂，要知其然，更要知其所以然。所以，观课者要掌握一定的理论、方法和技能，要有一定的教育教学理论作基础。

（3）系统性

观课者要有明确的观课目的，一方面要根据自己的研究目的来选择观课的有效策略，灵活运用课程标准做观课标尺，客观公正地观察执教者的课堂教学情况；另一方面观课者要从执教者个人的实际情况出发，考虑教师本人的心理承受能力，针对观察的整个过程作出明确的规划，使观察高效有序、有的放矢。

（4）选择性

由于观课者的身份不同，观课的目的和方法也就不同。所以，观察就意味着有所选择。首先，观课者可能会选择符合自己目的的课型来研究；其次，观课者还可以在进行观课时根据自己的目的对某些教学环节进行筛选研究。

（5）指导性

很多观课者都会在观课后形成自己的认识或建议，会提出一定的指导性意见或要求及改进的措施及方法。这种认识或建议以一定的方式反馈给执教者或者学校，起到教学相长的作用。

（6）情景性

观课与情境在空间和时间上是不可分割的。现场教学与观课是一种现场情境的教学研究活动，它促使观课者与执教者都处于一定的情境中，观课者可以在执教者行为和活动发生的同时就予以记录，不但可以获得现场的直观资料，而且还可以记录下那些只可能在现场产生的、与研究主题相关的感受和理解。

3. 观课的作用及意义

（1）有利于了解教师的教学理论及教学质量

观课者通过教师的现场教学展示及学生的学习情况，来判断教师是否合理地安排了教学内容，是否有效地控制了教学进程，师生是否都处于一种积极的状态，学生在课堂教学中是否处于主体地位。同时，观课者通过观察来了解、掌握教师的教学思想、业务水平及教学能力。

（2）有利于推动教师教学水平的提高

观课本质上是围绕研究课堂、改进课堂教学、促进互助的发展性教学活动。不同的学校存在不同的实际情况，即使同一所学校，不同的教师之间也存在着素质、能力、方法、经验的差异。所以，观课可以让校际之间、同行之间、研究人员之间通过现场教学，了解自己或其他学校及同行的教学实际，并在互动交流研究的过程中，把问题变成新知识的增长点，进而起到提升教师教学水平的作用。

（3）有利于总结推广教学经验，促进教师专业成长

观课是促进教师专业成长的有效途径。教师自己通常看不清自身存在缺憾的教学行为，但是，通过观课却可以发现其他教师的优秀教学理念及教学方法、教学经验，进而反思自己的教学行为，将观课听到、看到的先进理念及教学模式，从直观的感性

认识上升为理性的思考,并汲取别人的长处、克服自己在教学中的失误或缺憾。所以说,观课不仅可以提高教师在课堂教学中驾驭教材的能力,而且可以促进教师转变教学思想,提升学法研究的能力,优化课堂教学行为,提高基本素养和有效教学的能力,对教师专业成长起到推动的作用。

4. 观课的基本要求

(1) 课前准备

①研读课程标准

明确观课的目的后,观课教师要围绕观课的基本目标,认真研读语文课程标准,全面领会语文学科的总体目标,掌握语文课程标准的年段目标,分析课程实施建议,透彻理解小学语文教材的编写体系及编写意图,准确把握学段要求,为观课做好准备。

②了解、分析教材

精心备课是上好语文课的重要环节,而剖析并钻研教材则是观课者观好课的关键。教材是课程标准意志的体现,观课前要通览教材,认真研读教材,落实好教学目标,要在了解教材内容、教学体系及编者意图的基础上,明确执教者的教学计划,才能理清自己的观课思路,探清执教者的教学策略及设计意图,做到"心中有数"。

③收集相关资料

查阅相关资料,收集相关信息,使自己对要观的课的内容有一个多方面的把握,进而在观课的过程中能发现有价值或需要改进的问题,提高观课的效益。

(2) 现场观课

①听课

观课教师在观察课堂教学时必须精力高度集中,要专心听执教者讲授;分析判断执教者讲授的知识是否正确,语言是否流利,重点、难点是否突出,详略是否得当,学生的主体地位是如何体现的。基于以上因素,观课者才能围绕观课目标去发现问题,完成自己的观课任务。

②看课

在课堂上,观课者要随着教学进程认真观察整个课堂的教学动态。观课教师的观看点的确立应建立在全面了解课堂教学的基础上,观看角度主要应是学生的学习状态和教师的教学行为,还要注意到教师对教材教法的处理和选择是否得当,教学目标是否明确、具体,教学内容的处理、表达是否科学、完整。

③记录

认真听课并做好记录。第一,记录教师上课的整体情况,力求把教师教学的全过程完整地记录下来。第二,记录课堂教学的主要环节,教学重难点。第三,记录学生的学习及合作学习交流的状况。第四,记录课堂教学中教师的预设与生成的精彩。第五,记录学生对教学的认知。第六,记录教师的教学设计是否具有创新性。第七,把自己在观课过程中的不同见解、建议以及有待进一步深入研究的问题,写在听课笔记相应位置上,以便评课时交流。

④思考

观课教师应立足于教学任务和教学目标来观察和思考教学,从教师引领到学生主动学习,从教学结构到教学结果,从课堂教学到课外拓展,观课者通过思考对课堂教学作出评价,引领执教者反思课堂、改进课堂,提升教学的有效性和专业发展品质。

⑤分析、判断

观课者在听课、看课、记录、思考这一系列行为及活动的基础上,结合自身掌握的教学方法、理论,通过观察教学现象、师生对话讨论等方式对执教者的教学观念、课堂教学行为、教学效果进行整体研究、分析、判断,并在研究中发现问题以及对课堂教学作出相应的判断。

四、评课

评课是教学常规管理工作中的重要内容之一,是探讨教学改革、促进教师教学思想转变、提升教师教学素养、更新教师教学观念、提高教师教学水平和教学质量的重要途径和主要手段。美国著名的教育评价学者斯皮尔伯格就教育评价说过一句非常精辟的话:"评价的目的不是为了证明,而是为了改进。"《基础教育课程改革纲要(试行)》也指出:"改变课程评价过分强调甄别与选拔的功能,发挥评价促进学生、教师发展和改进教学实践的功能。"所以我们评价一节课,既要分析教学过程和教学方法,又要分析教学效果和教学模式。

1. 什么是评课

评课,即课堂教学评价,是在课堂教学结束之后,对执教者的教学的得失、成败进行评与议的一种互动活动,是加强教学常规管理,开展教研、教学活动,深化课堂教学改革,推进素质教育的重要手段。

评课是一门极具研究价值的科学,具有实用技术,内涵丰富。

2. 评课的功能及意义

(1) 评课的功能

①对课堂教学的得失作出评价,提升教师的教育思想及理念。②对课堂教学得失的原因作出诊断评析,总结经验教训,提高教学认识,对执教者今后优化教学目标,优化教学内容、教学方法及手段,强化学校教学质量等有着不可估量的作用。③对课堂教学亮点进行点评交流,可以使评课者与执教者相互促进,带动学校科研水平的提高,达到强化教学管理、优化教学过程的功效。④强化教师基本功,促进教师专业成长及学生素质的提高。

(2) 评课的意义

评课有利于加快教师知识更新、优化教学艺术;有利于调动教师的教学积极性和主动性,帮助教师不断总结教学经验;评课有利于转变教师的教育观念,提高他们的自我教育教学水平，促使教师在教学过程中逐渐形成自己独特的教学风格。

3. 评课应遵循的基本原则

课堂评价要体现以人为本的理念。评课者要掌握一定的评课原则，要以提高教师的业务水平和课堂教学质量为目的，倡导合作、交流研讨式的评课方式。新课程理念指导下的课堂教学评价一般应遵循以下几个原则：

（1）激励性原则

评课的最终目的是调动教师教学的积极性、主动性和创造性。要激励执教者挖掘具有实效的教学过程，提升理论水平，给执教者技巧上的指导，为其反馈教学过程上的得失，促使教师在评课的过程中有所收获，受到启发。

（2）目标性原则

评课要针对教学计划、教学目标、教学过程给执教者一个中肯的指导意见，让执教者了解学生对课堂的掌握情况，是否达到了预期目标。

（3）突出重点原则

评课应讲究效果，要抓住关键、重点详尽地交流，不要面面俱到，要深入实际。哪些地方需要改进，哪些地方颇具特色，要讲究针对性，倡导"一课一得"的课堂教学评价。

（4）客观性原则

评课是一门艺术。评课者要充分发表自己的观点，必须从实际出发，从观察到的、感受到的情况出发，既充分肯定成绩，总结经验，又要找出问题，提出改进意见。同时，评课要讲究评课方法和说话的策略，要实话实说、实事求是。要注意把握评课的尺度，要从启发、帮助、促进执教者的角度去评课，这样才能促进教研活动深入开展，才有助于提高教师的教学能力与水平，真正达到以研促教的目的。

（5）导向性原则

评课者应敢于创新，大胆提出自己独特的见解，发展求异思维，要学习和运用已有的教育理论、正确的评价方法和成功经验来评课，达到提高教师教学水平和课堂教学效果的目的，使课堂教学更加规范，并向着科学的方向发展。因此，评课者应该在教育教学理论方面有较高的水平，对执教者应有正确的评课态度，使被评者或旁听者对今后的教育教学有一个明确的努力方向，并让他们按照这个方向，改正自己的问题，弥补不足，不断丰富自己、完善自己、提高自己。

4. 评课的技巧与方法

（1）根据课堂教学的整体情况，进行综合评析

基于课堂教学的整体情况，评课者可以从以下几方面对执教者的教学进行综合评析。①关注知识目标、能力目标、情感目标。三维目标不仅是教学活动的出发点、归宿点，更是评价课堂教学的重要参照。评一节课，首先要评价其设定的三维目标是否准确、是否合理。合理的教学目标能够在教学中潜移默化地激发学生的求知欲，可以

积极推动教学活动向最有实效的课堂效果发展。②关注执教者的教学方法和手段。评价课堂教学不仅要着眼于本节课的教学效果，更要着眼于教学的整个过程，如果评课者一味地重视结果，忽视教学过程，就会导致执教者忽视学生探究知识的过程，忽略学生对新知识的思考过程。如语文学科是一门工具性与人文性统一的学科。因此，语文教学的知识是靠"读"出来、"写"出来、"悟"出来的。教师通过朗读、感悟、分析、总结等教学方法，使学生在学习知识的同时学到一种方法，提高能力。评课时，评课者不仅要关注执教者对知识的阐述是否具体、详细，更要关注教师在引导学生获得知识的同时，是否教给学生学习的方法。教师是否通过探究、合作等学习方式，引导学生自己学会学习、学会运用已有的方法去学习新的知识。③关注执教者对教材的处理。执教者对语文教材的把握是否准确、是否抓住重点真正领会问题的实质；对课文的重点、难点处理的是否得当，这是评课者评课的基础。评课者还要观察执教者是否从学生的角度去研究教材、吃透教材，是否借助语文教材中起决定性作用的字、词、句、段等来抓课文的关键点，是否引导学生在走进教材、了解教材、吃透教材的基础上做到充分理解教材内容。基于以上教师对教材的处理，评课者应作出相应的评价。④关注教学流程。评一节好课，通常还要看课堂教学的流程是否流畅，过渡是否自然，时间分配是否合理，教学密度是否适中，教师的课堂教学与教学目标是否背离，是否以学生为主，让学生成为课堂的主人。⑤关注教师的教学基本功。教学基本功是执教者上好课的一个重要条件。对教师基本功的评价要从教师的自身特点出发。首先，要看教师对教材的把握，对课堂的组织、调控、应变、指导是否体现了以学生为主体的地位，还要看执教者的课堂语言是否贴切、言简意赅，是否具有感染力，是否贴近教学内容，是否对学生的认知起到促进作用。其次，要观察执教者的板书，看板书的设计是否简要工整、布局是否合理、脉络是否清晰，是否具有实效性，能否为教学内容服务。最后，还看教态，教师的教态要符合教师的基本要求。在教学过程中，教师是否教态庄重、自然，是否有亲和力，是否在以自己最好的教态在引导学生学习，并让学生在趣味盎然的情境中学会新知。⑥关注课堂生成的情况。评课，除了要关注教学过程中学生是否有更深的体验和感知外，还要关注执教者在课堂中对已有资源以及再生资源的运用是否适度有效。

案例1

《卖木雕的少年》（教学片段）

执教者：黑龙江省哈尔滨市香坊区教师进修学校　杨修宝

师：也许你从小到大无数次听大人们讲过中国人修这条铁路时的感人事迹。

如果你就是那个少年，你看到中国阿姨的背影，此时此刻，你的心一定久久不能平静，你会想什么？

生：中国人为我们做这么多，我却不能给她一个小小的木雕？

师：是啊！少年又会为中国阿姨做什么呢？下节课请同学们和班主任老师学习课

文的最后一部分,通过卖木雕少年的言行进一步体会、感受非洲人民和中国人民之间的深厚情谊!好吗?下课。

从上面的案例可以看出,本次课堂是在学生久久未能平静的心情中圆满结束的,留给学生的是心灵的启迪。这个环节的设计中,教师充分关注了已有的课堂资源再生为新的资源,那就是学生对课文的再次感悟理解与拓展延伸。

(2)根据课堂教学的整体情况,进行陈述式评析

陈述式评析是执教者根据自己的教学思路、教学设计、教学流程、教学反思等问题进行阐述,评课者根据自己想要了解的问题提出问题,选择一个角度,双方进行陈述与答辩式的互动交流,最后评课者进行评课、总结。陈述式评析要求评课者对执教者要强化"授之以渔"的评价内容、评价方式和评价取向。

(3)根据课堂教学的预设与生成,进行专家式评析

专家式评析是请专家聚焦课堂,通过走进课堂的教与学的研究,对执教者的课堂教学进行点评,让执教者的课堂教学植入教研的元素。这种点评方式由于专家的理论和实践都比较准确、深入,不仅可以让执教者受益匪浅,而且可以使执教者在面对具体问题时直接得到思路及方向,可以尽快促使执教者快速成长起来。

(4)根据课堂教学流程进行评价与研究,进行个别交流评析

评课要本着提倡创新、培育个性的原则。个别交流评课不仅能够体现课堂教学的普遍特征,同时也鼓励教师的个性教学。这种个别的交流方式,保护执教者自尊心的同时,探究的问题也更直接,能够在凸显参与互动中有效发挥执教者的教学资源价值。

5.评课应注意的问题

(1)评一节课要看这节课是否具有实效性

评一节课是否具有实效性,主要看这节课是否是一堂扎实有效的课,学生是否有所收获。在教学过程中,要观察学生在课堂上是否积极主动地去思考、去学习,是否在课堂上学到了新的知识,是否发展了新能力;教师对三维目标的设定是否科学合理、是否便于学生理解和把握,看教师教学方法与手段是否体现了学生的需要、是否能够启发学生的思维、培养学生的能力,还要看教师的教学方法是否具有实效性及个性化、科学性及人文性;是否适当应用了计算机、电视等现代化教学手段,对多媒体的应用能否为教学内容服务。

案例2

《卖木雕的少年》(教学片段)

执教者:黑龙江省哈尔滨市香坊区教师进修学校 杨修宝

生:(读)我点了点头。少年的眼睛里流露出一丝遗憾的神情。我也为不能把这件精美的工艺品带回国而感到遗憾。

师:再读一遍,读第一句时你会发现什么?

(生读)

师：再读一遍，因为——

生：不能带回中国感到遗憾。

师：遗憾与我是中国人有关系。老师把这段话改一改，再读一读。

（媒体出示）

少年的眼睛里流露出一丝遗憾的神情。少年为我这个中国人不能把这件精美的工艺品带回国而感到遗憾。

师：读着读着，你心里一定有一个大大的问号，你想问——

生：为什么我这个中国人不能把木雕带回国，而他感到遗憾呢？

师：是啊，为什么因为我是中国人不能把木雕带回国而感到遗憾呢？而且遗憾着我的遗憾呢？

师：同学们，这和中非友好往来有关系。

（背景音乐起，出图片）

师：我们中国曾派专家到那儿帮助他们。如果现在你就是那个少年，请你跟我一起回忆，中国曾经派遣了一百余名高级农业技术专家，到非洲指导他们的农作物种植。

师：如果你就是那个少年，也许你吃的蔬菜就是——

生：中国人的专家帮助指导栽种的。

（出图片）

师：中国曾派出了一百多个医疗队支援非洲。如果你就是那个少年，你的家人有可能接受过——

生：中国人的救治。

（出图片）

师：中国帮助非洲修建了全长1860公里的坦赞铁路。为建设这条铁路，中国政府提供无息贷款9.88亿元人民币，共发运各种设备材料近100万吨，先后派遣工程技术人员近5万人次，高峰时期多达16万人。在这项工程中，中方有64人为此献出了宝贵的生命。赞比亚前总统尼雷尔是这样说的："中国援建坦赞铁路是对非洲人民的伟大贡献。"

从上面的案例可以看出，这一环节是本堂课的精彩之处，升华了课文主题。教师从两国人民深厚的友谊入手，加之声情并茂的朗诵和介绍，促使学生能够更深刻地理解"为什么少年会遗憾？"看到这些图片资料，我们仿佛真切地看到了中国的工程技术人员、中国的医疗队、中国的农业技术专家在赞比亚与赞比亚人民结下的深厚友谊。执教者在设计这环节时，既考虑抓重点语句引领学生再次走入文本、解读文本，同时又在质疑的过程中激发了学生主动探究的意识，最后多媒体及资料的画龙点睛作用更凸显了执教者对文本的深度思考，引领学生在回味无穷的语文课堂上扎实高效的学习。

（2）评一节课要看这节课是否具有生成性

一节成功的课应该具有预设与生成两个部分，教师的教学设计是不是量体裁衣、教学方法是否具有多样化和创新性；课堂上的思维训练是否能够让学生在学到知识的同时学到新的学习方法，拓展学生的思维，发展学生的语文能力；课堂上的训练是否延伸到了课后，教师与学生在学习的过程中是否有互动，互动的过程中是否生成了新的知识。北京教科院文喆教授在《课堂教学的本质与好课评价问题》一文中指出："为了实现学生的有效学习，教师在努力创设有效学习环境的同时，还应积极关心学习活动的参与度、学习活动的效度及学习氛围等学生内隐性学习行为的外显标志，并且应力争通过外显行为的观察与诱导来激活学生的内隐学习活动。"总之，课堂的生成性是教学研究的重要依据，它是优化课堂教学的基础前提。

（3）评一节课要看这节课是否具有常态性

一节好课应该是扎实有效的，而有些教师上公开课时经常会出现"演"的过程。执教者由于过度关注听课人员，导致自己过度紧张，对教学的思路及设计不是按照课堂上学生的兴趣及学生对知识的延伸层层推进而教，而是在背自己的教学设计，在走自己的教学流程，导致课堂教学缺乏真实性、缺乏平时的朴实。所以评一节好课，不仅要关注这节课学生的学习状态，更要看教师的教学状态。一节平实的课不仅是一节"平时"的课，更是一节扎实有效的课。

案例3

《卖木雕的少年》（教学片段）

执教者：黑龙江省哈尔滨市香坊区教师进修学校　杨修宝

师：好，带着你的这些阅读期待自由地出声地读课文，注意读准字音，读通句子，遇到不好读的地方一定要多读几遍。老师走到你身边的时候希望能听到你悦耳的读书声。开始吧！

（生大声读文，读完课文后）

师：四个字的词语特别多，拿笔圈出来，然后读一读、记一记。

（生圈读记）

师：好了，有些词语要记在脑子里进行积累的，我有几个词想考考你。

（出示图片）

师：当你看到图时，你能想到哪些词语？

［生说（　　　　）的木雕］

生：琳琅满目的木雕。

生：木雕是栩栩如生的。

生：这是各式各样的木雕。

生：还是名不虚传的木雕。

生：构思新奇的木雕。

师：这些词语都是围绕木雕的，要读出词语的意思。

（出示词语）

师：你能读出来吗？

（生读）

师：他的朗读仿佛让我们看到了那么多的木雕。读词语就要这样读出词语的意思，如果放到句子里读，联系着上下文来读会更好。

从以上片段可以看出，执教者在设计这一环节的时候，注重了对学生语言文字基本功的训练。这部分的训练扎实有效，教师由字到词、由词到句，并在具体的语言环境中进行字词训练，为学生理解课文内容打下了牢固的基础。

（4）评一节课要看这节课是否具有改进性

课堂教学永远都是一门有遗憾的艺术。任何一节课，只要是真实的就会有缺憾，就不会是十全十美的。一节课会因为地域、环境、学生等的差别而有不同的效果。课堂的结构安排、教学思路、教学策略和教学环节都会因学生的学习情况而迁移。因此，一节课的真实性会因为空间、时间、思维的变化而具有缺憾性，更具有待改性，所以一节真实的课都应该是具有改进性的。

我们一直提倡教无定法，允许教师在教学中百家争鸣、百花齐放，自然在观课、评课时也要用发展的眼光去评价一堂课，要培养教师的个性，要更多地从学生的主体地位和学生的发展方面来评价教师的教学，评价标准宜粗而不宜细。只要我们的观课、评课以促进教研活动为基础，有利于教师解决教学具体问题，有利于教师提高教学能力，提高教学效益，促进学生全面发展语文能力，对课堂教学起到了推动作用。

五、教学反思

新课程改革对教师提出了更高的要求，教师需要在专业上取得更大的发展。新的课程标准要求学生采用自主、合作、探究的方式进行学习，因此需要大批研究型教师。教学反思在中小学教师的日常教学工作中应用广泛，发展迅速，显示出了很强的生命力，对教师的专业发展有着积极的推动作用，也是培养研究型教师的重要举措。但若静心分析则不难发现，当前中小学教师所进行的教学反思存在着不少问题和误区，影响了教学反思效益的发挥。其中一个重要原因，就是对教学反思本身缺少深入的研究。为了帮助一线教师解决教学反思的实践问题，培养他们的教学反思能力，我们需要加强对教学反思的理论探讨，认真总结教学反思的实践经验，寻求教学反思的有效方法，努力为一线教师提供连接教学反思理论与实践的桥梁。

1. *教学反思能力概述*

具备教学反思能力是教师进行教学反思的基础和前提，而对教学反思内涵的理解是提高教学反思能力的关键。

（1）什么是教学反思

美国教育家杜威认为，反思是"根据情景和推论对自己的信念或知识结构进行积极地、持久地、周密地思考"。他认为反思是教师最重要的素质之一，并指出虚心、专心及责任心是反思行为的三个基本特质。

我国学者熊川武教授认为："教学反思是教学主体借助行动研究，不断探究与解决自身和教学目的，以及教学工具等方面的问题，将'学会教学'与'学会学习'结合起来，努力提升教学实践的合理性，使自己成为学者型教师的过程。"

综上所述，我们可以把教学反思的内涵作如下表述：

教学反思主要是指教师将自己的教学活动过程作为思考对象，对自己的教学内容、行为以及由此所产生的结果进行批判性地审视、分析、回顾与诊断，达到对不良的行为、方法和策略的优化和改善，从而努力提升教学实践的合理性，提高教学效能的过程。

尤其需要注意的是，这里所说的"反思"与通常所说的工作之余进行的简单、随机地"想一下"的内省活动或者独处放松时静坐冥想式的反思不同，它不是模糊的、偶尔为之的、片断的，而是一种需要认真思索乃至极大努力的过程，需要有一定的目的性和系统性，甚至需要有一定的深刻性和批判性。因此，有学者认为教学反思有以下主要特征：①追求教学实践的合理性。反思不是一般性的教学回顾，而是在教学中不断发现问题，并针对这些问题设计、调整教学方案，使教学向更合理的方向努力。②具有较强的教学研究色彩。针对教师在教学过程中的各种情境性、具体性、个别性的问题展开的研究。③贯穿于教学活动的各个环节和层面。对教学设想、教学目标、内容、方式方法、组织过程、评价等各环节和层面的反思。④思考的反观性。教师对于自身的实践方式和情境，立足于自我以外多视角、多层次地进行思考，或变换角色去认识问题。

（2）什么是教学反思能力

基于对教学反思的理解，我们可以把教学反思能力概括为：教师在教学过程中，将教学活动本身作为意识的对象，不断地对教学进行积极、主动地计划、检查、评价、反馈、控制和调节的能力，即教师在教学实践过程中发现问题、分析问题和解决问题的能力。这种能力主要包括以下六个方面：教学设计、课堂的组织与管理、学生学习活动、言语和非言语的沟通、评价学习行为、教学后反省。

教学设计是指教师在课堂教学之前，明确所教课程的内容、学生的兴趣和需要、学生的发展水平、教学目标、教学任务以及教学方法与手段，并预测教学中可能出现的问题与可能的教学效果。课堂的组织与管理是指教师在课堂上密切关注学生的反应，努力调动学生的学习积极性，随时准备有效应对课堂上的偶发事件。学生学习活动是指教师在课堂教学活动中应该对自己的教学进程、教学方法、学生的参与和反应等方面随时保持有意识地反省，并能根据这些反馈信息及时地调整自己的教学活动，使之达到最佳效果。言语和非言语的沟通是指在课堂教学中，教师的言语与体态语言是沟通师生双方信息、情感的重要手段，对沟通效果的及时评价与调整是很重要的。评价学习行为是指教师对学生的提问、回答、作业、交流操作等学习行为进行及时评价，或指导学生对学习行为进行评价。教学后反省是指在一堂课或一个阶段的课上完后，教师对自己已经上过的课的情况进行回顾和评价。

教师的这种教学反思能力不是与生俱来的或是随着时间流逝自然形成的，它需要教师有意识地、有计划地自我培养和自我提升。教师只有具备一定的教学反思能力，才能在不断的自我反思中获得自己专业成长的养料，提高反思的效能，并不断提升自己、完善自我，从而促使自身专业能力的快速成长。因此，具备反思的能力已经成为新时代合格教师不可缺少的重要条件，"专业人员必须培养从经验中学习和对自己的实践加以思考的能力"。

2. 教学反思的意义

教学反思被认为是"教师专业发展和自我成长的核心因素"。美国学者波斯纳认为，没有反思的经验是狭隘的经验，至多只能形成肤浅的知识。只有经过反思，教师的经验方能上升到一定的高度，并对后继行为产生影响。他提出了教师成长的公式：教师的成长＝经验＋反思。如果一个教师只满足于经验的获得而不对经验进行深入地反思，那么他的旧有理念及不适当的行为就很难改变，从而他的教学将可能长期维持在原来的水平上而止步不前。可见，教学反思对教师职业成长的影响是巨大的。

（1）教学反思能促进教师积极主动地探究教学问题

在反思教学的过程中，教师对教学经验，特别是问题性经验作批判性分析，这样他就能主动地将与行为有关的因素纳入教学过程中来，重审自己教学中所依据的思想，并积极寻找新思想与新策略来解决所面临的教学问题。按照教育家杜威的说法，当教师进入反思时，应该是自觉地、积极地、心甘情愿地思考自己的行动，即使不会令人满意或非常劳累也会坚持不懈。

（2）教学反思有助于教师成为研究者

斯腾豪斯提出"教师解放"的思想，认为教师要实现自身解放，摆脱"遵照执行"的被动局面，回避家长制作风和极权论，就必须能够专业自主。而通向解放的一条有效路径就是"成为研究者"。在教学反思中，教师追求自己的职业理想。在长期的教学实践中，教师研究自己的教育实践以及对自己在教学实践中作出的教学行为及由此产生的结果进行反思，不断探究和解决教学问题，使教学和反思有机结合，成为真正的研究者。

（3）教学反思有利于增强教师的道德感，提高教师的教学水平

教育是一种道德职业。教师的道德意识水平如何，直接影响到自身教学行为的投入程度。教师的道德水平越高，就越会反思自己的教学行为，表现出一种执著性和责任心，它是教师自觉反思教学行为的前提。提高教师的教学反思能力，能帮助教师从冲动的或例行的行动中解放出来，以审慎的方式行动。惟其如此，教师在教学实践中重视反思、善于反思，积极开展反思性教学，才会有利于提高与促进教师的全面发展。善于反思，并在此基础上努力提高自己教学效果的教师，其自身的成长和发展的步伐

才会加快。教师只有具备反思意识，把自我的发展看成是必须的和必要的，才会努力地去发展自我、建构自我，从而不断促进自我学会学习，并教会学生学习。这样才能使教师全面发展。

（4）教学反思有助于提高教师的实践智慧

教师可以通过反思，寻找新的研究范式组建自身的理论体系，进而拥有自己的教育智慧。优秀教师或专家型教师对教学情境具有敏锐的观察力与判断力，对问题的分析更为清晰和透彻，解决问题的方法和策略更具独创性、新颖性和恰当性，拥有丰富的"实践智慧"。这些实践知识和智慧是经过教师长期教学实践而获得的，并且是与时俱进、不断发展的。而新教师要想获得教学智慧，除了专家适时点拨以外，主要还是通过自身的教学实践和自我反思的途径。

3. 教学反思遵循的原则

为了切实提高教学反思的实效性，教师在教学反思时，需要遵循主动性原则、坚持性原则、持续性原则和合作性原则。

（1）主动性原则

主动性原则强调教师主动参与教学反思，主动寻求自己的专业发展。教学反思要求教师必须是在自我专业发展意识的引导下，产生进行反思以促进自己专业发展的欲望，从而主动地进行教学反思。教师自己主动参与保证了教师反思的深度、程度及反思的效果。没有教师的主动参与，就谈不到教学反思的效果，更谈不上促进教师的专业发展。

（2）坚持性原则

坚持性原则是指教师在教学过程中，应持之以恒地进行教学反思，并使之成为一个习惯。教学反思促进教师的专业发展是一个长期的过程，应持之以恒地进行。在每次教学实践前后，要养成及时反思的习惯。每天、每周、每月，都要对自己本天、本周、本月的情况作反思，及时了解自己在哪些方面获得了进步，使反思习惯化、制度化。

（3）持续性原则

持续性原则指教师的教学反思应贯穿于整个教学生涯。因为教师教学的具体情境是不断变化的，学生群体中也会出现新的情况和问题。随着教育情境的变化和新的教育理念的诞生，教师必须不断地根据新的情况对自己的教学作进一步的反思，以使自己的教学适应新的情境。教师专业发展贯穿于教师的整个职业生涯，那么对教学进行反思也应贯穿于教师的整个生涯中。非连贯的、偶尔为之的教学反思是不能取得促进教师专业持续发展的效果的。

（4）合作性原则

合作性原则强调教师在进行教学反思时要争取同事和专家的帮助。教学反思并非让教师把自己孤立起来，其本意是让教师自己主动地、积极地追求专业发展，保持开放的心态，随时准备接受好的、新的教育观念，更新自己的教育信念和专业智能。教师要充分挖掘、利用各种可利用的，并有助于自己专业发展的资源，敢于面对自己在专业发展过程中所存在的问题，寻求与同事的合作与帮助，寻求专家的指导，这对教学反思的有效进行，以及促进自己的专业发展有更重要的意义。

4. 教学反思中存在的问题

（1）教学反思流于形式

在中小学教学实践中存在这样的倾向，即不少教师把写教学反思看做一种额外的负担，是浪费时间，往往为了应付学校领导检查才勉强胡乱应付完成。这样，教学反思的撰写就成了为反思而反思，流于形式，浮于表面，教学反思的实际价值根本没有得到切实的体现。

（2）教学反思方法单一

总的来说，我们绝大多数教师的反思活动是通过教师个体写反思日记来实现的，方法有些单一和封闭。教师写反思日记主要依赖于自我观察、自我监控、自我评价来进行，相对来说，具有一定的封闭性和局限性。而且，多是教师个体单独进行，是单纯的内省反思活动，往往比较模糊、难以深入，容易囿于自我的思维定式而跳不出来。

（3）教学反思内容贫乏

当前中小学教师的教学反思往往充斥着很大篇幅的教学过程或流程的描述，而透彻的分析和深入的思考则较为欠缺，相对应的反思的核心内容往往是简单地一笔带过。同时表现出的一种鲜明倾向是：反思的着眼点多集中在教学的内容、教学的方式方法、教学的组织形式、教学的效果等，也就是"教师怎样教"这一层面，对"学生的学"进行反思的并不多见。下面是一位小学语文教师的反思记录——《让学生在错误中认识错误》。

中彩那天

（哈尔滨市王岗镇中心校　刘晓辉）

师：刚才我们读了一遍课文了，又读了课文中的生字组成的词语。回过头来，我们再来看看课文，课文哪几个自然段讲的是中彩那天发生的事呀？

生：3~9段。

师：我们再来读读这一部分，谁来读？

（生读3~9段，教师纠正学生读错的"兴奋"中的"兴"字，并鼓励学生读好课文，引导学生读好第5段）

师：把刚才那个问句再读一遍（师范读：难道我们中彩得到汽车是不道德的吗?）。

（生齐读）

（生读到第8段）

师：这是第几自然段？

生：第8自然段。

师：还接着往下读吗？

生：不读了。

师：为什么？

生：第9段是第二天的事儿了。

师：他中彩那天发生的事儿到底是哪几个自然段？

生：3～8段。

师：对，读书要认真，要仔细才行，这一部分讲的是中彩那天发生的事儿，谁能说说那一天发生了什么事儿？

教学反思：我们在常态的课堂教学中经常会遇到这样的情况：当学生的回答与教师的预设发生冲突时，大部分教师选择的不是顺学而导，而是直接揭示答案。这样，学生知道了结果，却缺少过程体验，最终只知其然，而不知其所以然。久而久之，不但会使学生对语文失去兴趣，而且会严重阻碍学生阅读能力的提高，这种情况下又何谈提升学生的阅读素养？上面的案例看似是简单的读文，实际这背后隐含着一种阅读思想——让孩子学会读书。当教师引导学生直入重点段时问学生："课文中哪几个自然段是叙述中彩那天发生的事儿的？"学生一致认为是3～9自然段。学生的认知与教师的预设产生了冲突，学生为什么会这样呢？我想一定是学生没有把文本读透，没有理清作者的写作思路，对重点语段的认识还处于表层，而解决这个问题的最佳途径就是让孩子再去读一读，在读中认识错误。案例中的教师没有很快地对这一问题作处理，而是静下心来指名让学生逐段朗读。当读完第八自然段时，教师巧妙的一问让学生豁然开朗，"还往下读吗？"学生不约而同地摇头，情不自禁地说："第九自然段写的是第二天的事儿。"此处的处理真可谓妙哉！让学生顺应错误读下去，在读中认识错误，真有一种润物无声的感觉呀！"耳听千遍，不如手动一遍。"不放过教学中的每一个细微之处，让孩子在体验中认识错误、纠正错误，学生得到的不仅仅是简简单单的知识，而是受益终生的阅读能力。

以上案例中的教学反思，教师从学生的角度入手，以学生的学习发展为宗旨和归宿，对"学生的学"进行了深入地分析和思考，并在反思中深刻认识到"让学生在错误中认识错误，把错误视为学生体验的资源"是提高阅读能力的一种手段。这位教师能捡拾教学中的细微片段，分析其中蕴涵的教学思想，将其内化为自己的教学方法，充分体现了教学反思的意义和价值。

5. 教学反思问题的归因

教学反思中存在的问题，我们主要从教师自身因素和外部客观因素两方面作一些分析和探讨。

（1）教师自身因素

①缺少对教学反思的正确认识

目前，很多教师对教学反思的价值和作用的认识仅仅停留在任务层面，缺乏对深层的教学反思价值的探讨，不视其为促进自我成长的一种专业生活方式。其结果势必影响教师对教学反思的内涵、内容、方式方法等的理解，达不到有效的教学反思，甚至将教学反思视为额外的负担而敷衍了事。

②缺乏对教育教学理论的积累

教师不仅应具备课堂教学所必需的知识技能，还应有教育学、心理学、课程教学原理等宽厚的理论功底作支撑，否则，反思、实践都只能处于浅层次和低水平的模仿、重复阶段，难于有深入的提高和实质性的飞跃，更难真正做到理论与实践相结合。

③教学反思的深广度欠缺

反思的广度就是指教师能够全面地看待教育中的种种问题，不仅要善于抓住某个教育问题一般的基本框架，而且能够对学生、课堂、学校、社会等相关的较为宏观层面的教育问题进行思考和探讨。反思的深度主要指教师能够深入教育事物的内部，把握住事物的本质及核心部分，抓住事物的关键所在。下面是一位小学语文教师的反思记录。

境由生而生
（哈尔滨市王岗镇中心校　刘晓辉）

我曾经在名师工作室聆听了王传贤老师执教的三年级下册《荷花》一课。课后大家交流时谈到了感性阅读要达到"如见如闻，感同身受，身临其境"这样一种效果。研讨过后我怦然心动，也学着上了一节，可在课堂中却出现了如下问题：

问题一：

师：读一读，想一想，你看到那又多又密的荷叶了吗？带着这样的感受读一读。

生：老师，我没有看到这样的荷叶！

问题二：

师：这一池荷花成了一幅活的画，你仿佛看到了什么在动？

（只有四五个学生有反应，其他孩子无语）

问题三：

师：此时，你就是一朵荷花了，穿着雪白的衣裳，站在阳光里。一阵微风吹来，你就翩翩起舞。风停了，你静静地站在那儿，你仿佛看到了什么？又听到了什么？

（又是那几个学生捧场！即使回答得很精彩，但不能代表整体）

教学反思：对于这样一篇文质兼美的散文来说，朗读是它的主基调。朗读的目的，当然是让学生插上想象的翅膀，浮想联翩，并用自己的语言去描述。而课堂上，学生的表现却让我感觉他们远远没有入境。

细细想想，也产生了一些感悟。第一，我们的孩子表现出了和他们的年龄极不相符的理性，缺少童性和天真。第二，课前工作没有做好，急于想指导学生什么，过于强势，与学生之间就隔了一层。如果课前就对学生进行一下想象力的发散。比如说今天又下雪了，你想到了什么？不久春天就要来了，你又能想到什么？在一个宽松自主的氛围中，学生更容易放松，这样他们的思维才能够激发。第三，学生缺少相应经验，阅历不够丰富。有的孩子连荷花都没有见到过，此时是否需要借助图片了呢？比如说文中的插图。第四，导读策略还很欠缺。入境并不是那么简单，它需要循序渐进，首先要让学生感知从而产生模糊的感觉。传贤主任在执教第二自然段时，把让学生将语句读通顺、在教师的描述下读出感受作为重点，而并不让学生描述可能就是出于这样的考虑。在接下来的学习中，学生的感受渐渐丰富，如见如闻了，与情境融合才会产生后来的移情。看来，我们心中的境不是学生心中的境，我们想象中荷花的美景，和轻泛涟漪的池水，都未必是学生能够看到的。而我们以自己心中的境去评价学生口中的境，自然会觉得不美，自然会觉得学生并没有入境。学生口中的境也不是他们心中的境。学生心中自有一番美景在那里，然而因为表达时无法找到恰当的语词，便大打了折扣。课堂当时的境是一部分学生的境，而不是全部学生的境。我们一定要看到差异性，而这个差异又由于教师及教学设计等原因或大或小，入境的学生也有多有少。我们只能尽量减少差异，却不可能完全避免差异。课堂上，当只有四五人举手时，我们不妨再等一等，再读一读，然后再来讲，放慢速度，让大部分学生能够跟得上。课堂的主角是学生，我们的心里要时刻装着学生才对呀！

以上案例中的教学反思，教师对学生的表现进行了深层次地分析，从学生的心理到教师的教法，再到学生的生活经验以及他人的教法，教师都进行了深入地思考，最终找到了学生在课堂上没有入境的原因，视界较为广泛和开阔，反思较为深入和透彻。相信，通过这样的反思，教师成长会较为迅速。

（2）外部的客观因素

①教师工作繁忙

在我国中小学校，教师的教学任务普遍都很繁重，日程安排都很紧张，整日忙于写教案、讲课、批作业，还有班级管理、家长访谈，日复一日地陷在备课本里、作业堆里、试题海里，忙于应付各种检查、公开课、观摩课等，这使教师即使愿意也很难有时间和精力来进行教学反思活动。同时，由于教师缺乏学习的时间，导致其不熟悉教育科研方法，缺少研讨的手段和形式，也就很少有反思实践的机会。

②学校导向有误

学校普遍认识到教育科研在学校和教师发展中的重要性，但是在对教师教学反思的管理与评价方面仍有误导倾向。有的学校在开展教育科研工作时，硬性规定教师写教学反思，并且课课都要有反思。这种作表面文章、急功近利搞教育科研的做法，不可能形成鼓励教师反思的氛围，也导致教师在这样的氛围中不能正确对待教学反思。本应是积极主动的自我提升的教学反思，教师们反而采取消极的态度来对待。

6. 教学反思改进的措施

增强教师的反思意识，提高教师的反思能力是一个系统工程。因此，在反思中，教师不仅要具有反思的人格特征，还要具有反思的知识基础和能力保障，同时还要具有一定的操作技能。

（1）加强理论学习

系统的理论学习有利于我们形成一种正确的方法论，也有利于我们确立正确的教育教学理念。未来教师应在认识教育的未来性、生命性和社会性的基础上，形成新的教育价值观、教育质量观和教学观、师生观。这些先进的教育理念对教育教学实践活动起着指导作用，而理念的养成往往就是学习与反思的结晶。

（2）潜心教育科研

教育科研与日常教学行为反思的关系是相辅相成的。首先，对日常教学行为的反思是教育科研的基础，对日常教学行为反思所累积的研究材料和思想认识是教育科研选题的重要来源。其次，教育科研是对日常教学行为反思的提升。教师在教育科研中也对教育行为进行反思，但这种对实践的反思有明确的主题和研究目标，是比较系统和严谨的反思。最后，在教育科研中形成的方法、技术和反思意识有助于提高教师对日常教学行为进行反思的能力。

（3）运用多种反思方法

教学反思的方法是多种多样的，包括录像反思法、录音反思法、日记反思法等。若以反思主体为标准，反思方法还可划分为集体反思法、对话反思法和个人反思法。撰写教学日记是其中较为简便易行的，但并不是唯一的和仅有的。

（4）听课观摩，相互交流

"独学而无友，则孤陋而寡闻。"这句话对于反思同样具有重要意义。教师之间通过对话交流，思想就有可能豁然开朗、茅塞顿开。对话有利于教师自我优化，更能够避免教师陷入"独思"的尴尬局面和自我封闭的泥潭。教师通过观摩别人的公开课、分析别人成功和失败的原因来反观自己的教学行为，是教学反思的一条重要途径。他人成功的教学可以为我们提供教育思想和方法的典范，让我们感受与学习不尽相同的授课内容、组织形式、教学风格。即使观摩不是很如意的实验课，也可使我们借鉴教训，少走弯路。

同时，我们更倡导上公开课，借助他人的反思，促进自我发展。一般上公开课的教师，自我进取意识和成功期待都较强烈，钻研都较深刻，反思更迫切。他们备课时，往往是教研组群策群力，共同反思推敲，互助合作，群研究共商讨，在综合反思基础上形成较优化的教学设计。上完课后的交流评课，大家畅所欲言，各种反思的碰撞与交流使反思达到更高的境界。实践证明，这种方式是教师个人和群体发展的良好途径。

参考文献

①中华人民共和国教育部．全日制义务教育语文课程标准（实验稿）［M］．北京：北京师范大学出版社，2001．

②马新国，郑国民．语文（小学1～6年级）［M］．北京：北京师范大学出版社，2006．

③崔峦，蒯福棣．语文（小学1～6年级）［M］．北京：人民教育出版社，2006．

④张庆，朱家珑．语文（小学1～6年级）［M］．南京：江苏教育出版社、凤凰出版传媒集团，2006．

⑤付宜红．日本语文教育研究［M］．北京：北京师范大学出版社，2001．

⑥付宜红．语文教材建设的研究与思考［M］．长春：长春出版社，2008．

⑦付宜红．教育部义务教育新课程远程研修丛书·小学语文［M］．上海：华东师范大学出版社，2008．

⑧付宜红．新课程教师专业发展丛书·小学语文课堂教学的智慧与策略［M］．北京：中国财政经济出版社，2009．

⑨崔允漷．有效教学［M］．上海：华东师范大学出版社，2009．

⑩吴亚萍，王芳．备课的变革［M］．北京：教育科学出版社，2007．

⑪谢利民．教学设计应用指导［M］．上海：华东师范大学出版社，2007．

⑫陈孝均．教学设计技能的构成与形成［M］．北京：光明日报出版社，2009．

⑬李振林．生命，因语文而精彩——特级教师王崧舟教育艺术剪影［J］．小学语文教师，2004，（7～8）．

⑭王崧舟．《一夜的工作》课堂教学实录［J］．小学语文教师，2004，（11）．

⑮朱慕菊．走进新课程——与课程实施者对话［M］．北京：北京师范大学出版社，2002．

⑯杨颖，关文信，赵晶红．新课程理念与小学语文课堂教学实施［M］．北京：首都师范大学出版社，2003．

⑰周小山．教师教学究竟靠什么——谈新课程的教学观［M］．北京：北京大学出版社，2002．

⑱刘仁增.用好教学资源"四适"谈[J].中小学教学研究,2004,(5).

⑲杜若嫒.谈教学资源有效开发和利用的原则[EB/OL].无锡市滨湖中心小学网站.

⑳王荣生.语文教学方法与教学内容[J].语文学习,2004,(4).

㉑茅卫东.从教学内容入手观课评教——访上海师大王荣生[N].中国教师报,2009—2—16.

㉒王荣生.合宜的教学内容是一堂好课的最低标准[J].语文教学通讯,2005,(1).

㉓潘天正.审视小学语文教学内容[EB/OL].全国中小学教师继续教育网.

㉔于永正,詹明道.名师课堂经典细节[M].南京:江苏人民出版社,2007.

㉕田本娜.我与小学语文教学[M].北京:人民教育出版社,2006.

㉖吴效锋.新课程怎样教[M].沈阳:辽宁大学出版社,2005.

㉗方明.陶行知名篇精选[M].北京:教育科学出版社,2009.

㉘叶圣陶.叶圣陶教育名篇[M].北京:教育科学出版社,2009.

㉙陆志平,辜伟节.新课程我们怎样上课[M].上海:东北师范大学出版社,2006.

㉚徐宏燕.对阅读教学设计思路的几点思考[J].小学语文教学,2009,(6).

㉛陈美英,席霍斌,蓝辉春."爱"的真情告白[J].小学语文教学设计,2009,(9).

㉜徐欣.《盘古开天地》教学[J].小学语文教学设计,2009,(10).

㉝徐虹.《搭石》第二课时教学[J].小学语文教学设计,2009,(10).

㉞赵栓柱.窃读教学[J].小学语文教学,2010,(7).

㉟李金枝.以"泡泡"为向导展开有效教学[J].小学语文教学,2010,(7).

㊱孙素英.小学语文课堂的有效教学[M].北京:北京师范大学出版社,2008.

㊲林高明.课堂观察——顿悟的艺术[M].福州:福建教育出版社,2008.

㊳雷玲.课堂深处的精彩——中外教育赏析[M].上海:华东师范大学出版社,2010.

㊴高万祥.优秀教师的九堂必修课[M].上海:华东师范大学出版社,2009.

㊵朱慕菊.走进新课程:与课程实施者对话[M].北京:北京师范大学出版社,2002.

㊶熊生贵.有效教学和谐课堂(小学语文)[M].北京:光明日报出版社,2008.

㊷倪文锦. 小学语文新课程教学法［M］. 北京：高等教育出版社，2003.

㊸饶杰腾. 语文学科教育学［M］. 北京：首都师范大学出版社，2000.

㊹熊生贵. 语文教学实施指南（小学卷）［M］. 武汉：华中师范大学出版社，2003.

㊺徐家良. 小学语文教育学［M］. 北京：高等教育出版社，1997.

㊻王守恒. 小学语文教学与研究［M］. 北京：人民教育出版社，2006.

㊼田务玉，刘荆伶. 丑小鸭教学设计［EB/OL］. http：//www.pep.com.cn.

㊽巢宗祺. 全日制义务教育语文课程标准（实验稿）解读［M］. 武汉：湖北教育出版社，2002.

㊾福建省基础教育课程改革实验领导小组办公室. 福建省小学新课程教学要求·语文［M］. 福州：福建教育出版社，2010.

㊿黄光扬. 教育测量与评价［M］. 上海：华东师范大学出版社，2002.

○51华东师范大学课程与教学研究所编印. 课程评价改革国际研讨会论文集［C］. 2009.

○52何更生. 语文教学论［M］. 合肥：安徽人民出版社，2007.

○53郭思乐. 从仿生到靠生：基础教育改革的根本突破［J］. 教育研究，2009，(9).

○54李江山. 课外语文活动是现代语文教育的重要环节［J］. 宁夏大学学报（人文社会科学版），2003，(4).

○55刘正伟. 比较与审视：国际视野中的语文课外活动［J］. 中学语文教学，2002，(11).

○56张海红. 浅说语文课外活动［J］,. 新课程研究，2007，(8).

○57薛晓嫘. 语文课外活动的性质、特征与设计原则［J］. 新疆教育学院学报，2000，(3).

○58张宏达. 开展语文课外活动的意义和途径［J］. 基础教育研究，2000，(3).

○59张士文. 语文课外活动拓宽学生学习空间［J］. 语文教学与研究，2004，(17).

○60支铁锋. 语文课外活动举隅［J］. 陕西教育，2007，(Z1).

○61陈秀梅. 得法于课内，得益于课外——怎样组织与开展课外语文活动［J］. 青海教育，2003，(4).

○62许水娇. 语文课外活动的三种方式［J］. 江西教育，2001，(9).

○63王霜玲. 浅探学生文学社组织的指导［J］. 文学教育，2008，(7).

○64查先惕. 中学生文学社的组织与指导［J］. 上海教育，1998，(8).

㊻李树培．综合实践活动课程学生评价研究［M］．上海：华东师范大学出版社，2005．

㊼钟启泉．综合实践活动：含义、价值及其误区［J］．教育研究，2002，(6)．

㊽陈玉秋．语文课程与教学论［M］．桂林：广西师范大学出版社，2004．

㊾郭元祥．综合实践活动呼唤教师的有效指导［J］．教育科学研究，2006，(8)．

㊿唐莉．开展综合实践活动的指导理念［J］．教学与管理，2003，(17)．

⑰潘诗求．浅谈综合实践活动教师指导的几个关注点［J］．厦门教育学院学报，2010，(3)．

㊆马超．综合实践活动过程中教师指导作用的定位与思考［J］．中学教学参考，2010，(8)．

㊇史建国．新课程背景下指导学生课外阅读的策略［J］．教育科学研究，2007，(2)．

㊈刘君．语文教师应重视学生课外阅读有效性的引导［J］．中国校外教育，2010，(5)．

㊉纪明泽．新课程背景下的学校教育评价改革［J］．基础教育，2006，(02B)．

㋄丁朝逢．新课程评价的理念与方法［M］．北京：人民教育出版社，2003．

㋅凡勇昆．苏格拉底式问题研讨评价法评析——涉足一种新的学生评定领域［J］．现代教育论丛，2008，(4)．

㋆蔡敏．当代学生课业评价［M］．北京：上海教育出版社，2006．

㋇田慧生．综合实践活动课程的理论探索与实践反思［M］．北京：教育科学出版社，2007．

㋈黄光扬．新课程与学生学习评价［M］．福州：福建教育出版社，2005．

㋉雷树福．教研活动概论［M］．北京：教育科学出版社，2009．

㋋杨九俊．新课程说课、听课与评课［M］．北京：北京大学出版社，2004．

㋌(美)斯蒂芬，布鲁克菲尔德．批判反思型教师ABC［M］．北京：中国轻工业出版社，2002．

㋍熊川武．反思性教学［M］．上海：华东师范大学出版社，1999．

㋎傅道春．教师的成长与发展［M］．北京：教育科学出版社，2002．

㋏熊川武．反思性教学［M］．上海：华东师范大学出版社，1999．

㋐张建伟．反思——改进教师教学行为的新思路［M］．北京师范大学学报（社会科学版），1997，(4)．

　　⑧⑦刘加霞，申继亮．国外教学反思内涵研究述评［J］．比较教育研究，2003，(10)．

　　⑧⑧饶从满，王春光．反思型教师与教师教育活动初探［J］．东北师范大学学报（哲学社会科学版），2000，(5)．

　　⑧⑨俞国良等．反思训练是提高教师素质的有效途径［J］．教师教育研究，1999，(4)．

　　⑨⑩王映学．谈教学反思［J］．教育探索，2000，(11)．

　　⑨①于文森，吴刚平．新课程的深化与反思［M］．北京：首都师范大学出版社，2004．

　　⑨②周广强．教师专业能力培养与训练［M］．北京：首都师范大学出版社，2007．

西南师范大学出版社
《青蓝工程》系列丛书目录

系列	序号	书　　名	主编	定价
名师新课标落实艺术系列	1	《名师新课标落实艺术：小学语文习作卷》	张文质　周萍	30.00
	2	《名师新课标落实艺术：小学语文阅读卷》	张文质　周萍	30.00
	3	《名师新课标落实艺术：小学语文口语交际与综合实践卷》	张文质　周萍	30.00
	4	《名师新课标落实艺术：小学数学数与代数卷》	黄爱华	30.00
	5	《名师新课标落实艺术：小学数学统计与概率卷》	黄爱华	30.00
	6	《名师新课标落实艺术：小学数学图形与几何卷》	黄爱华	30.00
	7	《名师新课标落实艺术：小学数学综合与实践卷》	黄爱华	30.00
教师专业能力必修系列	8	《小学体育教师专业能力必修》	毛振明	28.00
	9	《小学数学教师专业能力必修》	杨玉东　巩子坤	30.00
	10	《小学美术教师专业能力必修》	李力加　章献明	32.00
	11	《小学语文教师专业能力必修》	付宜红	28.00
	12	《小学音乐教师专业能力必修》	金亚文	25.00
	13	《小学英语教师专业能力必修》	鲁子问　王彩琴	25.00
	14	《小学科学教师专业能力必修》	教育部基础教育教材发展中心	25.00
	15	《小学品德、生活与社会教师专业能力必修》	张茂聪　史德志　张新颜	25.00
	16	《初中历史教师专业能力必修》	朱汉国	26.00
	17	《初中地理教师专业能力必修》	王民	28.00
	18	《初中数学教师专业能力必修》	杨玉东　黄伟胜	28.00
	19	《初中物理教师专业能力必修》	刘玉斌	25.00
	20	《初中语文教师专业能力必修》	郑桂华	27.00
	21	《初中生物教师专业能力必修》	汪忠	25.00
	22	《初中英语教师专业能力必修》	鲁子问　王彩琴	25.00
	23	《中学体育教师专业能力必修》	毛振明	27.00
	24	《初中化学教师专业能力必修》	刘克文	24.00
	25	《高中英语教师专业能力必修》	鲁子问　王彩琴	27.00
	26	《高中历史教师专业能力必修》	朱汉国　陈辉	30.00
	27	《高中地理教师专业能力必修》	林培英	27.00
	28	《高中物理教师专业能力必修》	刘玉斌	27.00
	29	《高中数学教师专业能力必修》	杨玉东　王华	27.00
	30	《高中信息技术教师专业能力必修》	张义兵　李艺	27.00
	31	《高中生物教师专业能力必修》	汪忠	25.00
	32	《高中语文教师专业能力必修》	郑桂华	29.00
	33	《高中化学教师专业能力必修》	刘克文	32.00
	34	《高中通用技术教师专业能力必修》	顾建军	35.00